Heide Nullmeyer

Ein Bernhardiner als Bräutigam
Träume – faszinierend, inspirierend, wegweisend
Traumarbeit nach Ortrud Grön

Traumseminar auf der griechischen Insel Thassos

Heide Nullmeyer

Ein Bernhardiner als Bräutigam

Träume – faszinierend, inspirierend, wegweisend

Traumarbeit nach Ortrud Grön

Edition Falkenberg

In liebevollem Gedenken
an meine
Lehrmeisterin und Freundin
Ortrud Grön

Inhaltsverzeichnis

Vorwort

Dieses Buch ist kein Lehrbuch, es ist ein lebendiger Selbstbericht über dreißig Jahre Traumarbeit mit Gruppen und Einzelpersonen. Die Autorin, die viele Jahre als Journalistin und biografische Filmemacherin für das öffentliche Fernsehen arbeitete, ist in ihrem Erzählmodus und Stil von diesem Medium geprägt. So liest sich ihr lebendiges materialreiches Werk über weite Strecken wie ein facetten-, bilder- und pointenreiches Drehbuch zu Menschen, die sich und anderen, dem überreichen Bild- und Wortmaterial stellen, das die Träume uns schenken, und sich davon verändern lassen wollen.
Wer sich auf diesen Zugang einlässt, wird reich belohnt und wird dieses Buch immer wieder zur Hand nehmen, einfach als Träumer/in, als interessierter Patient/in oder als Anregung suchende/r Therapeut/in.
Im ersten Drittel des Buches führt die Autorin in die Gedankenwelt der unvergessenen Neubegründerin Ortrud Grön (Lauterbacher Mühle) einer bild- und gleichnisgelenkten Traumarbeit ein.
Die übrigen Teile des Buches umfassen über viele Jahre gesammelte Traumwiedergaben und ihre Diskussion in Gruppen oder Einzelsitzungen.
Diese Traumarbeit ist geprägt von einer verblüffend starken logischen Bildsprachlichkeit und Gleichnishaftigkeit der Träume, die darin auch dem Märchen verwandt sind.

Trotz des gewählten unkonventionellen Webmusters des Textes ist dieser eine sehr reichhaltige und inspirierende Lesequelle. Ich kann dieses Buch empfehlen als das derzeit unmittelbarste und anregendste Lesebuch zu Traumerfahrungen und Traumwissen.

Prof. Dr. F. W. Schwartz, München

Ein Bernhardiner als Bräutigam

Träume – faszinierend, inspirierend, wegweisend
Traumarbeit nach Ortrud Grön

In einer kleinen Kapelle findet eine Trauung statt. Die ganze Hochzeitsgesellschaft ist in der Kirche.
Die Tür ist geschlossen.
Vor der Tür liegt ein großer Hund, er sieht aus wie ein Bernhardiner und hat ein krauses, rosafarbenes Fell.
Dieser Hund ist der Bräutigam. Ich rede mit ihm und kraule ihn zärtlich, dabei spüre ich viel Liebe.

Ein Bernhardiner als Bräutigam? Was kann dieser Traum bedeuten?

Es ist der Traum einer Frau, die außerehelich geboren wurde und lebenslang darunter gelitten hatte, unerwünscht zu sein. Sie konnte dieses Gefühl erst auflösen, nachdem sie eine Therapie abgeschlossen hatte, bei der ihr Selbstwertgefühl gestärkt worden war.

Bernhardiner sind Such- und Rettungshunde, die Menschen aus schwierigen Situationen aus Eis und Schnee befreien. So wie sich die Träumerin aus den Ängsten und gefrorenen Gefühlen in ihrer Kindheit durch die Therapie befreit hat (Hunde stehen in der »Traumarbeit nach Ortrud Grön« für die Liebe und Treue zu sich selbst).
Das rosarote Fell des Bernhardiners deutet die beginnenden Gefühlskräfte der Träumerin an. Rot, die Farbe des Blutes, steht für Freude und Liebe zum Lebendigen.
Im Traum ist die Kirchentüre noch verschlossen, doch die in der Kirche versammelten Hochzeitsgäste verweisen darauf, dass die Hochzeitszeremonie kurz bevorsteht.

Das heißt, die Träumerin ist dabei, die Liebe und Treue zu sich selbst zu heiraten und ist in einen zärtlichen Kontakt zu sich selbst gekommen. Im Traum krault sie das Fell des Hundes und spürt viel Liebe dabei.

Ein wunderbarer Traum, der eine Bestätigung für die Träumerin war, wieviel sie schon für sich getan hatte.

Jede Erscheinung auf Erden ist ein Gleichnis und jedes Gleichnis ist ein offenes Tor, durch welches die Seele, wenn sie bereit ist, in das Innere der Welt zu gehen vermag, wo du und ich und Tag und Nacht alle eins sind. Jedem Menschen tritt hier und dort in seinem Leben das geöffnete Tor in den Weg. Jeden fliegt einmal der Gedanke an, dass alles Sichtbare ein Gleichnis sei und dass hinter dem Gleichnis der Geist und das ewige Leben wohne. Wenige freilich gehen durch das Tor und geben den schönen Schein dahin für die geahnte Wirklichkeit des Inneren.
(Hermann Hesse, Morgenlandfahrt)

Einführung in die »Traumarbeit nach Ortrud Grön« (TAOG)

Traumbilder als »Gleichnisse« zu verstehen, war für die Traumforscherin Ortrud Grön der Schlüssel für die Erweiterung ihres Traumverständnisses. Damit hat sie Psychologen, Ärzte, Theologen und viele Menschen in ihren Seminaren begeistert, ermutigt und berührt. Am 18. Juni 2020 ist meine Freundin und Lehrmeisterin Ortrud Grön in der von ihr gegründeten und lange Jahre geleiteten privaten Herzkreislaufklinik »Lauterbacher Mühle« in Seeshaupt im Alter von 95 Jahren gestorben. Ich war über 30 Jahre ihre Wegbegleiterin.

Vielleicht sind Sie heute Morgen mit einem Traumbild aufgewacht, das Sie fröhlich auf den Tag eingestimmt hat. Sie haben von einem blühenden Garten geträumt oder Sie schwebten federleicht wie ein Vogel durch die Luft. Bilder, die zeigen würden, dass es Ihnen gut geht. Es könnte aber auch sein, dass Sie mit dem Gedanken aufgewacht sind: »Schon wieder so ein blöder Traum.« Vielleicht hatten Sie auch einen Albtraum, der Sie geängstigt hat und den Sie so schnell wie möglich vergessen wollen. Besonders Träume, die für uns bedrohlich sind, enthalten Botschaften, die wir ernst nehmen sollten. Sie machen aufmerksam, was in unserem Leben noch nicht rund läuft und was unsere Lebensfreude einschränkt.

Träume haben die Menschen seit Jahrtausenden fasziniert. Dass sie eine wichtige Bedeutung für jede und jeden von uns haben, ist inzwischen auch wissenschaftlich untermauert. In vielen psychotherapeutischen Schulen hat die Erarbeitung von Träumen einen zentralen Platz. Die Herangehensweise zur Entschlüsselung ist dabei unterschiedlich.

Ich habe zum Beispiel in meiner Ausbildung zur Gestalttherapeutin gelernt, dass alle Anteile des Traumes als sogenannte »enteignete« Teile von sich selbst und der Umwelt begriffen werden und durch szenische Darstellung der Traumbilder und den Dialogen mit den Traumteilen erkannt und integriert werden können. Fritz Perls, der Begründer der

Gestalttherapie, betrachtete Träume als existentielle Botschaft des oder der Träumenden.

Für Sigmund Freud waren Träume der »Königsweg zum Verständnis des Unbewussten«.
Freud spricht vom »manifesten« Traum, der seiner Meinung nach nur die Oberfläche der Bilder erfasst und durch eine innere Zensur verzerrt dargestellt wird. Erst durch die freie Assoziation der Trauminhalte gelangt man – nach Freud – zum »latenten« Traum, den verborgenen Gedanken des Träumers, die oft mit sexuellen Wünschen einhergingen. Erst Ludwig Josef Johann Wittgenstein, der österreichische Philosoph, räumte mit dem Freud'schen Dogmatismus auf und beharrte darauf, dass »ein Ding ist, was es ist«.

Carl Gustav Jung, der sich von Freud abgewendet hatte, sah in den Träumen die Darstellung der inneren Wirklichkeit des oder der Träumenden, sozusagen eine spontane Selbstdarstellung der aktuellen Lage des Unbewussten in symbolischer Ausdrucksform. Ihm ging es um die Individuation des Einzelnen. Jung machte einen Unterschied zwischen »kleinen Träumen«, unter denen er die Beschäftigung mit alltäglichen Problemen versteht, und dem »großen Traum«, der an kritischen Wendepunkten des Lebens auftaucht. Für ihn gab es unterhalb des persönlichen Unbewussten noch eine tiefere, archaische Ebene der Psyche, die er das »kollektive Unbewusste« nannte. Ein eigener Traum hatte ihn auf diese Fährte gebracht.

Ortrud Grön hat in Jahrzehntelanger psychotherapeutischer Praxis und umfangreichen interdisziplinären Studien theoretische Grundlagen entwickelt, die über die klassische Arbeit mit Träumen hinausgehen. Ihrer Auffassung nach gehorchen Träume der Gesetzmäßigkeit einer universellen Dramaturgie, in der sich die Ordnung der Natur widerspiegelt, in die wir mit unserem gesamten Denken, Fühlen und Handeln eingebunden sind. Sie postulierte, »dass die Evolution der Natur ›gleichnishaft‹ der Entwicklung der geistigen Kräfte im Menschen entspricht«.

Bei dieser überaus wirksamen Methode liegt der Schlüssel zum Verständnis der oft rätselhaften Traumbilder, dass man sie als »Gleichnisse« versteht, die quasi übersetzt werden müssen. Gelingt das, bieten sie einen tiefen Einblick in das emotionale Verhalten und die Bewusstwerdung der oder des Träumenden. Der Traum nutzt die Bilder der Natur und des alltäglichen Lebens, um seelische Vorgänge zu beschreiben. Die Entschlüsselung geschieht im Dialog zwischen der sachlichen Aussage eines Bildes und den Assoziationen der Träumerin, des Träumers. Die Abfolge der Traumbilder folgt einer exakten Struktur und vermittelt so einen Einblick in die Dynamik der Konfliktverarbeitung.

Prof. Dr. Uwe Tewes, em. Psychologe der Medizinischen Hochschule Hannover, ist der Meinung, dass sich durch die Reihung der einzelnen Bilder die Fortschritte im Verarbeitungsprozess widerspiegeln und einen nachvollziehbaren Zusammenhang ergeben.
Vieles spräche dafür, dass das Durcheinander der Gefühle, die uns im Traum heimsuchten, letztlich ein Versuch sei, die innere Ordnung wiederherzustellen. Der Traum würde demzufolge eine emotionale Dysregulation beschreiben und die Bemühungen des Träumers um eine Wiederherstellung der funktionalen Regulation. Das Bedürfnis nach Auflösung des inneren Zwiespalts entspricht genau dem Ansatz von Ortrud Grön. In den ersten Bildern setzt sich der Traum mit dem Problem auseinander, begleitet von Gefühlen der Spannung und Ambivalenz. Daraus entwickelt sich dann eine Dynamik, verbunden mit dem Wunsch nach Selbstbefreiung und innerer Harmonie. Nach verschiedenen Zwischenstufen mit Erprobungen verschiedener Lösungsansätze und anschließenden Neubewertungen werden meistens Blockaden, wie Ängste und Schutzhaltungen deutlich, die in der Kindheit zu suchen sind. Im günstigsten Fall endet der Traum mit der Überwindung der Blockade, mit Lösungen für das Problem und Bildern der Bestärkung und inneren Sicherheit. Selbst jahrelange Konflikte kommen in Träumen ans Tageslicht und können so bearbeitet werden.
(Auszug aus Vortrag in der Ev. Akademie Tutzing, 2016)

Nach Ortrud Grön haben die Bilder in der Regel etwas mit dem Alltag oder der Natur zu tun. Die vier großen Lebensbereiche Wasser, Luft, Erde und Sonne mit ihren physikalischen und chemischen Gesetzen entsprechen ihrer Auffassung nach der menschlichen Seele. Um einige Beispiele zu nennen: Während die Luft unsere Bewusstseinsentwicklung – unser Denken – darstellt, ist das Wasser mit unseren Gefühlen assoziiert. Der Kreislauf des Wassers in der Natur entspricht dem Kreislauf unserer Gefühle, die sich genauso klären müssen, wie das Wasser in der Natur. Und je nachdem, in welchem Zustand sich das Wasser im Traum zeigt, macht es deutlich, wie es in unserer Gefühlswelt im Moment aussieht. Bei jedem Traum spielt der Vortag mit seinen Ereignissen oder Fragen eine wichtige Rolle.

Grundsätzlich ist zu sagen, dass für Ortrud Grön wie auch für mich als Psychologin und Gestalttherapeutin das »humanistische Menschenbild« in ihrer Traumarbeit eine große Rolle spielt. Danach strebt jeder Mensch stets nach Verwirklichung seiner Persönlichkeit und Potentiale, was die Grundbedingung für ein erfülltes Leben ist. Erkennen, was uns hindert, ein sinnvolles und zufriedenes Leben zu führen, darauf wollen uns auch Träume in ihrer Vielfalt aufmerksam machen und uns anregen, dann entsprechend zu handeln.

Maria Theresia Siller, auch eine Schülerin und spätere Dozentin der »Bayerischen Akademie für Gesundheit«, hat über die »Traumarbeit nach Ortrud Grön« (TAOG) 2015 eine Diplomarbeit an der Leopold-Franzens-Universität in Innsbruck geschrieben mit dem Titel: »Philosophische, psychologische und spirituelle Erkenntnisse aus dem Gleichnisdenken in der Traumarbeit nach Ortrud Grön«. Damit erlangte sie den akademischen Grad einer »Magistra der Philosophie der Theologischen Fakultät«.
Darin beschreibt die Autorin, dass Träume für sie in einer schweren Lebenskrise die einzige Quelle waren, die sie in ihrer Verzweiflung noch vernehmen konnte und das Einzige, was sie so gerne verstehen

wollte, »hatte ich doch das Gefühl, dass da etwas ist, das mir ganz nahe zu sein schien.« Durch die Träume, die Maria Theresia Siller mit Ortrud Grön bearbeitet hat, ist ihre Lebensverdrossenheit geheilt worden. Ich konnte Maria Theresias seelischen Reifeprozess in unseren Seminaren über Jahre mitverfolgen. Schrittweise erhielt sie Antworten, sich aus Verstrickungen zu befreien. Diese Dankbarkeit bringt sie auch in ihrer Diplomarbeit zum Ausdruck.

Die österreichische Theologin, Psychotherapeutin und spätere Dozentin Mag. Dr. Elisabeth Gierlinger-Czerny ordnete Ortrud Gröns Traumarbeit als Selbsterfahrung ein, als eine Art »Philosophie, die dem einzelnen Menschen auf seinem Befreiungsweg hilft, verschüttete kreative Potentiale freilegt und dazu einlädt, die Liebe zum Leben neu zu entdecken und das Göttliche und die Spiritualität in sich neu zu verorten«.

Ein Arzt und Hochschulprofessor hat die Kerntheorie der »Traumarbeit nach Ortrud Grön« so zusammengefasst: »Träume sind intrapsychische Lösungsversuche für Konflikte. Die Richtung der Lösungen folgt immer einem gleichen theoretischen wie praktischen Grundmuster: Wunscherkennung, Freiheitsfindung, Wunschverwirklichung. Grundlegendes Ziel und Kompass ist die innere Harmonisierung. Sie ist erreicht, wenn intrapsychisch keine Ambivalenzen und damit verknüpfte Ängste mehr auftauchen, bzw. wahrgenommen werden.«

Mein Buch ist kein Lehrbuch. Es ist mir ein großes Anliegen, Leserinnen und Leser für ihre eigenen Träume zu interessieren und die große Vielfalt der Traumbilder zu dokumentieren, die sich sowohl in Alltags-Szenen, vielfältigen Naturbildern, kuriosen Begebenheiten als auch rätselhaften Szenen ausdrücken. Wegweisend und mutmachend fordern sie auf, uns besser kennenzulernen. Träume dokumentieren Unsicherheiten und Zweifel, denen jede und jeder von uns täglich ausgesetzt ist, sie greifen hin und wieder durch aktuelle Vorfälle früh-kindliche Verletzungen auf, mit denen auch Erwachsene oft noch zu kämpfen haben, und sie belohnen uns, wenn wir auf einem guten Weg sind. Es geht immer darum, uns mit uns zu versöhnen, Sichtweisen zu verdeutlichen, die uns hindern, unser Leben zufriedener zu gestalten. Dass Träume »Lehrer und Wächter für unser Wohlbefinden« sind, wie Ortrud Grön das ausdrückte, bezeugen die Träume von Frauen und Männern, die ich im Laufe unserer langjährigen Zusammenarbeit aus Seminaren im In- und Ausland, meinen eigenen Gruppen sowie auf Fortbildungsveranstaltungen gesammelt habe. Die in diesem Buch erklärten Bedeutungen der »Gleichnisse« stammen aus dem Lehrbuch von Ortrud Grön »Pflück dir den Traum vom Baum der Erkenntnis« (EHP-Verlag) sowie aus ihren vielen Vorträgen und Veröffentlichungen in verschiedenen Medien. Manche Träume sind bewusst anonymisiert.

Begegnung mit Ortrud Grön

Ich lernte Ortrud Grön durch zwei Filme über die Bremer Gesundheitswissenschaftlerin Prof. Dr. Annelie Keil kennen, die mich während meines Psychologiestudiums an der Bremer Universität durch ihre ungewöhnlichen Lehrmethoden begeistert hatte.

Ich arbeitete damals als Filmemacherin für die ARD-Reihe »Frauengeschichten« im Auftrag von Radio Bremen und hatte Annelie Keil für ein Porträt vorgeschlagen. Ein wichtiger Teil der Dreharbeiten fand in der Herz-Kreislauf-Reha-Klinik »Lauterbacher Mühle« in Seeshaupt statt. Annelie Keil hatte dort Jahre vorher nach einem Herzinfarkt als Patientin die Heilungsmethoden schätzen gelernt. Dazu gehörte u. a. auch die Erarbeitung ihrer Träume mit Ortrud Grön.

Ich reiste also mit einem Fernsehteam nach Seeshaupt. An der Kamera mein Mann, Günther Wedekind, der als Erster Kameramann für Radio Bremen nicht nur Spielfilme, sondern auch Dokumentationen begleitete. Die Umgebung inspirierte uns. Die Klinik liegt in einem Naturschutzgebiet direkt am Ostersee mit Blick auf die Alpen.

Ortrud Grön hatte uns zu einem Vorgespräch in ihr Haus gebeten. Auf dem Weg dorthin sahen wir eine Frau schnellen Schrittes auf ein bayerisches Holzhaus zugehen.

Ihr Gesicht war umrahmt von einer jugendlichen Kurzhaarfrisur mit Pony, ihre Figur umhüllte ein hellgraues wehendes Cape. »Sie sieht aus wie eine Burgherrin, die über ihr Imperium herrscht«, sagte mein Mann. Ortrud war sehr aufgeschlossen und bereit, auf all unsere Wünsche einzugehen. Wir tauchten mit Annelie Keil ein in den Ablauf einer Reha-Klinik mit vielen Möglichkeiten, geheilt zu werden: ärztliche Betreuung, Gymnastik, Atemtherapie, Kunsttherapie, Gesprächsangebote und »Traumarbeit nach Ortrud Grön«.
Für mich stellte der Forschungsansatz von Ortrud Grön, Traumbilder als »Gleichnisse« zu verstehen und die Bilder der Natur als »Spiegel unserer Seele« zu übersetzen, alles in den Schatten, was ich bis dahin in meinem Psychologie-Studium und der Gestalt-Weiterbildung über Träume und deren Methoden kennengelernt hatte. Ich war hellwach, spürte ctwas Neues auf mich zukommen.
Interessiert fragte ich, wie Ortrud Grön zu ihren Traumerkenntnissen überhaupt gekommen ist. Und sie erzählte, dass sie mit dem Religionsphilosophen und Therapeuten Karlfried Graf Dürckheim in einer schwierigen Lebensphase einen Traum erarbeitet hatte. Er markierte den Auslöser ihres intensiven Strebens, dem Geheimnis der Träume immer mehr auf die Spur kommen zu wollen. Gespannt lauschten wir ihrem Traum.

1. *»Ich betrete meinen Pferdestall und erschrecke. Die Pferde sehen müde und mager aus. Sie wirken krank.*
2. *Voll Entsetzen blicke ich nach meinem eigenen Pferd – der Stute Lava – in der Hoffnung, es gehe ihr anders. Doch auch sie ist abgemagert, lässt den Kopf hängen und ist völlig verlaust.*
3. *Voller Verzweiflung verlasse ich den Stall. Als ich mich noch einmal umsehe, brennt der Stall lichterloh.«*

Sie war erschrocken, als ihr Karlfried Graf Dürckheim erklärte, dass Pferde den vitalen Ausdruck von Gefühlen spiegeln und die verlauste Lava ein Teil von ihr selbst sei. Ihr Pferd Lava war temperamentvoll, sensibel und kapriziös. Was um Himmelswillen war so verlaust in ihr?

War ihr Gefühlsleben so krank? Und Dürckheim ließ Ortrud beschreiben, wie sie Pferde erlebt. In der ihr eigenen Sprache schilderte sie ihr Empfinden: »Pferde zeichnen sich durch feinfühlige Vitalität und Bewegungsfreude aus. Und besonders Reitpferde lehren uns, inwieweit wir Herr unserer Gefühle sind, das heißt, wie wir unsere Gefühle ›reiten‹, ob wir sie zu hart an die Kandare nehmen, ihnen zu sehr die Sporen geben, die Zügel schleifen lassen oder ob die Gefühle gerade mit uns durchgehen.« Dass ihre »Lava« im Traum armselig, von Läusen befallen dastand, schockierte sie. Das Feuer im Stall zeigte, dass das alte Verhalten in ihr zu Asche werden musste, bevor Neues entstehen konnte. Es brauchte einige Zeit intensiver Erfahrungen, bis Ortrud Grön erkennen konnte, was sie in ihrem Leben ändern musste. Nach einem Jahr gebar sie im Traum ein Fohlen. Das hieß, dass neue Gefühlskräfte in ihr erwacht waren. Meine Neugierde als Psychologin war geweckt. Fünf Jahre später wurde ich ihre Schülerin.
Ortrud war genial im »Übersetzen« der Traumbilder. Meist traf ihre erste Frage nach der Traumerzählung gleich ins Schwarze. Das habe ich und viele der Teilnehmerinnen und Teilnehmer unserer Seminare an ihr bewundert. Ich konnte im Laufe der Jahre auch immer mehr die spirituelle Bedeutung ihrer Sichtweise erkennen, die sich ihr auch in Traumtexten offenbarte:
»Die Welt ist das Bilderbuch, in dem die Menschen lesen lernen können, den Geist Gottes zu suchen.« Ortrud war überzeugt, dass wir in den Träumen mit den universalen Gesetzen des Lebens verbunden sind. Kein Mensch sei in der Lage so folgerichtig in Bildern zu denken und Bild- und Wortkompositionen zu erschaffen, die Licht in die Tiefe der eigenen Seele bringen.

Unsere schönste gemeinsame Zeit war über mehr als zehn Jahre im Sommer die Traum-Seminare auf den griechischen Insel Thassos, Lesbos und Patmos. Arbeit und Spaß, diese Kombination war für Ortrud eher fremd. Sie gehorchte jahrelang nur ihrem Pflichtgefühl. In dieser Zeit ist Ortrud aufgeblüht, hat sich sinnlich erfahren, was sie sich so sehr gewünscht hatte. Später haben wir noch viele Seminare in Österreich, der Schweiz und auch in der »Lauterbacher Mühle« gemeinsam gestaltet.

Je tiefer ich in die Welt der Träume eintauchte, keimte damals schon in mir der Wunsch auf, diese Erkenntnisse einer noch größeren Öffentlichkeit zugänglich zu machen. Ich entschied mich, zusammen mit meinem Mann, dem Kameramann Günther Wedekind, ein Porträt über Ortrud Grön zu produzieren und ihren Ansatz in einem zweiten Film mit Traumbeispielen und Interviews mit ihr zu veröffentlichen, was wir 2006 verwirklichten.

Doppel-DVD »Dem Traum des Lebens auf der Spur«

Träume als Gleichnis von Naturgesetzen verstehen –
Die Grundlagen der »Traumarbeit nach Ortrud Grön« von 2006

Auszug aus DVD Nr. 1:
Aus Träumen – »Ich fliege. Ein nie gekanntes Glücksgefühl durchströmt mich – alle Last der letzten Tage ist von mir abgefallen.
Vom Fliegen träumen wir, wenn wir uns leicht fühlen, wenn wir uns frei fühlen, und das ist, wonach sich jeder Mensch sehnt. Wir können vom Fliegen auch träumen, wenn wir es erst erreichen sollen, dann mahnt uns der Traum, diese Sehnsucht nicht aufzugeben. Und bei jedem Schritt, den wir tun, begleitet uns der Traum, um uns zu zeigen, ob wir in die richtige oder falsche Richtung gehen. Er hilft uns immer, Widersprüche aufzulösen, die in unserem Herzen sind.«

Auftakt in die Welt der Medien

Unsere beiden DVDs öffneten Ortrud Grön die Türen in die Welt der Medien. Auftakt war im November 2007 eine Einladung in die Bremer Talkshow »Drei nach Neun«. Moderator Giovanni di Lorenzo,

Chefredakteur der ZEIT, war offenbar nach dem Gespräch mit Ortrud Grön überzeugt, dass »Träume keine Schäume« sind. Als wir nach der Sendung noch vergnüglich zusammensaßen, regte ich an, Ortrud in der ZEIT eine Möglichkeit zu geben, über ihre Traumforschung ausführlicher zu berichten. Was dann auch 2008 in der ZEITmagazin-Reihe »Ich habe einen Traum« verwirklicht wurde.

Zwei Beispiele aus dem Februar-Heft Nr. 9:
Ein immer wiederkehrender Traum eines 41-jährigen Mannes:
DIE MATHEPRÜFUNG

»Was für ein schöner Tag! Die Luft leuchtet, offenbar scheint draußen die Sonne, meine Kinder spielen im Licht, meine Frau ist da, auch ich bin ganz entspannt im Wochenende, geborgen in der Gegenwart. Plötzlich tröpfelt eine Botschaft in mein Bewusstsein, eiskalt. Ich weiß nicht, woher sie kommt, ob per Anruf, Brief oder Blitz, klar ist nur die Nachricht: Da ist noch was offen … von ganz früher … eine Mathearbeit …neunte Klasse, vielleicht zehnte … habe ich damals zu schreiben vergessen! Morgen ist der Nachholtermin. Wenn ich durchfalle, ist alles ungültig, was bisher geschah, gilt mein ganzes Leben nicht mehr. In meinem sind nur noch Angst und Hast, in Worten ungefähr so: Scheißescheißescheiße, mein ganzes Leben auf Pump, scheißescheiße, was war nochmal in der neunten Klasse? Wo sind meine Mathehefte? Kinder, jetzt seid doch mal still, ich schaff das nicht … schon morgen? Der Morgen kommt nie. Der Traum immer wieder.«

Dazu sagt Frau Grön:
Der Träumer wird verunsichert durch eine Maßnahme, die ihm unverhältnismäßig vorkommen muss. Eine Mathearbeit entscheidet nicht über das ganze Leben. Er sollte sich fragen: Wo hat Ungerechtigkeit mich so tief getroffen, dass ich die Sicherheit und das Vertrauen in die Gerechtigkeit verloren habe? Die Schulsituation erinnert daran, dass dies in der Jugendzeit stattgefunden haben muss. Mit solchen Träumen

wird der Mensch aufgefordert, sich mit dieser Zeit auseinanderzusetzen. Man muss sich in die Erinnerung begeben und sehen, mit welcher Verletzung – in diesem Fall Ungerechtigkeit – man nie fertig geworden ist. Mathematik hat dazu die Besonderheit, dass sie besonders logisch aufgebaut ist. Darin könnte auch eine Aufforderung liegen: Gehe der Sache genau nach.

Traum einer 32-jährigen Frau: DER ABFAHRENDE ZUG
»Ich stehe in einem Sackbahnhof und sehe, wie am Gleis der letzte Zug abfährt, den ich ganz dringend erreichen muss. Es ist ein altmodischer Zug mit Holzbänken in den Abteilen. Ich weiß, dass ich sofort aufspringen muss, sonst ist er weg. Das Problem: Mein Koffer befindet sich in der Gepäckaufbewahrung. Ich springe dorthin, denn alle meine Lieblingssachen befinden sich in diesem Koffer. Als ich ankomme, ist in der Gepäckaufbewahrung Mittagspause. Die Frau, die gemütlich die Beine auf den Tisch gelegt hat, erklärt seelenruhig, sie würde den Teufel tun und nach meinem Koffer suchen. Ich bettle, bekomme einen Wutanfall. Es hilft nichts. Ich habe nur die Wahl: Aufspringen oder abwarten. Ich springe auf.«

Dazu sagt Ortrud Grön:
Bei der Traumdeutung müssen wir versuchen, das Wesen von Dingen zu erkennen. Was also ist ein Zug? Ein Zug führt stets zu einem Ziel, und das Ziel ist bekannt. Es geht also um eine zielgerichtete Handlung. Die Person, die hier träumt, weiß, was sie tun muss. Schließlich springt sie entschlossen auf den Zug auf. Nicht schön ist der Zustand dieses Gefährts: Auf Holzbänken tritt niemand gern eine Reise an. Die Veränderungen im Leben scheinen der Träumenden also unausweichlich, aber auch unangenehm. Sie hat offenbar Angst, Erworbenes hinter sich zu lassen. Eben all die schönen Dinge und Gefühle, Erinnerungen, die sie in ihrem Koffer hortet. Möglicherweise kennt sie das Gefühl nicht, Umbrüche zu genießen und leidet unter ihrem Bedürfnis nach Sicherheit. Fällt es ihr schwer, aus neuen Herausforderungen zu lernen?

Aus dieser ersten Begegnung mit den Autoren Christoph Amend und Tillmann Prüfer der ZEITmagazin-Reihe »Ich habe einen Traum«, entstand später das gleichnamige Buch »Ich habe einen Traum« – Was hat er zu bedeuten? von Ortrud Grön, erschienen im Ludwig-Verlag, München.

(Auszug aus dem Vorwort der beiden Autoren)
»Als wir uns Anfang des Jahres 2008 auf den Weg zu den Osterseen machten, wussten wir nicht sehr viel über Ortrud Grön. ZEIT-Chefredakteur Giovanni di Lorenzo hatte uns auf sie aufmerksam gemacht. In seiner Fernsehsendung »Drei nach Neun« hatte sie das Publikum fasziniert mit einer kurzweiligen Deutung von Schlangen, die durch Träume kriechen … Wir saßen ihr (Ortrud Grön) also bald darauf gegenüber, erzählten von Träumen, die wir von Bekannten, Freunden und Kollegen gehört hatten – und sie fragte, erklärte, ordnete ein, berichtete auch von ihren eigenen Träumen. Das Ergebnis unseres Gesprächs erschien als Titelgeschichte im ZEIT-Magazin und löste ein gewaltiges Echo aus. Hunderte von Mails und Briefen trafen innerhalb weniger Tage ein, alle mit der Bitte versehen, Frau Grön möge doch folgenden Traum analysieren, der einen seit Jahren nicht loslasse. Über Monate nahm sich Frau Grön die Zeit und beantwortete viele der Briefe auf unserer Internet-Seite, führte mit zahlreichen Lesern längere Gespräche, um ihnen bei der eigenen Analyse zu helfen. So entstand die Idee zu einem Buch, das alle wichtigen Fragen zu ihrer Traumarbeit beantwortet – und zudem ihre eigene, sehr bewegte Lebensgeschichte erzählt. (…)

Als ich um die Genehmigung bat, Träume sowohl aus dem ZEITmagazin als auch aus dem Buch »Ich habe einen Traum« übernehmen zu dürfen, antwortete mir Tillmann Prüfer, er freue sich, dass die Traumarbeit von Ortrud durch mein Buch weiterlebt.

Zahlreiche Fernseh- und Hörfunk -Talk-Shows, Magazine in Deutschland, Österreich und der Schweiz erlagen Ortruds Charme und begeisterten sich sowohl für ihre bemerkenswerte Biografie, die auch Krisen nicht aussparte, als auch für ihre Gewissheit »Die Evolution der Natur wiederholt sich in der geistigen Evolution des Menschen«. Sicher haben auch ihre zahlreichen Bücher zu diesem Erfolg beigetragen.

Ich war an Ortruds Seite, als sie 2002 die »Bayerische Akademie für Gesundheit« gründete und sich die ersten Psychologen, Theologen, Ärzte und Heilpraktiker für die Grundlagen ihrer Traumarbeit interessierten und von ihr ausgebildet wurden. Daraus entstand ein Kreis von Dozenten und Dozentinnen, zu denen ich auch gehöre. Nach Ortrud Gröns Tod wurde die Akademie aufgelöst.

Meine Begegnung mit Ortrud Grön hat meinem Leben eine neue Dimension gegeben und in vielerlei Hinsicht in mehr als dreißig Jahren bereichert. Dafür danke ich ihr aus tiefstem Herzen.
Diese Dankbarkeit empfinden auch die Frauen und Männer, die mit uns an ihren Träumen gearbeitet haben. Ihr Vertrauen ehrt und beglückt mich. Nachdem sie verstanden hatten, wie präzise die Traumbilder ihre momentane Situation »gleichnishaft« zum Ausdruck brachten, haben sie ihr Leben verändert. Manchmal radikal, manchmal in kleinen Schritten. Auf jeden Fall hin zu einem bewussteren Leben.

Die Zeit, die wir der Ruhe widmen, wie die Natur es vorgesehen hat, bringt uns zugleich mit dem Schlaf eine noch wertvollere Beigabe als den Schlaf selbst. Diese Naturgegebenheit wird eine Quelle des Vergnügens und wir schlafen nicht nur, um am Leben zu bleiben, sondern wir lernen, richtig zu leben … Also wollen wir uns alle der Traumdeutung hingeben, Männer wie Frauen, Jung und Alt, reich und arm … Der Schlaf bietet sich allen an, er ist Orakel, das immer bereit ist, unser unfehlbarer und stiller Berater zu sein, bei diesen Mysterien neuer Art ist jeder zugleich Priester und Initiant.
(Synesios von Kyrene)

Langsame Annäherung an die »Traumarbeit nach Ortrud Grön«

Während unserer Dreharbeiten des ARD-Films »Wenn Körper und Seele streiken« mit der Bremer Professorin Annelie Keil in der Rehaklinik »Lauterbacher Mühle« in Seeshaupt berichtete die Hochschullehrerin von intensiven Träumen, die sie nach ihrem Herzinfarkt in der Klinik malend zu verarbeiten suchte. Einige der Traumbilder heftete sie an die Wohnzimmerwand und erläuterte im Interview, was sie darin gesehen hatte. Sie deutete zum Beispiel auf eine schwarze Lokomotive, die im Traum auf sie zugerast war und erst in dem Moment, in dem sie im Traum ihre Angst überwunden und sich ihr mutig entgegengestellt hatte, war die Lokomotive ausgewichen und Annelie war gerettet. Übersetzt könnte das heißen, wenn du dich der Angst stellst, wird sie dich nicht überrollen.
Ein anderes Bild zeigte einen Gaukler, der mit bunten Luftballons jonglierte. Da habe sich ein Kinderwunsch von ihr gemeldet, eines Tages zum Zirkus gehen zu wollen. Als Universitätsprofessorin sehne sie sich manchmal nach dieser Leichtigkeit des Seins. »In Tagträumen, Fantasien und Träumen ist eine andere Wirklichkeit verborgen, die es zu entdecken gilt«, war ihr Fazit nach den Gesprächen mit Ortrud Grön.

Ortrud Grön veranschaulichte in meinem Film folgendes Traumbeispiel: Einer ihrer Patienten, ein Pfarrer, hatte die Idealvorstellung, in seiner Gemeinde jede Form von Disharmonie zu vermeiden. Diese Einstellung hatte er als Kind von seiner Mutter übernommen, die die täglichen negativen Stimmungen, die sein Vater verbreitete, durch Optimismus auszugleichen versuchte. Er hatte dieses übertriebene Harmoniebedürfnis in seinen Alltag übernommen. Der Traum zeigte ihm, dass er mit dieser Haltung nicht für wirklichen Frieden in seiner Gemeinde sorgen konnte.

1. *Ein Mann ist dabei, an einem langen Sandstrand mit einem breiten Schieber Sand zu glätten. Der Träumer fragte den Mann, was*

er da mache. Er antwortete: »In der glatten Fläche sind Spuren, das stört mich. Da sind überall Stellen aufgerissen. Irgendwer hat sie aufgerissen und der vom Untergrund aufgerissene Morast verunziert die weiße Fläche. Darum will ich dafür sorgen, dass der weiße Sand die aufgerissenen Löcher wieder bedeckt.«

2. *Aber während er weiter daran arbeitete, bricht plötzlich ein riesiges Loch auf, wie bei einem Erdrutsch, Sand und Geröll werden nach unten gezogen. Einige Meter tief scheint ein Schlammstrom das Abgerutschte aufzunehmen und mit sich fortzureißen.*
3. *Der Mann ist völlig überrascht und wundert sich über dieses Naturphänomen. Ihm war im Traum klar, hier gibt's nichts mehr zu glätten. Eigenartigerweise aber beachtete er kaum einen riesigen Torbogen, der sich über das abgerutschte Stück Erde unversehens spannte.*

Nach der Besprechung mit Ortrud verstand der Geistliche, dass die Traumbilder gleichnishaft das Problem in seiner Gemeinde aufgriffen. Bestehende Konflikte dürfen nicht einfach geglättet werden, wie das Traumbild des Pfarrers offenbarte, sie müssen offen angesprochen werden, um aufgelöst werden zu können. Der Pfarrer musste einen neuen Weg im Austausch mit seiner Gemeinde einschlagen, um keine Scheinharmonien aufkommen zu lassen.

Wenn unsere Drehreisen oder auch Urlaube meinen Mann und mich in die Nähe der Osterseen führten, besuchten wir die Klinikchefin Ortrud Grön und tranken mit ihr Tee. Ihre erste Frage war: »Haben Sie etwas geträumt?« Und wir erzählten, was uns in Erinnerung geblieben war: mal von einer Welle, die bedrohlich auf meinen Mann zugerast war, mal von Telefonnummern, die verloren gegangen waren, mal von Personen, die in unserem Träumen vorkamen, mal von einem Hund mit einer verletzten Pfote. Ich erinnere mich, dass Ortrud Grön bei meinem Hundebild zu mir sagte: »Sie haben die Liebe und Treue zu sich selbst verletzt.« »Hm, wie kommen Sie darauf?« Und Ortrud

Grön erläuterte, dass Tiere unsere emotionalen Verhaltensweisen spiegeln, mit denen wir im Moment unterwegs seien. Und da alle Anteile im Traum Anteile von uns selbst darstellten, müsse ich dieses Bild gleichnishaft verstehen. Und sie lieferte auch gleich die Begründung dazu:

Nach dem österreichischen Verhaltensforscher Konrad Lorenz sei die Anhänglichkeit eines Hundes an den Menschen gleichzusetzen mit der, die ein Wolf, der Stammvater des Hundes, dem Leittier seines Rudels bezeugt. Durch die Domestizierung habe der Mensch diese Funktion eingenommen. Das höchste Glück des Hundes sei es, wenn er sein Frauchen oder sein Herrchen überall hinbegleiten darf. Er sei wachsam und treu. Je nachdem welche Hunde-Traumbilder auftauchten, zeigten sie, wie treu wir uns selbst seien. Sei es ein Hund, vor dem wir uns in der Kindheit ängstigten, dann weise der Traum auf eine Angst in der Kindheit hin. Sei es der Hund eines Bekannten, spiele das Wesen dieser Person eine zusätzliche Rolle. Greife uns der Hund an, seien wir aufgefordert, entweder eine Aggression, die wir gegen uns selbst richteten, aufzulösen oder er mahne uns, die Liebe zu uns selbst im Auge zu behalten. Wende sich der Hund uns freudig zu, würden wir für die Treue zu uns selbst belohnt. So sei der Hund durch seine Eigenschaften ein Gleichnis für die Liebe und Treue, die wir uns selbst schuldig seien, um glücklich werden zu können. Mein verletzter Hund im Traum zeige, dass das bei mir zum Zeitpunkt des Traumes so nicht gewesen sei. Allerdings könnte es aber auch sein, dass eine Person aus meinem Umfeld mir eine Verletzung zugefügt hätte.

Da ich mich an den Tag vor dem Traum nicht erinnerte, der aber zum Verstehen des Probleminhaltes sehr wichtig ist, konnten wir nur spekulieren. Die Interpretation von Ortrud konnte ich erst einmal so nicht annehmen. Verunsichert sagte ich, darüber müsse ich erst nachdenken. Wirklich verstanden hatte ich die metaphorische Bedeutung noch nicht.

Mein Mann Frankie beschrieb eindrücklich, wie ihn beinahe eine große Welle fast verschlungen hätte. Wie durch ein Wunder sei sie plötzlich wie eingefroren vor ihm stehen geblieben. »Können Sie sich noch erinnern, was in Ihren Gefühlen los war, als sie den Traum hatten?«, forderte Ortrud Grön Frankie auf, nachzudenken. Aber auch ihm fiel nichts dazu ein. »Fragen Sie sich doch mal, welche Lebenskraft in uns dem Wasser gleicht. Was bewegt sich in uns wie Wasser?« Ortrud Grön – ganz in ihrem Element – gab die Erklärung: »Wasser in der Natur klärt sich in ständigem Kreislauf zwischen Himmel und Erde. Es plätschert, strömt, verschlammt, sprudelt und versiegt. Und was drängt in unserer Seele immer wieder nach Klärung? Es sind unsere Gefühle, die uns in unterschiedlicher Qualität überfallen können. Mal sind sie rein und klar, mal sturmgepeitscht. Gefühle können versiegen oder uns überschwemmen, so wie in Ihrem Traumbild. Offenbar haben Sie eine bedrohliche Gefühlssituation durchgemacht, die sie gerade noch stoppen konnten, bevor sie von ihr verschlungen worden wären.«

Noch während unserer Dreharbeiten hatte mein Mann einen Traum präsentiert, der Ortrud schon beim Erzählen ein Schmunzeln entlockte. In seiner Funktion als Kameramann war er plötzlich unsicher geworden, ob seine Einstellungen des Films gut genug seien, seinen Ansprüchen zu genügen.

Ich habe wundervolle, knackige, grüne, rote und gelbe Paprikaschoten mit ihren Stielen in lockere Erde gepflanzt.

Pflanzen stehen im Traum für »geistige« Entwicklung, die Erde für unsere »schöpferische Kraft«. »Der Traum«, sagte Ortrud Grön, »nutzt die Bilder der Natur, damit wir uns in ihnen wiedererkennen«. Dieses kurze Traumbild gab meinem Mann die Gewissheit, dass seine Einstellungen, die er für unseren Film gefunden hatte, sehr gut sind. Die Paprikaschoten sind bereits ausgereift, damit sind die Früchte seiner Arbeit gemeint. Mehr kann er nicht erreichen. Was hätte es für einen Sinn, sie nochmal in die Erde zu pflanzen? Seine Zweifel waren unberechtigt. Seine farbigen Film-Kompositionen schmeckten so würzig wie Paprika.

Wir verstanden immer mehr, dass jeder Traum als »Gleichnis« zu verstehen ist. Gedanken, Gefühle und Handlungen vom Vortag, die nicht befriedigend verlaufen sind, werden durch entsprechende Traumbilder sichtbar gemacht, die übersetzt werden müssen. Manchmal, wie zum Beispiel im »Paprika-Traum«, belohnen uns die Bilder und zeigen, wie weit wir schon gekommen sind oder sie nehmen uns die Unsicherheit. »Der Traum«, so Ortrud Grön, »ist Helfer und Wächter für unser Wohlbefinden. Allerdings muss man bereit sein, sich verändern zu wollen und entsprechend zu handeln.«

Psychologie HEUTE – Interview mit Ortrud Grön von Birgit Schönberger 2014

Dieses Interview ermutigt meiner Meinung nach, sich lustvoll seinen eigenen Träumen zu nähern. Deshalb freue ich mich, es für mein Buch übernehmen zu dürfen.

PSYCHOLOGIE HEUTE*:* Frau Grön, sie schreiben seit 50 Jahren täglich ihre Träume auf, haben mit Hunderten von Menschen an ihren Träumen gearbeitet und eine besondere Form der Traumanalyse entwickelt. Wie ist ihre Leidenschaft für das nächtliche Kino entstanden?

Ortrud Grön erzählt der Autorin ihren Traum mit ihrer verlausten und verhärmten Pferdestute, den ich Ihnen schon vorgestellt habe. Danach fragt die Autorin:

PH*:* Wie hat dieser Traum in Ihnen weitergearbeitet?

GRÖN*:* Ich war über dieses Traumbild von meiner abgemagerten Stute so erschrocken, dass ich mir ganz neue Fragen gestellt habe. Was ist los mit meinen Gefühlen? Wie gehe ich mit mir um? Bin ich zu hart mit mir? Ich war damals übertrieben pflichtbewusst und habe auf mich und meine Wünsche vollkommen verzichtet. Durch den Traum mit der Stute habe ich verstanden, dass ich mich von diesem ungesunden Pflichtbewusstsein lösen muss. Ein Jahr später habe ich im Traum ein Fohlen geboren, ich fing also an zu begreifen, was es heißt, meine Gefühle nicht mehr einzusperren, sondern auf die Weide zu lassen. Diesen Traum habe ich als Bestätigung gedeutet, dass ich auf einem guten Weg bin. Ich war dann so fasziniert von der Intelligenz und Kreativität der Traumsprache, dass ich die Struktur der Träume unbedingt verstehen wollte und jede freie Minute damit verbracht habe, sie zu erforschen.

PH*:* Oft wirken Träume alles andere als strukturiert, viele Bilder erscheinen uns wirr, rätselhaft, zusammenhanglos. Sie sprechen von einer klaren und einfachen Struktur. Wie haben Sie diese Struktur gefunden?

GRÖN: Mit viel Neugier, Hingabe und systematischer Analyse. Mein Ausgangspunkt war der Pferdetraum. Ich wusste, wenn ich von einem verlausten und abgemagerten Pferd träume, habe ich meine Vitalität zerstört. Ich habe einfach gespürt, dass diese Deutung für mich stimmt. Und ich dachte, wenn ein Pferdetraum mir Hinweise zu meiner Vitalität gibt, könnte es doch sein, dass alle Traumbilder etwas über das Gefühlsleben und Denken des Träumers offenbaren. Mit großer Beharrlichkeit habe ich über Jahre hinweg meine eigenen Träume aufgeschrieben und später als Therapeutin in der Klinik auch die meiner Patienten. Die Aufzeichnungen habe ich auf mich wirken lassen, in Sequenzen zerlegt, analysiert und nach Gemeinsamkeiten gesucht. Immer wieder habe ich mich gefragt, ob es eine Systematik gibt, die allen Träumen zugrunde liegt und bin zu dem Schluss gekommen, dass der Traum eine klare logische Struktur hat. Für mich zeigt jeder Traum ein aktuelles Problem, den inneren Widerspruch, in den ich verstrickt bin, und den möglichen nächsten Lösungsschritt. Jedes Traumbild hat eine sachliche und eine subjektive Grundbedeutung und löst persönliche Assoziationen aus, zum Beispiel macht ein wildes Pferd darauf aufmerksam, dass ein vitales Bedürfnis nach Freiheit zu ungezügelt war. Ein kahler Baum provoziert die Frage, was mich daran hindert, Licht und Wärme für mein Leben zu empfangen. Ein leeres Haus weist darauf hin, dass ich nicht in mir wohne. Nahezu alle Bilder müssen wir als Anteil unserer seelisch-geistigen Prozesse verstehen.

PH: Sie haben Pflanzen- und Tierbücher studiert und sich intensiv mit Farbenlehre und Naturgesetzen beschäftigt. Warum ist das wichtig, um Träume zu verstehen?

GRÖN: Freud ging davon aus, dass Träume Manifestationen unbewusster seelischer Prozesse sind, die nach völlig eigenen Gesetzen ablaufen. Ich glaube das nicht. Meiner Ansicht nach spiegelt die Dramaturgie der

Träume die Ordnung der Natur wider, in die wir ja eingebettet sind. Träume nutzen die Natur als Gleichnis. Jeder Traum ist im Grunde eine geheimnisvolle Dichtung, die uns in Gleichnissen auf der Suche nach unserer Persönlichkeit begleitet. Deshalb finde ich es wichtig, sich mit der Natur zu beschäftigen und zu fragen: Was zeichnet eine Katze aus? Welche Eigenschaften hat ein Adler? Wie ist ein Baum aufgebaut? Nur wenn wir uns die materielle Bedeutung der Traumbilder klarmachen, können wir sie auf unser Leben beziehen und Erkenntnisse daraus gewinnen. Wenn ich zum Beispiel einen Hund sehe, dann geht es um die schöne Kraft, die der Mensch dem Hund schenkt. Ein Hund ist seinem Besitzer in Liebe und Treue zugetan. In meinem Verständnis von Träumen ist der Hund ein Anteil von mir selbst. Dann geht es um die Frage: Habe ich die Liebe und Treue zu mir selbst gepflegt? Ist der Hund im Traum verletzt, kann das ein Hinweis sein, dass ich mir selbst untreu geworden bin. Oder wenn ich ihn im Traum verhungern lasse, kann ich mich fragen, wodurch ich so barsch zu mir selbst geworden bin.

PH: Bei Ihnen klingt das so klar und einleuchtend. Oft erinnern wir uns aber nur an einzelne Traumfetzen oder an Bilder von merkwürdigen Wesen, halb Mensch, halb Tier, mit denen wir spontan gar nichts anfangen können.

GRÖN: Ein Traum offenbart sich eben nicht auf Anhieb, ein Traum ist kein Fertiggericht, das mir jemand serviert. Ich brauche Zeit und Geduld und die Bereitschaft, mich in die Bilder zu versenken. Träume sind immer verschlüsselt, wir können sie uns nur erarbeiten. Und diese Arbeit wird belohnt. Denn wenn wir uns in die Traumbilder versenken und sie befragen, kommen wir in Kontakt mit uns selbst. Was ein Traum wirklich bedeutet, kann letzten Endes nur der Träumende selbst herausfinden.

PH: Man braucht also nicht unbedingt einen Therapeuten dafür?

GRÖN: Jeder, der sich die Mühe macht, die eigenen Traumbilder mit Neugier sorgfältig und liebevoll zu befragen, lernt es, sie auch zu entschlüsseln. Die Gleichnissprache verlangt, sich das Wesentliche eines Bildes bewusst zu machen. Manchmal reicht es, in einem Lexikon nachzuschlagen und etwas über die seltene Blüte zu lesen, die einem nachts begegnet ist. Natürlich ist therapeutische Begleitung hilfreich und manchmal auch notwendig. Ich habe meinen Patienten jedoch nie die Deutung geliefert, ich habe Fragen gestellt, die ich vorwiegend aus dem sachlichen Inhalt des Bildes schöpfe. Denn die Spannungen zwischen dem sachlichen Inhalt und den subjektiven Assoziationen des Träumers sind wegweisend. Die meisten Menschen haben spontane Assoziationen und oft auch blitzartige tiefe Erkenntnisse, wenn sie sich mit den einzelnen Traumbildern beschäftigen. Wenn ich zum Beispiel im Traum zu schnell Auto fahre und ins Schleudern gerate oder auch gerade noch an einem Abhang vorbeirutsche, brauche ich keine Traumexpertin zu sein, um zu ahnen, was der Traum mir sagen will. Er zeigt mir, dass ich zu ungeduldig bin, und fordert mich auf, meine Ziele langsamer und bedächtiger anzusteuern.

PH: Warum ist das für Sie so eindeutig?

GRÖN: Ich beschäftige mich zunächst mit der sachlichen Seite des Traums. Da liegt zum Beispiel ein Auto, das zu Schrott gefahren wurde. Ein Auto ist dazu da, dass ich mich dahin steuern kann, wo ich hinmöchte. Wenn ich es zu Schrott gefahren habe, stimmt wahrscheinlich etwas mit meiner Selbststeuerung nicht. Natürlich muss ich überprüfen, ob es einen Zusammenhang mit meiner aktuellen Lebenssituation gibt und meistens wird dann die Bedeutung des Traumes schnell klar. Mich fasziniert, mit welcher Kreativität Träume uns immer wieder aufs Neue auffordern, nachzudenken und zu überprüfen, ob wir zufrieden sind. Sie gehen unserer Fußspur nach und korrigieren oder bestätigen die Richtung, in die wir gerade einschwenken.

PH: Was zeichnet einen Bestätigungstraum aus?

GRÖN: Träume konfrontieren uns mit ungelösten inneren Widersprüchen. Wenn wir einen guten Weg finden, diese Widersprüche aufzulösen, bekommen wir die schönsten Träume. Wenn im Traum Quellen sprudeln, Blüten aufbrechen, Früchte reifen, Pferde weiden, Vögel durch die Lüfte fliegen oder Löwen auf die Jagd gehen, dann gedeiht unser Leben. Eine Patientin von mir, die depressiv war, träumte zu Beginn der Therapie von einem Weckglas, in dem fein säuberlich im Kreis lauter tote Vögel geschichtet waren. Als sie sich aus der Depression befreit hatte, träumte sie von einem Innenhof mit zahlreichen Schwalbennestern. Die Schwalben flogen fröhlich umher, fütterten ihre Jungen und zwitscherten aufgeregt. Eine Schwalbe schießt pfeilschnell durch Mauerbögen und Stallfenster, sie symbolisiert Zielstrebigkeit, Wendigkeit und Energie. Dieser zweite Traum zeigte, dass die Träumerin erfolgreich ihren Weg in die Selbstbefreiung gefunden hatte.

PH: Sie sehen Träume also als Entwicklungshelfer. Heißt das, dass es eine Richtung gibt, in die wir uns entwickeln sollen?

GRÖN: Im Traum werden die großen Themen unseres Lebens inszeniert. Es geht um die Liebe zum Leben, zur Lebendigkeit in Freiheit und Kreativität, um die Erfüllung von Sehnsüchten, nicht gelebten Wünschen. Die Themenvielfalt ist nahezu grenzenlos. Dazu müssen wir uns aus Ängsten befreien. Träume fordern uns daher auf, Schutzhaltungen, die wir als Kinder entwickelt haben, um uns sicher zu fühlen, aufzulösen, weil sie im Erwachsenen Bedürfnisse und Wünsche blockieren. Wenn ein Kind eifersüchtig ist, erfindet es vielleicht den Notausgang, sich nicht wichtig zu nehmen, vielleicht aber wird es aggressiv, um seinen Selbstwertverlust weniger zu spüren. Wenn ein Kind nicht genug Anerkennung bekommt, geht es vielleicht in die Leistungssucht, wenn es sich unerwünscht fühlt, vielleicht in die Aufopferung für andere. Schutzhaltungen und Abwehrmechanismen gibt es viele. Träume inspirieren uns nicht nur auf der Suche nach der Ursache, sondern beschreiben auch den Weg zur Befreiung.

PH: Können Sie ein Beispiel dafür nennen?

GRÖN: Blumen stehen im Traum für aufblühende Wünsche, die zur Reife kommen wollen. Denn eine Blume blüht ja auf, um Samen zu tragen oder Frucht zu werden. Wenn im Traum die Blüten verwelkt sind und auf dem Boden liegen, ist das ein Zeichen, dass ich meine Wünsche aus dem Blick verloren habe. Ich habe einmal von einem Igel geträumt, der sich in verwelkten Blumen ein Nest baut. Durch diesen Traum habe ich verstanden, dass ich meine Wünsche durch meine Igelhaltung habe verwelken lassen. Wer wie ein Igel Stachel nach außen streckt und Abwehr signalisiert, isoliert sich und hält andere von sich fern. Um Wünsche leben zu können, brauchen wir jedoch die Verbindung zu anderen Menschen. Der Traum war also ein Hinweis darauf, die Igelhaltung aufzugeben und offen über die eigenen Wünsche zu sprechen.

PH: Sie sind überzeugt davon, dass Träume eine spirituelle Dimension haben. Was macht sie so sicher?

GRÖN: Die ungeheure Klarheit und Differenziertheit der Träume, die auf erstaunliche und letztlich unerklärliche Weise seelische Vorgänge spiegeln und Auswege aus Verstrickungen zeigen. Die Erklärung, dass unser Unbewusstes die Traumbilder selbst erschafft, scheint mir unlogisch, mal abgesehen davon, dass das Unbewusste wahrlich kein wissenschaftlicher Begriff ist. Wenn ich selbst der Schöpfer meiner Träume wäre, würde das bedeuten, dass ich mein eigenes Unbewusstes in rätselhafte Bilder verkleide, die ich dann mühsam entschlüsseln muss. Mein Unbewusstes wäre also so bewusst, dass es mir nachts meine Probleme in Bildern verkleidet spiegelt. Das ergibt für mich keinen Sinn. Ich glaube einfach daran, dass wir in einer großen kosmischen schöpferischen Einheit zu Hause sind, die die geistige Entwicklung des Menschen fördert. Wir müssen immer wieder kreativ werden, wenn wir unser Leben meistern wollen. Und Träume helfen uns, das schöpferische Prinzip des Lebens zu verstehen. In diesem Sinne träumte ich einmal: Die Welt ist das Bilderbuch, in dem die Menschen lesen lernen können, um den Geist Gottes zu suchen.

PH: Sie haben viele Jahre in Ihrer Klinik mit Herzpatienten gearbeitet. Können Träume auch Hinweise auf Krankheitsursachen und Impulse zur Selbstheilung geben?

GRÖN: Träume helfen zu erkennen, wo wir nicht im Einklang zwischen Fühlen und Denken sind und ungesund leben. Der Körper meldet sich durch Organkrankheiten nur, wenn etwas nicht stimmt. Das Herz sagt etwas anderes aus als der Magen, und der Darm sagt etwas anderes als die Leber. Man kann jedes Organ und jedes Glied im Körper als Gleichnis verstehen. Der Traum beschäftigt sich mit der mentalen Ebene. Ich habe mit vielen Herzinfarktpatienten nach Operationen gearbeitet, die mit Hilfe ihrer Träume erkannt haben, was sie ändern müssen, um ihre bisher nicht gelebten Bedürfnisse zu erfüllen.
Ein Patient träumte eines Nachts, er sei auf dem Weg zu seinem pochenden Herzen. Als er endlich nach einer langen, anstrengenden Wanderung durch einen Wald bei seinem Herzen, das lebensgroß vor ihm lag, angekommen war, sagte ihm jemand aus der Wandergruppe: »Entscheidend ist der linke pochende Teil des Herzens.« Die Botschaft war für ihn klar. Er sollte sich mehr um seine linke Seite, die Gefühlsseite kümmern und sich nicht ständig durch Termin- und Leistungsdruck hetzen lassen. Tatsächlich wissen wir, dass es einen Zusammenhang zwischen Stress und Bluthochdruck gibt.

PH: Sie werden nächstes Jahr neunzig. Haben sich Ihre Träume im Alter verändert?

GRÖN: Ich träume nur noch ganz wenig. Die Impulse, die die Träume mir gegeben haben, bekomme ich jetzt eher in meinem Wachbewusstsein. Manchmal vermisse ich meine wunderbaren Tierträume. Eine Eule, die in der Nacht auf Jagd geht. Kann es ein schöneres Bild für eine Traumforscherin geben? In der Nacht im Unbewussten auf Jagd zu gehen, ist das Interessanteste, was man im fortgeschrittenen Alter machen kann, sonst wird das Leben doch langweilig. Einmal habe ich von einer Eule mit Falkenkopf geträumt. Es hat eine Weile gedauert, bis ich den Traum verstanden habe. Wer in der Nacht auf Jagd geht, muss sich tagsüber zielsicher wie ein Falke auf die Beute stürzen. Nur so kann man das, was man nachts aus dem Unbewussten holt, tagsüber in seelische Nahrung verwandeln. Das liebe ich an Träumen. Sie sind auf ihre Weise wunderbar einfach und klar (Ende des Interviews).

Wenn Sie Ihren Träumen auf die Spur kommen wollen, ist es sinnvoll, ein Traumtagebuch anzulegen. Manchmal verschwinden die Träume schnell wieder, auch wenn wir uns vornehmen, sie nicht zu vergessen. Deshalb ist es ratsam, sie gleich – auch in der Nacht – aufzuschreiben oder in ein Smartphone zu sprechen und sie am nächsten Tag abzuschreiben. Mit der Hand ist das auf jeden Fall persönlicher als in den PC. Gefühle, Gedanken und Handlungen des Vortages sind wichtig, um der Botschaft auf den Grund zu gehen. Was fällt mir zu diesem oder jenem Traumbild ein? Woran erinnert es mich? Auch völlig unzusammenhängende Abläufe oder einzelne Traumfetzen haben eine wichtige Aussage. Alle Traumszenen einer Nacht widmen sich demselben Konflikt.

Alle verschiedenen Arten und Grade der Träume erforscht zu haben,
würde bedeuten, in einem tieferen Sinne als irgendeinem heutigen,
Kenner der menschlichen Seele zu sein.
(Gerhard Hauptmann)

Traumseminar mit Ortrud in Griechenland

Unsere schönste gemeinsame Zeit waren zehn Jahre Traum-Seminare auf der griechischen Insel Thassos. Später haben wir noch weitere Seminare auf den Inseln Lesbos und Patmos sowie in Österreich, der Schweiz und auch in der »Lauterbacher Mühle« gemeinsam gestaltet. Fünf Jahre nach unserer ersten Begegnung hatte ich Ortrud zu meinem Seminar »Lebensfreude neu entdecken« nach Thassos eingeladen. Abends bei Wein in lockerer Atmosphäre wurde dann die Idee geboren, im Jahr darauf ein Traumseminar mit Ortrud Grön und mir als ihre Assistentin anzubieten. Ich war begierig, einen weiteren Baustein zu meinen eigenen Seminarthemen hinzuzugewinnen. Dass Ortruds Methode der Traumarbeit hilfreich war, hatte ich ja inzwischen selbst erfahren. Und so vertiefte ich mich ein Jahr später auf Thassos in Ortruds Gleichnisdenken »Träume als Spiegel von Naturgesetzen« zu verstehen. Damals begann auch unsere innige Freundschaft, die bis zu Ortruds Tod anhielt.

Thassos, die gebirgige Insel im Norden der Ägäis, ist mit vielen Naturschönheiten gesegnet. Olivenbäume und Pinienwälder, die bis zu den herrlichen Sandstränden reichen, prägen die Landschaft. Ich hatte diese Insel und später das Hotel, das unser Seminarzentrum werden sollte, durch einen Urlaub mit meinem Mann entdeckt. Damals gab es noch nicht einmal eine Straße zum Hotel. Nach der ersten Besichtigung war klar: Hier werde ich ein Jahr darauf, das war 1991, meine gestalttherapeutischen Seminare anbieten. Fünf Jahre später kamen dann die Traumseminare dazu.
Unser Seminarzentrum, das »Hotel Emerald«, lag fünf km vom Dorf Panagia entfernt in traumhafter Lage am Hang mit herrlichem Blick auf Meer und Berge. Die Wirtsleute Eleni und Sotiris und später auch der Sohn Kostas taten alles, uns den Aufenthalt zu einem unvergesslichen Erlebnis werden zu lassen.
Panagia ist ein malerisches Bergdorf mit verwinkelten Gässchen, schiefergedeckten Häusern und einem lebhaften Dorfplatz. Im

Schatten der weinumrankten Terrasse im Kafenion von Aleko sitzen die einheimischen Männer beim Tavli-Spiel. In den kleinen Tante-Emma-Läden hatte man das Gefühl, die Zeit ist stehengeblieben.

»Träume verstehen lernen« auf Thassos

»In diesem Seminar möchten wir Menschen mit dem Geheimnis der Träume vertraut machen und anregen, die symbolische Sprache der Träume zu lernen.

Jeder Traum enthält eine Botschaft, gleichsam einer Sphinx, die ihre Weisheit nur hergibt, wenn wir ihre Rätsel lösen.

Träume sprechen in Gleichnissen. Auch wenn sich Träume der alltäglichen Bilder und Sprache bedienen, wiederholen sie nicht die realen Situationen, sondern beschreiben einen seelisch-geistigen Vorgang.

Wir erfahren in intensiven Gruppengesprächen, wie die Bilder von der materiellen Ebene auf die seelisch-geistige Ebene übertragen werden.

So helfen Träume, die eigene Lebensgeschichte zu erkennen und zeigen Wege auf, sich zu verändern, um freier und glücklicher zu leben.«

Ortrud forderte mich heraus. Ich protokollierte im Seminar die Träume der Frauen und Männer und Ortruds Erläuterungen dazu. Dabei fiel mir auf, dass sie sehr viel fragte, bevor sie sich an eine Erklärung wagte. Zusammen mit dem Träumer oder der Träumerin entschlüsselte sie die Botschaften, die in den Bildern steckte. Es war für alle jedes Mal ein Aha-Erlebnis, dass in den Details der Traumbilder so viele Erkenntnisse steckten. Dabei offenbarten sich sehr oft Schutzhaltungen, die in der Kindheit entwickelt wurden, um mit einer Situation zurechtzukommen. Diese Abwehrmechanismen verfestigen sich dann bis ins Erwachsenenalter und hindern uns, zu unserem wahren Selbst zu finden.

Da wir nur vormittags Gruppensitzungen hatten, nutzte ich die Nachmittage, mir die erarbeiteten Träume noch einmal vorzunehmen. Was ich nicht verstanden hatte oder was mir unklar geblieben war, erklärte mir Ortrud mit großer Geduld immer und immer wieder. Es waren anstrengende Tage. Oft bat sie mich, noch zum Abendessen mein Heft mitzubringen. Zu diesem oder jenem Traum sei ihr noch etwas eingefallen, das müsse sie am nächsten Morgen noch einmal zur Sprache bringen.

Ortrud Grön war sehr genau, sie beachtete jedes Detail. Sie war engagiert, den Träumenden auch theoretische Grundlagen mit an die Hand zu geben. »Ein Haus im Traum«, erklärte sie zum Beispiel, »stehe gleichnishaft dafür, wie wir zum Zeitpunkt des Traumes in uns wohnen. Das Fundament sei der Keller. Ihn gestalteten wir in der Kindheit instinktiv, noch ohne Bewusstsein, was wir in unserem Verhalten ändern müssten, um uns frei zu fühlen. Die verschiedenen Etagen des Hauses deuteten an, in welchem Bereich die Erkenntnisse angesiedelt sind. Je höher wir im Haus hinaufstiegen, desto bewusster sei uns ein Vorgang. Treppe heißt: Es geht aufwärts – ins Bewusstsein – ich bin im Lernvorgang. Das Dachgeschoss repräsentiere das Bewusstsein. Seien die Räume nicht möbliert, würde der Träumer aufgefordert, sich innerlich neu einzurichten. Seien sie übervoll, gelte es, sie zu entrümpeln. Wenn Häuser zusammenfielen, gingen alte Formen zu Ende.« Passend zu diesem Beispiel brachte Ortrud Grön einen Traum mit in die Gruppe. Eine Frau, die in Therapie bei Ortrud war, hatte jahrelang an den Folgen einer Vergewaltigung gelitten. In der Nacht vor ihrem Traum hatte sie zum ersten Mal mit ihrem Freund über dieses schreckliche Erlebnis gesprochen.

1. *Die Mauern eines alten Hauses, das mir bekannt ist, sind zerstört worden.*
2. *Sie liegen zerbrochen am Boden. Ich stehe davor und frage mich, wie alt das Haus wohl war.*

3. *Auf einem Feld wachsen kleine Kakteen. Als ich näherkomme, entdecke ich, dass es Katzen sind, die ruhig auf dem Feld sitzen und mich zufrieden schnurrend beobachten. Ein Regenbogen spannt sich weit über eine heitere Landschaft.*

Was sagen diese Bilder? In der ersten Szene wird deutlich, dass die Mauern ihres Lebenshauses, in das sich die Träumerin für Jahre einsam zurückgezogen hatte, durch das Gespräch mit ihrem Freund zum Einsturz gebracht worden waren.

Kakteen gedeihen an trockenen Standorten. So abweisend hatte sich die Träumerin aufgrund des schrecklichen Erlebnisses verhalten. Sie fühlte sich »emotional verwüstet«. Erst das Gespräch mit ihrem Freund erlöste sie aus diesem Gefühl. Aus den stacheligen Kakteen werden im Traum Katzen. Katzen brauchen für ihr Wohlgefühl gleichermaßen Nähe und Distanz. Sie gehen souverän mit ihren Gefühlen um.

Dadurch, dass die Träumerin sich ausgeweint hatte und sprechen konnte, erschien im Traum ein Regenbogen. Im Regenbogen sind alle Farben enthalten, die wir für unser Leben brauchen. So wie Regen das Land befruchtet, hatten die Tränen ihr zum ersten Mal nach sieben Jahren inneren Frieden geschenkt.

Ringen um Wertschätzung nach Vergewaltigung

Dieser Traum ist das Ende eines 7-jährigen verzweifelten Ringens, mit der Vergewaltigung fertig zu werden und sich als Frau wieder wertschätzen zu lernen. Und er zeigt die Ambivalenz, besser gesagt, den inneren Kampf der Träumerin, sich auf eine feste Beziehung einzulassen. Die Namen habe ich verändert.

Alexa war nach der Vergewaltigung in eine Nervenklinik eingeliefert worden. Sie war nicht in der Lage, über dieses schreckliche Ereignis zu sprechen – auch nicht mit den Ärzten. Sie fühlte sich immer mehr isoliert und innerlich verlassen.

1. *Ich bin auf einem Friedhof und entdecke ein frisches Grab. Die Blumenkränze darauf sind längst verdorrt. Niemand hat sich um sie gekümmert, niemand hat sie weggeräumt, um frische Blumen zu pflanzen.*
2. *Ich bin in einem engen, dunklen Raum eingesperrt und versuche verzweifelt, um Hilfe zu schreien. Aber niemand hört mich.*
3. *Da merke ich, dass ich gar keinen Laut produziert habe, dass meine Stimme weggeblieben ist.*

Das Grab zeigt Alexa den Tod ihres gerade vergangenen Lebens. Alle Gefühle, alle Wünsche nach Glück und Harmonie waren in ihr gestorben. Was sie besonders bitter empfunden hat, war ihr Gefühl, als Frau gestorben zu sein. Die welk gewordenen Blumen müssen weggeräumt werden, um neue Wünsche gedeihen zu lassen (Blumen stehen für Wünsche).

Der dunkle, enge Raum erinnerte sie an den Raum, in dem sie vergewaltigt wurde und eingesperrt war. Ihre Hilferufe können nicht gehört werden, solange sie über das Geschehene nicht sprechen kann.

Aber »ohne Stimme« wird sie sich aus ihrer Isolation nicht befreien können.

Alexa – 22. Dez. 1992 – etwa sechs Jahre nach der Vergewaltigung

Dass dieser Tag ihr »Schicksalstag«, wie Alexa ihn nannte, werden würde, ahnte sie nicht, als sie während ihrer Weihnachtseinkäufe zufällig ihren alten Bekannten Henry wiedertraf, mit dem sie eine vor Jahren heftige, von Erotik bestimmte, wenn auch keine sexuelle Beziehung verband. Zunächst nahm sie die Wiederbegegnung eher gelassen hin. Erst abends, als sie ganz unerwartet von Henry angerufen wurde und sich lange mit ihm unterhielt, kehrte die Erinnerung an die damaligen Gefühle langsam in ihr wieder zurück. In dieser Nacht träumte sie:

Ich steige auf ein Fahrrad und fahre unbeschwert durch eine von grünen Bäumen und Wiesen bestimmte Landschaft.

Jemand kommt – ebenfalls auf einem Rad – vorbei und winkt mir zu.

Ich fühle mich sehr glücklich.

Fühlen und Denken sind im Einklang, man kann auch sagen im Gleichgewicht (Fahrrad) – die Bäume (gewachsene Erkenntnisse) signalisieren für die Träumerin Aufbruch.
Sie fühlt sich wahrgenommen von einem Gegenüber, das ebenfalls im Gleichgewicht ist (Fahrrad und jemand winkt ihr zu).
Das Glück, das Alexa an diesem Tag empfand, spiegelt ihr der Traum.

Alexa – 25. Febr. 1993

Henry war aus New York zurückgekommen und hatte Alexa direkt danach angerufen. Dass sie vergessen hatte, ihn beim Vornamen zu nennen, was sie vereinbart hatten, enttäuschte ihn. Abends konnte sie nicht einschlafen, weil ihr langsam klar wurde, wieviel ihr Henry inzwischen bedeutete. Gleichzeitig war sie unsicher, wie sie die Beziehung zu ihm gestalten soll. Eine mehr oder weniger unverbindliche Liebschaft wäre für sie am wenigsten problematisch. Gleichzeitig gefiel ihr der Gedanke aber auch nicht.

1. *Eine Geisha ist nackt und wird mit Wasser übergossen und dann in die kalte Luft geschickt, damit das Wasser auf ihrem Körper gefriert.*
2. *Sie ist von einer hellen Eisschicht umgeben und sieht sehr zart und krank aus.*
3. *Ich bemerke, dass aus einem Finger meiner rechten Hand eine braune, immer länger werdende Schlange herauskommt. Der Vorgang macht mir Schmerzen am ganzen Körper.*
4. *Ich halte eine rotblühende Blume mit Wurzeln in den Händen.*
5. *Zunächst will ich sie in den Müll werfen, aber dann pflanze ich sie doch in einen Blumentopf.*

Am Beispiel der Geisha zeigt ihr der Traum, dass sie eine derart oberflächliche Beziehung ohne Gefühle (gefrorenes Wasser) mit einer Eisschicht überziehen würde. Sie hatte Angst, zugrunde zu gehen, wenn sie sich wie eine kühle Gesellschafterin in einer unverbindlichen Liebschaft verhalten soll (Eine Geisha – in Japan als Beruf anerkannt – ist eine Frau, die ihr Leben den japanischen Künsten widmet und die ihre Talente einsetzt, um hochrangige Kunden auf Veranstaltungen zu unterhalten).

Aus ihrer Hand – mit der handelt sie – kommt die braune Schlange (Schlangen sind assoziiert mit dem Lebenstrieb), das heißt, ihrem Bedürfnis nach Liebe. »Um eine wirkliche Geisha zu sein, muss man eine eiserne Schicht um sich haben – im physischen Körper als auch im Herz.« (Michelle Yeoh, chinesisch-malayische Schauspielerin – u.a. »Die Geisha«).

Alexa soll also nicht zur gefühllosen Geisha werden, sondern Henry mit dem Lebenstrieb der Schlange entgegenkommen.

Die schöne rote Blume ist ihr Wunsch nach Liebe (rot – die Farbe des Blutes – steht für Lebendigkeit). Zunächst will sie die Blume wegwerfen, doch dann pflanzt sie sie in einen Topf, was heißt, sie will ihren Wunsch hegen und pflegen.

Der Traum will ihr mit diesen Bildern den Weg zeigen, den sie in der Beziehung zu Henry gehen soll.

Alexa – 27. Febr. 1993

Sie hat Kopfschmerzen, fühlt sich angeschlagen und müde. Ihre Gedanken wandern immer wieder zu Henry.

1. *Auf einer staubigen Straße finde ich verwelkte Blumen. Ich nehme sie mit, um sie in eine Vase zu stellen.*
2. *Ein kleiner Blutegel hängt an meinem Fuß. Ich gehe ins Bad und will ihn entfernen. Da stelle ich fest, dass es eine Schlange ist, die sich schon fast tot mit letzter Kraft um meinen Fuß ringelt.*
3. *Ich nehme die Schlange weg und lege sie ins Waschbecken, lasse Wasser einlaufen und die Schlange erholt sich.*

Blumen sind Wünsche und repräsentieren in diesem Traum ihren Wunsch nach Liebe, den Alexa zuerst jedoch nicht beachtet hat. Die Blumen liegen verwelkt auf staubiger Straße. Dann jedoch hebt sie die Blumen auf und stellt sie ins Wasser (Wasser = Gefühle), damit sie sich erholen können.

Dieses ständige Grübeln über Henry hat sich, einem Blutegel gleich, am Fuß festgesaugt und hindert sie am Gehen, d.h. am sich bewegen, am Handeln. Ihr Bedürfnis nach Lebensenergie (Schlange) und nach Liebe droht zu sterben (Schlange fast tot). Im letzten Moment rettet sie ihr Bedürfnis, indem sie der Schlange Wasser (Gefühle) gibt.

Alexa – 4. April 1993

Sie fragt sich, warum sie die Bekanntschaft mit Henry so von Grund auf erschüttert hat.

1. *Ich bin mit mir unbekannten Menschen auf einer Insel, auf der plötzlich ein Vulkan ausbricht.*
2. *Ich bin sehr überrascht, dass es auf dieser Insel überhaupt einen Vulkan gibt und laufe weg, um mich in Sicherheit zu bringen.*
3. *Zwei Schlangen, eine schwarze und eine rote kämpfen miteinander. Sie haben sich aufgerichtet, zischen und bewegen sich hin und her.*

Alexa ist ihren Gefühlen gegenüber Henry vollkommen verunsichert. Die Bekanntschaft mit Henry ist für sie wie eine Insel in ihrem Leben und hier befindet sie sich mit noch unbekannten Anteilen. Es ist ein seelischer Ort und sie befürchtet, wenn sie die Liebe zu Henry zuließe, würde diese wie ein Vulkanausbruch über sie hereinbrechen.
(Vulkanausbruch heißt: alte Versteinerungen beginnen in Alexa zu schmelzen). Davor hat sie Angst und läuft weg.

Die beiden kämpfenden Schlangen zeigen ihre ambivalenten Gefühle. Die schwarze Schlange ist mit der Angst aus der Kindheit assoziiert. Sie ringt mit der roten Schlange, ihrem Bedürfnis nach Liebe.
Noch hat Alexa innerlich keine Entscheidung gefunden, wie ihr Leben mit Henry weitergehen soll.

Alexa – 30. April 1993

Henry legte für wenige Stunden zwischen zwei Flügen einen Zwischenstopp in München ein. Die beiden hatten einen harmonischen Abend und Alexa spürte immer mehr, wie sehr er sie mag. Ob sie seine Zuneigung in gleicher Weise erwiderte, wusste sie nicht zu sagen. Andererseits begehrte sie ihn so sehr, dass sie sich manchmal krank fühlte. Sie war völlig verunsichert, ob sie sich nach der Vergewaltigung einem Mann gegenüber noch normal verhalten kann. Sie spürte aber auch, dass ihr Verhalten Henry gegenüber nicht richtig ist.

1. *Ich sitze in meinem Garten auf einer Mauer.*
2. *Um mich herum ist es völlig dunkel und ich empfinde Unbehagen.*
3. *Da entdecke ich neben mir in der Mauer Glühwürmchen, die ihre Umgebung so erhellen, dass ich kleine Blümchen erkennen kann, die aus der Mauer wachsen.*

Alexas Verhalten Männern gegenüber basierte früher eher auf sexuellen Erfahrungen, ohne sich auf tiefere Bindungen einzulassen.

Deshalb geriet sie jedes Mal ins ungewisse Dunkel.
Der Unterschied zu früher ist jetzt, dass die Glühwürmchen beginnen, die Dunkelheit zu erhellen und die ersten Blümchen (Wünsche) aus ihren erstarrten Gefühlen (Steine und Mauer) zu wachsen beginnen.

Alexa – 3. Mai 1993

Ein kurzer Brief von Henry hatte Alexa zunächst tief ergriffen. Sie fragt sich, warum er die Beziehung so ernst nimmt. Mit Wehmut denkt sie an die Heiterkeit ihrer ehemals so problemlosen, weil nicht engen Beziehung zurück.

1. *Ich bin für eine Hochzeit angezogen, weiß, dass ich jetzt Henry heiraten werde.*

2. *Zunächst fühle ich mich glücklich, aber dann bekomme ich Angst und renne weg. Ich bemerke, dass er mir folgt.*
3. *Ich verstecke mich hinter einem Baum, er ruft nach mir. Ich merke, dass er unglücklich ist. Da schaue ich hinter dem Baum hervor und er sieht mich. Er kommt auf mich zu. Ich bleibe jedoch hinter dem Baum stehen. Wir geben uns die Hände, umschlingen dabei den Baum, der uns trennt.*

Einerseits ist Alexa bereit, mit Henry einen Neuanfang (Hochzeit) zu wagen. Andererseits hat sie Angst, sich zu fest zu binden, was aus ihren erlittenen Erfahrungen resultiert, die sie mit Männern gemacht hat. Dass Henry so liebevoll auf Alexa zugeht und versucht, ihre Bindungsangst zu verstehen, beglückt sie (Baum gemeinsam umarmen).

Alexa – 23. August 1993

Es folgt der Traum, den ich Ihnen eingangs vorgestellt habe. Nach einer Opern-Aufführung, die sie sehr aufgewühlt hatte, war sie mit Henry noch lange spazieren gegangen. Er war so liebevoll auf ihre Gefühle eingegangen, dass sie ihm spontan von ihrer Vergewaltigung erzählen konnte.

1. *Die Mauern eines alten Hauses, das mir bekannt ist, sind zerstört worden.*
2. *Sie liegen zerbrochen am Boden. Ich stehe davor und frage mich, wie alt das Haus wohl war.*
3. *Auf einem Feld wachsen kleine Kakteen. Als ich näherkomme, entdecke ich, dass es Katzen sind, die ruhig auf dem Feld sitzen und mich zufrieden schnurrend beobachten. Ein Regenbogen spannt sich weit über eine heitere Landschaft.*

Alexa gewann nach und nach immer mehr Vertrauen, sich auf die Liebe zu Henry einzulassen.
Nach einer Zeit inniger Gemeinsamkeit träumte sie:

1. *Ich stehe am Steg eines Sees, es ist sehr früh am Morgen. Langsam geht die Sonne auf, und zwar mir gegenüber im Westen.*
2. *Ich steige den Berg hoch und bin zutiefst verunsichert, weil die Sonne im Westen aufgeht und drehe mich in Richtung Osten.*
3. *Da sehe ich, dass dort hinter einem Berg eine andere Sonne aufgeht. Der Himmel ist klar. Und beide Sonnen stehen sich in einer Bahn gegenüber.*
4. *Langsam nähern sie sich einander an. Ich frage mich, was geschieht, wenn sie zusammenstoßen würden. Ich denke an eine Explosion.*
5. *Als beide Sonnen aufeinandertreffen, verschmelzen sie zu einer Sonne, die nun im Zenit steht.*

Die Sonne, die im Westen aufgeht, weist Alexa darauf hin, dass die seinerzeit in ihr untergegangene Liebe zu sich selbst (durch die Vergewaltigung) neu aus all den Dunkelheiten erwacht ist.

Noch fühlt sie sich unsicher in diesem neuen Vertrauen zu sich selbst. Die Sonne, die im Osten aufgeht, symbolisiert die Liebe des Mannes, der sich ihr erwartungsvoll zuwandte, als er spürte, dass Alexa sich ihm immer weiter öffnete. In diesem Moment verschmelzen die beiden Sonnen (Sonne steht für Harmonie) wie zwei Herzen miteinander. Schöner kann der Abschluss dieser Liebesbeziehung nicht ausgedrückt werden.

Alexa und Henry blieb nur wenig Zeit inniger Gemeinsamkeit. Beide starben kurz hintereinander an Herzversagen.

Die menschliche Seele ist doch ein wunderbares Wesen und der Zentralpunkt aller ihrer Erkenntnisse ist der Traum.
(Friedrich Hebbel)

Interview im Mai 2014 in »bom13« von Martin Märtens (Kulturredakteur) mit Heide Nullmeyer

M.M. Was sind Träume eigentlich?

H.N. Auf keinen Fall sind sie ein reines Nervengewitter. Ich glaube, dass Träume dazu da sind, uns auf uns selbst aufmerksam zu machen. Sie sind Wegbegleiter zu einem zufriedeneren und glücklicheren Leben.

M.M. Inwiefern?

H.N. Jeder Traum ringt darum, ungelöste, widersprüchliche Gefühle auszudrücken und wenn möglich, aufzulösen. Meist haben die Bilder in der Regel etwas mit dem Alltag oder der Natur zu tun. Für Ortrud Grön wird die »ganze Natur zur Arche des Lebens«. Die vier großen Lebensbereiche Wasser, Luft, Erde und Sonne mit ihren physikalischen und chemischen Gesetzen, haben, ihrer Auffassung nach, ihre Entsprechung in der menschlichen Seele. Um Ihnen einige Beispiele zu nennen: Während die Luft unsere Bewusstseinsentwicklung – unser Denken – darstellt, ist das Wasser mit unseren Gefühlen assoziiert. Der Kreislauf des Wassers in der Natur entspricht dem Kreislauf unserer Gefühle, die sich genauso klären müssen, wie das Wasser in der Natur. Und je nachdem, in welchem Zustand sich das Wasser im Traum zeigt, macht es deutlich, wie es in unserer Gefühlswelt zum Zeitpunkt des Traumes aussieht. Trüb? Überschwemmt? Klar?
Wenn wir von Häusern oder Wohnungen träumen, wird uns deutlich gemacht, in welchen Räumen unsere Seele momentan wohnt. Sind die Zimmer möbliert oder müssen sie entrümpelt werden? Und wenn zum Beispiel ein Hund vorkommt, sollten wir uns fragen, ob wir uns selbst gegenüber treu sind. Ein Auto steht für unsere »Selbststeuerung«. Wenn ich im Traum nicht bremsen kann, dann muss ich das »gleichnishaft« auf meinen Alltag beziehen und es als Warnung begreifen, vielleicht auch mal eine Pause einzulegen.

Das ist jetzt alles sehr plakativ gesagt und bedarf der genauen Nachfrage, denn bei allem ist sowohl die sachlich-objektive Seite einer Traumszene als auch die persönlich-subjektive Assoziation des Träumers oder der Träumerin zu berücksichtigen. In den vielen Jahren, in denen ich jetzt mit Träumen arbeite, habe ich das alles als stimmig erfahren.

M.M. Zumeist erinnert man sich an eher negative Träume …

H.N. Durch seine Bilder zeigt mir der Traum, wo es noch etwas zu verändern gilt, um befreiter durchs Leben zu gehen. Häufig handelt es sich dabei um ein Ereignis des Vortages. Womit habe ich mich intensiv beschäftigt, wo falsch verhalten, wo war ich nicht im Einklang mit mir und meiner Umwelt?

M.M. Viele Menschen sprechen aber auch von immer wiederkehrenden Träumen.

H.N. Die gibt es auch und sie sind, glaube ich, ganz besondere Hinweise, die beachtet werden wollen. Eine liebevolle Warnung. Sie weisen in der Regel darauf hin, dass etwas in meinem Inneren nicht in der Balance ist. Erst wenn man das Problem gelöst hat, hören die wiederkehrenden Träume auf.

M.M. Hieße das, dass ein Mensch, der komplett mit sich im Reinen ist, nicht träumen würde?

H.N. (lacht) Ich glaube, so einen Menschen gibt es gar nicht, zumindest habe ich noch keinen getroffen. Aber mir werden im Traum auch positive Veränderungen aufgezeigt. Wenn mir zum Beispiel durch die Traumbilder eine Situation gespiegelt wird, die ich bewältigt habe. So als wollte der Traum mich ermutigen: »Schau, das hast du geschafft.«

M.M. Das Leben beeinflusst also unsere Träume. Beeinflussen unsere Träume auch unser Leben?

H.N. Ja, dann, wenn wir uns an Veränderungen heranwagen. Unsere Träume sind dazu da, damit es uns besser geht. Das Erkennen, dass etwas nicht stimmt, ist das eine, etwas dagegen zu tun, das heißt, zu handeln, das andere. Wenn man das aber ernst nimmt, werden wir belohnt, weil wir uns wohler fühlen. Insofern beeinflussen die Träume unser Leben entscheidend.

M.M. Kann man seine Träume während des Träumens beeinflussen?

H.N. Dazu gibt es unterschiedliche Meinungen. Wenn man zum Beispiel vor einem Verfolger im Traum flieht und sich vornimmt, dass man ihn erkennen oder bekämpfen will, das funktioniert. Wenn Personen erscheinen, dann handelt es sich in der Regel dabei um Anteile von mir, die sich in der Person widerspiegeln.

M.M. Können Sie das näher erklären?

H.N. Wenn beispielsweise ein Verwandter auftaucht, den ich mehrere Jahre nicht gesehen habe oder der vielleicht schon gar nicht mehr lebt, stellt sich die Frage, was mich persönlich mit diesem Verwandten verbindet. Welche Eigenschaften hat er und was könnte das mit mir selbst zu tun haben. Und dann habe ich schon oft in meinen Seminaren erlebt, dass genau die Eigenschaften, die ich an der Person nicht mag, auch die meinen sind.

M.M. Und wenn keine Person, sondern ein Löwe auftaucht, der einen verfolgt?

H.N. Dann muss man gucken, was genau das Wesen des Löwen ist. Was könnte dieser Löwe mit mir zu tun haben. Verhalte ich mich so souverän wie ein Löwe? Wie sozial, wie kraftvoll bin ich? Oder auch nicht. Kommt er zum Beispiel aggressiv auf mich zu? Oder ist er schwach und kränklich? Tiere schildern im Traum unser »emotionales Verhalten«. Und immer wieder kommt es auf den Vortag an. In welcher Situation habe ich mich wie ein Löwe (so souverän und sozial oder auch nicht) emotional verhalten? Man muss jedes Bild gleichnishaft verstehen. Zudem spielt es auch noch eine große Rolle, wie der Traum aufgebaut ist.

M.M. Inwiefern spielt der Aufbau eine Rolle?

H.N. Im ersten Teil eines Traumes wird ein Problemumfeld beschrieben, gefolgt von der Frage, wie ich mit dem Problem umgehe. Dann erst folgen Lösungsschritte. Erstaunlicherweise ist das sehr systematisch aufgebaut.

M.M. Wie lange dauern Träume?

H.N. Das sollten Sie lieber einen Schlafforscher fragen. Ich kann nur von den Ergebnissen sprechen. Meine Erfahrung ist: Je problembeladener die Menschen sind, desto mehr Bilder träumen sie. Werden die Probleme weniger, werden die Träume kürzer und auch deutlich prägnanter. So als würde der Traum darauf hinweisen, wo es noch einer Lösung bedarf. Manchmal ist es auch nur ein Satz, der ein Lebensproblem aufzeigt.

M.M. Macht es Sinn, seine Träume aufzuschreiben?

H.N. Auf jeden Fall. Es gibt Menschen, die ihre Träume zwar aufgeschrieben, aber zehn Jahre lang nicht beachtet haben. Wenn sie dann rückblickend auf ihre Träume gucken, wird ihnen in der Regel so manches klar, vorausgesetzt, sie haben sich mit der Gleichnissprache der Träume vertraut gemacht.

M.M. In der Regel vergisst man seine Träume sehr schnell wieder …

H.N. Deshalb bitte ich die Menschen, mit denen ich zusammenarbeite, sich einen Zettel und einen Stift neben ihr Bett zu legen und unmittelbar nachdem sie aufgewacht sind, ihre Träume aufzuschreiben.

M.M. Wie kann man Träume deuten?

H.N. Ich halte das Wort »deuten« in diesem Zusammenhang für schwierig. Traumarbeit, so wie ich sie verstehe, ist eine Spurensuche mit der- oder demjenigen, der geträumt hat. Ich finde es fahrlässig, in irgendwelchen Büchern nachzuschauen, was der Traum bedeuten könnte. Um den Traum in seiner ganzen Tiefe zu verstehen, muss immer die sachliche Seite eines Bildes mit den Assoziationen der Träumerin, des Träumers verbunden werden. Beides gehört zusammen.

M.M. Ihr Fazit zu Träumen?

H.N. Träume sind individuelle Antworten auf seelische Prozesse. Sie haben häufig einen Bezug zu der Phase in der Kindheit, in der Ängste und Schutzhaltungen entstanden sind. Als erwachsener Mensch hindern uns diese unbewusst gebliebenen Reaktionen und Lebensmuster, uns frei zu fühlen. Träume wollen uns helfen, das zu erkennen. Und wenn man die Bilder nach und nach verstehen lernt, kann man sie als Helfer und Wächter begreifen, die unser Leben positiv begleiten.

»Trauet euren Träumen
denn das Tor der Ewigkeit ist darin verborgen.«
(Khalil Gibran)

Traumfantasien präsentieren Dramen, Komödien, Tragödien – sie sind grenzenlos

Ortrud Grön hat in ihrem Lehrbuch »Pflück dir den Traum vom Baum der Erkenntnis« Träume als die größte Schauspielbühne aller Zeiten dargestellt. Genau wie Puzzle spiegeln die Bilder der Nacht unsere seelische Situation wider. Das zeigt sich in alltäglichen Szenen ebenso wie in dramatischen, schreckenerregenden und angstvollen Darstellungen. Träume präsentieren fantastische und skurrile Bilder, locken mit erotischen Szenen, schöpfen aus der Natur, verschenken Blumen, Edelsteine und schöne Kleider. Alltagsszenen erinnern an Ereignisse des eigenen Lebens, die längst versunken schienen. Auch sie sind Gleichnisse, das heißt, es werden nicht etwa reale Vorgänge des Alltags in Beruf oder Familie wiederholt, sondern Gedanken, Gefühle und Handlungen vom Vortag, die nicht befriedigend aufgearbeitet wurden, werden durch das Gleichnis sichtbar gemacht. Erst unsere Einfälle zu den Bildern enthüllen den Konflikt, um den es geht. Alle Traumszenen einer Nacht stehen untereinander im Dialog und sind logisch miteinander verknüpft.

Um Ihnen als Leser und Leserinnen einen leichteren Zugang zu den nachfolgenden Träumen zu ermöglichen, habe ich sie in fünf Teile strukturiert:

1. **Einzelne Träume**
2. **Tierträume**
3. **Träume, die eine Entwicklung zeigen**
4. **Von mir supervidierte Träume**
5. **Spirituelle Träume**

Vielleicht haben Sie das Gefühl, sich in manchen der geschilderten Traumbilder wiederzuerkennen. Wenn dem so ist, versuchen Sie, sich den Vortag in Erinnerung zu rufen, an dem Sie den Traum hatten, denn darauf antwortet der Traum. Er meint jeden Menschen sehr individuell.

Als erstes Beispiel möchte ich Ihnen einen Traum von mir vorstellen.

Verzweifelte Suche nach einem Parkplatz – ein eigener Traum

Dieser Traum erinnerte mich an eine Situation aus den 1960er Jahren, die mir ein aktuelles Problem spiegelte.

1. *Ich überquere mit viel Mühe und der Angst, unterwegs liegenzubleiben, mit meinem Goggomobil die Alpen.*
2. *Als ich endlich oben ankomme, suche ich verzweifelt einen Parkplatz. Ich finde keinen. Nicht die kleinste Lücke entdecke ich. Keine Chance, mich auszuruhen. Ohne aussteigen zu können, muss ich mich auf den nicht minder beschwerlichen steilen Weg nach unten machen. Immer mit der Angst, die Bremsen könnten versagen .*
3. *Unterwegs wird mir eine Haltebucht angezeigt, die allerdings nur für kurze Zeit benutzt werden darf.*
4. *Erleichtert steuere ich diesen Haltepunkt an.*

Im Aufwachen dachte ich: »Nochmal gut gegangen!« Worauf will mich dieser Traum hinweisen?

Ein Auto im Traum ist das Symbol für unsere »Selbststeuerung«, das habe ich an anderer Stelle auch schon ausgeführt. Wir können uns mit ihm dort hinbewegen, wohin wir möchten. Sollte also ein Auto in einem Ihrer Träume auftauchen, fragen Sie sich, wie Sie sich gerade durchs Leben steuern. Kommen Sie vorwärts oder bleiben Sie im Stau stecken? Welche Farbe hat das Auto? Wie ist sein Zustand? Mit welcher Zielgenauigkeit sind Sie unterwegs? Finden Sie einen Parkplatz? Oder sind Sie vielleicht zu schnell unterwegs und könnten einen Unfall provozieren? Das alles sind Aspekte der »Selbststeuerung«. Wenn Sie das Auto aus früheren Tagen kennen, versuchen Sie herauszufinden, wie Sie sich damals durchs Leben gesteuert haben. Denn darauf antwortet der Traum.

Ich habe mich erinnert, was die Zeit ausgezeichnet hat, als ich mit meinem Goggomobil unterwegs war. Ich hatte das Auto 1963 in Spanien gekauft, wo ich in den Sommermonaten lebte und im aufstrebenden Tourismus an der Costa Brava arbeitete. Damals war ich außerordentlich kreativ, überaus neugierig, tanzte auf vielen Hochzeiten, ohne mir Ruhe zu gönnen. Ich tat alles mit Lust und Freude und trotzdem war ich in dieser Zeit völlig unerwartet für zwei Wochen außer Gefecht gesetzt worden. Offenbar hatte ich mir damals zu viel zugemutet. Musste ich meinen Traum als Spiegel meiner heutigen Situation verstehen? War ich ähnlich umtriebig wie damals?
Ich ahnte die Antwort: Meine Begeisterung für viele Dinge war nach wie vor ungebrochen. Ich organisierte und leitete Seminare, machte weiter Filme. Urlaub wurde zur Nebensache. Die Warnung des Traumes war unüberhörbar: Ich muss weniger arbeiten, zur Ruhe kommen, einen Parkplatz für meine »Selbststeuerung« finden. Tue ich das nicht, könnte es für mich gefährlich werden. Meine Angst, die Bremsen könnten versagen, sprach eine deutliche Sprache. Im Traum wurde mir ein zeitlich begrenzter Haltestopp auf dem beschwerlichen Rückweg angeboten. Ein wichtiger Hinweis! Am Vortag hatte ich schweren Herzens ein weiteres attraktives Filmangebot abgelehnt. Mein Traum zeigte mir, dass ich mich noch rechtzeitig vorübergehend gestoppt habe. Die Gefahr, nur einen kurzen Halt einzulegen, bevor mich die Lust auf Neues wieder vorantreibt, war nicht zu übersehen. Für mich ging es darum, diese »Botschaft« gleichnishaft ernst zu nehmen und mir eine längere Auszeit zu gönnen. Und das habe ich gemacht.

Testament für Hardy Krüger

Der folgende Traum ist von meinem Mann Günther Wedekind. Er hat als Kameramann Dokumentationen in vielen Teilen der Welt mit dem inzwischen verstorbenen Schauspieler Hardy Krüger gedreht. Bekannt geworden ist die Mitte der 1960er Jahre entstandene Radio-Bremen-Fernseh-Reihe »Hardy's Bordbuch«. Mein Mann träumte diesen Traum nach seiner Pensionierung, als er sich noch völlig um Unklaren darüber war, wie sein Leben weitergehen sollte.

1. *Ich hatte den Auftrag, für meinen alten Freund Hardy Krüger das Testament zu schreiben. Das hatte er irgendwann einmal zu mir gesagt.*
2. *Ich antwortete: Ja, ich werde es auf ungewöhnliche Art tun. Auf dünne Holztafeln, die kunstvoll geschnitzt sind.*
3. *Es waren zwölf Holztafeln mit biblischen Symbolen. Die Hälfte dieser Platten blieb jeweils frei. Da wollte ich das Testament draufschreiben.*

Mein Mann hat mit Hardy Krüger mit großer Begeisterung wunderbare Filme gestaltet. Die beiden waren im Laufe dieser Zusammenarbeit und darüber hinaus zu Freunden geworden.

Die Zahl 12 bedeutet, die neue, noch unbewusste Kreativität muss mein Mann erst noch finden. So farbig und lebendig die Zeit mit Hardy war, so sollte er diese auch nach seiner Pensionierung weiterentwickeln. Was er dann auch tat.

Er unterrichtete in vielen Ländern der Welt Kameraleute und gestaltete mit mir unsere DVD über Ortrud »Dem Traum des Lebens auf der Spur« und mit unserer Freundin Annelie Keil – mit Beteiligung seines Sohnes, Ronald Wedekind, der auch Kameramann und Regisseur ist – die DVD »Geht doch!« – Wie wir werden, wer wir sind und nicht bleiben«.

(Auf die Zahlensymbolik gehe ich später ausführlicher ein).

Perfektion verhindert Kreativität

Ein Traum meiner Patentochter Maria. Sie studiert Religionswissenschaft. Obwohl sie sich mit großer Freude an Gedichte wagt, verfolgt sie ihre poetische Begabung nicht weiter. Ein in der Kindheit entwickelter Perfektionszwang und Leistungsanspruch sind ihr im Weg.

1. *Ich stehe im Elternhaus und schaue durch das Fenster nach draußen auf unseren Gartenteich.*
2. *Da taucht ein dunkelroter Drache auf und schaut mich an. Er verschwindet wieder*
3. *und ich sehe einen großen silbernen Fisch, der aus dem Teich kommt, Brot frisst und dann wieder verschwindet.*

Auf dem Schatz von Marias dichterischer Begabung sitzt der dunkelrote Drache, damit ist ihr Leistungsanspruch aus der Kindheit gemeint, den sie auch auf ihr Studium übertragen hat. Sie meint, keine Zeit mehr für kreative Arbeit zu haben.

Der silberne Fisch, der für ihr Bedürfnis nach Kreativität, dem Dichten, steht, verschwindet im Traum, gibt sich mit wenig zufrieden (Brot) entschwindet und entfaltet sich nicht.

Es bleibt bei kleinen Versuchen, den Gedichten mehr Raum einzuräumen.

Alte Glaubenssätze müssen sterben

Die Träumerin M., die zum Zeitpunkt des Traumes eine Verhaltenstherapie macht, bekommt Rückmeldungen von ihrer Psychologin, dass ihre Entwicklung Fortschritte macht. Sie traut sich immer öfter, unangenehme Dinge anzusprechen, und die Angst wird in einigen Bereichen geringer.

1. *Ich bin im Haus meiner Kindheit. Aus dem Küchenfenster schaue ich auf die großen Häuser gegenüber (13 Stockwerke).*

2. *Ich sehe, wie ein Haus nach dem anderen einstürzt. Dann bin ich in einem der Häuser und spüre, wie der Boden unter mir wackelt*
3. *und ich denke, es ist ein Erdbeben. Ich versuche zu flüchten und das Haus zu verlassen. Im Traum kann ich nicht sehen, ob ich es schaffe, aber es fühlt sich so an.*

Die einstürzenden Häuser sind ein immer wiederkehrender Traum (also eine Mahnung), der sich so erklärt, dass Ms innere Wohnung (so wie sie sich im Leben bisher eingerichtet hat) zusammenfällt.
Die 13 Stockwerke stehen dafür, den alten Fluch, die alten Glaubenssätze aus der Kindheit aufzulösen (Im Märchen von Dornröschen ist es die 13. Fee, die den Fluch ausspricht, weil sie sich durch Nicht-Beachtung verletzt fühlte).

In dieser Nacht, so schrieb sie mir, habe sie zum ersten Mal verstanden, dass die einstürzenden Mauern ihre alten Glaubenssätze einreißen und die starren Mauern, die sie um sich herum aufgebaut hatte, zu Schutt zerfallen.

Diese Erkenntnis löste in ihr ein Erdbeben aus. M. ist dabei, sich von ihren alten Glaubenssätzen zu befreien. Ihrem Gefühl nach hat sie es schon geschafft.

Angst vor dem Tod – eine Nachbereitung

Geträumt von Franziska, einer Teilnehmerin aus meiner Traumgruppe in Hellwege

Franziska hatte zwei Jahre zuvor ihren Mann verloren und war auf der Suche, sich neu zu orientieren. Sie hatte mir den Traum geschickt, weil sie Angst hatte, die Traumbilder würden andeuten, sie müsse bald sterben. Wir hatten den Traum am Telefon besprochen. Wenige Tage später hatte Franziska Geburtstag und ich schickte ihr eine Zusammenfassung ihres Traumes nach unserem Gespräch als Geburtstagsgeschenk.

»Liebe Franziska, ich wünsche dir von Herzen, dass du bei deinem ›Neustart‹ ins Altwerden neugierig bleibst, Neues wagst und mit Bravour meisterst, ohne dich durch Einmischungen von außen und der äußeren und inneren Stimme der Kindheit/Jugend, in der du Abwertung erfahren hast, irritieren zu lassen. Außerdem wünsche ich dir so viel Gesundheit, dass du ohne Schmerzen in den Beinen nach der OP unbeschwert reisen kannst und dass du deine Wünsche als Ausdruck deiner Seele verstehst und ihnen vertraust. Ich wünsche dir einen wunderschönen Tag!«

Der Vortag des Traumes
Du erzähltest, dass er übervoll war, doch woran du dich – nach unserem Gespräch – besonders erinnert hast, war das Kloster von Hildegard von Bingen, das du mal besucht hast, und in dem deine Tante, die Schwester deines Vaters, bis zu ihrem Lebensende Nonne war. Dadurch warst du wieder konfrontiert mit den Abwertungen deines Vaters, von dem du so gerne anerkannt worden wärst.

Dein Traum vom 6.7.2021:

1. *Heide Nullmeyer öffnet ein Fenster; es entsteht ein Hauch. Ich glaube, ich hatte mich mit einer Frage an sie gewandt, und das Öffnen des Fensters war die Antwort.*
2. *Ich befinde mich in einem Bahnhof. Um mich herum im Bahnhof das übliche Leben und Treiben der Reisenden. Dann bin ich unter dem Bahnhof und gehe dort auf einen Raum zu. Dabei bin ich nicht unbefangen, als wüsste ich schon, was mich dort erwartet.*
3. *Ich öffne die Tür, bin in einer Art Vorraum und öffne eine zweite Tür, betrete den Raum. Ich stehe nun vor einem Bett, bzw. vor einer Toten, die in dem Bett liegt. Ich gucke sie mir an, vor ihr stehend, für eine Weile.*
3. *Ich glaube, ich wundere mich: über mir im Bahnhof das Leben – und zugleich darunter diese Totenkammer. Ich verlasse sie, die Tür schließend.*

4. *Mir kommt eine Frau entgegen. Sie möchte wissen, was hinter der Tür (der Totenkammer) ist. Ich führe sie zur Kammer; die Frau wirkt sehr zögerlich – ich weiß nicht, ob sie mir folgen wird oder kann oder wirklich will. Ich öffne erneut die Tür und stehe wieder in der Kammer vor der Toten – allein, denn die Frau hat sich nicht getraut, mitzukommen. Ich bleibe nur kurz, verlasse die Kammer durch eine andere zweite Tür, schließe die Tür und denke im Gehen auf dem Weg nach oben zur Bahnhofshalle mit leicht verächtlichen Gefühlen an die Frau, die es nicht wagte, mit mir die Kammer zu betreten.«*

Die Personen
Heide Nullmeyer: Seelenführerin, intelligent, liebevoll (das sind deine Aussagen über mich).

Die tote Frau – sie war nach deiner Schätzung um die 50 Jahre alt.

Die zweite Frau – »sie war 40 Jahre«, sagtest du, ohne zu zögern.
Du hast dir selbst eine Frage gestellt, besser gesagt, deine eigene Seelenführerin hat dich die Frage an mich stellen lassen. Mich hast du als die Person genommen, von der du denkst, ich könnte deine Frage beantworten, weil du mich schätzt und auch von mir Antworten erhoffst. Es sind aber deine eigenen Anteile (ich bin nur stellvertretend), die dir durch das Öffnen des Fensters erlauben, einen erweiterten Blick zu ermöglichen, was mehr Sauerstoff in dein Leben bringt. (Hauch) Es ist eine Aufforderung, dir das zu erlauben. Und du hast damit auch schon angefangen, dir eher Ungewöhnliches zu gönnen, zum Bsp. allein und oft zu verreisen.

Der Bahnhof, ein umtriebiger Platz, von dem aus man reisen kann, wohin man möchte (er wird aber von dir abgewertet!). Du steigst nach unten (sozusagen in »alte Zeiten«, wie man ja auch vom Keller sagt, man schaut zurück in die Kindheit – und du bist nicht ganz frei davon, hinzuschauen, was dich erwartet. Du musst mehrere Hürden überwinden (zwei Türen = Ambivalenz), ehe du zu der toten Frau im Bett kommst. In diesem Moment vermischt sich in dir das rege Treiben im Bahnhof über dir (mit Gedanken an Ungelebtes, an den Tod). Anmerkung: Wenn Tote im Traum vorkommen, kann es auch um Wandlung gehen, um Lebendigkeit. Ich muss etwas sterben lassen, um es zu verwandeln.

Im Gespräch arbeiteten wir heraus, dass du mit 50 Jahren (so alt hast du die tote Frau eingeschätzt) eine gesicherte Position (Beamtin auf Lebenszeit) verlassen hast, um das zu tun, wonach du dich gesehnt hast, nämlich Kinder- und Jugendtherapeutin zu werden. Dieses Bild fordert dich jetzt wieder auf, aus der Ambivalenz auszusteigen, das Alte hinter dir zu lassen (sterben zu lassen) und etwas Neues zu wagen, so wie damals mit 50.

Und dann kommt dir eine Frau entgegen (ein Erkenntnisanteil von dir). Sie ist neugierig, will wissen, was sich hinter der Tür verbirgt, traut sich aber dann doch nicht, hineinzugehen. Das ist der Anteil in dir, der einerseits neugierig ist, gleichzeitig aber Angst hat, konfrontiert zu werden, was offenbar werden will. Du hast die Frau als 40-jährig bezeichnet. Das war die Zeit, in der du mit Helmut in Tenever gewohnt hast. Eine Gegend, die damals wie auch heute noch abgewertet wird. Hier kommt wieder deine eigene Abwertung durch den Vater ins Spiel. Einerseits willst du hinschauen, was jetzt noch Neues kommen könnte in deinem Leben, aber die von dir durch den Vater von klein auf an geübte Abwertung deiner Person kommt hier wieder zum Ausdruck (du denkst mit leicht verächtlichen Gefühlen an die Frau, die es nicht wagte, den Raum der Toten zu betreten). Du hast es zweimal gewagt!

Für mich zeigen die Bilder, dass du zwar noch in der Ambivalenz steckst, dir zu gönnen, was du möchtest, was stark mit den Abwertungen dir selbst gegenüber zusammenhängt. Im 3. Bild schaust du ja ein zweites Mal die Tote an, schließt aber auf dem Rückweg wieder mehrere

Türen hinter dir, (d.h., wenn du es schaffst, die »Abwertungen« hinter dir zu lassen, kommst du ins »pralle Leben« des Bahnhofs, der dir ermöglicht, überall hin zu reisen (und damit ist natürlich nicht nur das Reisen gemeint, sondern alles zu tun, was du dir wünschst oder wonach du dich sehnst).
Du bist deine eigene Seelenführerin, die bist intelligent und liebevoll. Die Einflüsterungen von außen, früher und auch heute, dürfen dein Leben nicht mehr bestimmen. Immer wenn in dir das Gefühl hochkommt, dich abwerten zu müssen, solltest du dir einen Stopp verordnen. Ich schlage dir vor, immer dann folgenden Satz laut zu sagen:
»Meine Seele weiß, was gut für mich ist, ich bin eine intelligente und liebevolle Frau. Ich liebe mich wie ich bin.«

Selbstabwertung – Traum von Ortrud Grön

Dieser Traum ist auf unserer DVD »Dem Traum des Lebens auf der Spur« – dokumentiert – und wird bildlich dargestellt von einem Ehepaar aus unseren Fortbildungs-Seminaren.

1. *Ich bin mit einem Mann in einer Straße unterwegs, in der wir mit Steinen beworfen werden.*
2. *Die Atmosphäre ist feindlich. Die Steine gelten uns.*
3. *Und wir laufen gerade da hinein, von woher die Gefahr kommt.*

Ortrud erläutert, wie sie den Traum verstanden hat:
»Ich bewarf mich selbst mit Steinen. Ich war unsicher und hatte Angst, meine Forschungen könnten von Vertretern anderer therapeutischer Schulen als wertvolle Ergänzung ignoriert oder gar abgewertet werden. Dieses Gefühl rührte aus meiner Kindheit: »Ich werde nicht gehört«. Anstatt eine eventuelle Enttäuschung zuzulassen, nahm ich lieber die Selbstabwertung vorweg.«

Ortruds Eltern waren überzeugte Nazis, die ihre Kinder oft sich selbst überließen, während sie sich auf Parteiveranstaltungen tummelten.

Ortrud musste sich schon als kleines Kind um ihre jüngeren Geschwister kümmern – ihre Bedürfnisse und auch ihre frühkindlichen Leistungen, die sich in einem lebenslangen Pflichtgefühl manifestierten, wurden nicht wahrgenommen. »Mich hört niemand«, dieser in der Kindheit verinnerlichte Satz, begleitete sie bis ins Erwachsenenalter, bevor sie ihn endlich auflösen konnte.

Hoffnung auf Genesung

Ein Mann, der kurz vor dem Traum die Diagnose bekommen hatte, an Prostatakrebs erkrankt zu sein, traf sich mit einem Freund, der seinen Krebs überwunden hatte. Die beiden teilten ähnliche Kindheitserfahrungen. Der Vater des Träumers war gestorben, als dieser elf Jahre alt war. Die Folge war, dass er und seine Brüder von der alleinerziehenden Mutter in vielen Bereichen sehr früh Verantwortung übernehmen mussten und in die Pflicht genommen wurden.

1. *Ich bin mit L. spazieren gegangen. Das war sehr angenehm.*
2. *Plötzlich gerieten wir in eine helle und weitläufige Kalksteinhöhle. Schließlich gelangten wir in einen sehr dunklen Teil der Höhle. Angst hatten wir nicht.*
3. *Dann standen wir plötzlich vor einem mannshohen Haufen. Es war ein Termitenhügel. L. nahm die Schaufel und begann wütend, den Haufen abzutragen. Ich schaute zu, nahm dann auch eine Schaufel. Gemeinsam trugen wir den Haufen ab.*

Das erste Bild zeigt, dass sich der Träumer mit seinem Freund wohlfühlt. Dieser hatte den Krebs, den er mehrere Jahre zuvor bekommen hatte, überwunden. Er war wieder gesund.

Seine eigene Diagnose »Prostatakrebs« drängte ihn gedanklich noch einmal in seine Kindheit, in der er sich damals oft wie in einer dunklen Höhle fühlte. Er funktionierte, aber ohne Angst.

Der Termitenhügel konfrontierte den Träumer und seinen Freund mit dem kollektiven Fleiß ihrer Kindheit, den beide erleiden mussten (Termiten sind »sozial« organisiert. Es gibt Arbeiter, die verschiedene Aufgaben übernehmen. Die großen Arbeiter zum Beispiel sammeln Nahrung ein und werden dabei von sog. »Soldaten« begleitet).

Unter schwierigen Nachkriegsbedingungen mussten beide Männer hohe Leistungen erbringen. Der Freund hatte, ähnlich wie der Träumer, unter Pflichtgefühl und Leistungsdruck gestanden. Nachdem er den Zusammenhang erkannt hatte, bemühte er sich um eine geruhsamere Gangart. Seine Krebserkrankung hatte er schon zehn Jahre vor der Begegnung mit seinem Freund überwunden. Das gleiche nahm sich der Träumer vor, hoffend, dadurch auch gesund zu werden.

Bedürfnisse mit Gefühlen auflösen

Einige Wochen vor ihrer Pensionierung träumte Helga folgenden Satz:

»Du musst deine Bedürfnisse mit deinen Gefühlen auflösen!

Schon vor ihrem Eintritt in den Ruhestand trug sich Helga mit dem Gedanken, eventuell eine neue Tätigkeit in der Pfarrei ihrer Gemeinde anzunehmen. Noch war sie unentschieden.

1. *Ich bin in einem großen Dom, in dem viele Leute sind und in dem eine Messe gefeiert wird. Bei dieser Messe ist ein Kommen und Gehen.*
2. *Ich sitze jedoch in einer Seitenkapelle und beobachte das Geschehen.*
2. *Beim Verlassen der Kirche bekomme ich von einem Priester Arbeiten zugeteilt, was ich die kommende Woche zu erledigen habe. Meine erste Aufgabe ist es, das Licht abzudrehen. Das erweist sich als sehr schwierig. Denn sobald ich den Schalter betätige, geht das Licht woanders wieder an.*

Helga wachte kurz auf – ziemlich schweißgebadet. Dann schlief sie wieder ein und der Traum ging weiter. Träume einer Nacht behandeln immer das gleiche Thema.

1. *Ich betrete einen Kinosaal. Dort warten Menschen mit Fischen. Manche Leute essen schon.*
2. *Ich habe einen besonders schönen Fisch mit einer rötlichen Haut, der allerdings am Boden liegt.*
3. *Ich schaue ihn immer wieder an und bewundere ihn voller Stolz, da er besonders schillert. Jetzt hebe ich ihn auf und trage ihn. Plötzlich löst sich die Haut und ich sehe das helle Fleisch vor mir und kann es kaum erwarten, es zu essen.*

Der Dom ist Helgas inneres Haus. Sie ist in ihrem katholischen Glauben zuhause.

Noch beobachtet Helga – abseits vom Geschehen (Seitenflügel), – was in einer eventuellen neuen Aufgabe auf sie zukommen könnte.
Ihrer männlichen Handlungskraft – (der Autorität eines Priesters) – kann sie noch nicht vertrauen. Es dominiert die Angst, ihrer neuen Aufgabe nicht gerecht werden zu können (Licht geht aus, aber immer wieder an). Darin ist eine Ambivalenz erkennbar.

Der zweite Traumteil führt sie in einen Kinosaal. Bei einem Film muss man hinschauen, um die Botschaft zu verstehen. Dort aber werden Helga Menschen präsentiert, die Fische essen.
(Fische sind die ältesten Wirbeltiere. Sie sind der Ursprung für die Vielfalt der Vögel und Säugetiere und stehen im Traum für unsere »emotionalen Bedürfnisse«. Wir brauchen sie, um uns zu erneuern).

Der schillernde Fisch verführt Helga dazu, ihn aufzuheben und ihrem Wunsch nach einer neuen Aufgabe nach der Pensionierung nachzugeben.

Im 3. Teil des zweiten Traumabschnitts verspeist Helga den Fisch mit Genuss, was so viel heißt wie: nimm die Herausforderung, in der Pfarre mitzuarbeiten an, dann befriedigst du dein »emotionales Bedürfnis«.

Inzwischen ist Helga mit großer Begeisterung in der Pfarrei tätig.

Dem Vater nach 40 Jahren verziehen

Die Träumerin erzählte, dass sie sich ein Jahr mit Gedanken an ihren Vater herumgeplagt hatte, der damals schon fast 40 Jahre tot war. In ihr kroch immer mal wieder Groll und Wut über ihren Vater aus ihrer Kindheit hoch. In ihren Gedanken sprach sie mit ihm: »Oh Vadder, warum hast du das gemacht!« Sie war morgens gegen 5.00 Uhr wachgeworden und hatte, wie sie sagte, in einer Art Trance, den Traum wortwörtlich in allen Einzelheiten aufgeschrieben.

Ich stehe auf dem Gehsteig mit dem Gesicht zur Fahrbahn. Es ist hell, keine Menschen.
Neben mir steht eine Toilette, die ich benutzen will. Ich klappe den Deckel hoch, sie ist randvoll mit Schiet in zwei Schichten, wie ich erkennen kann.
Plötzlich steht seitlich links vor mir mein Vater und sagt: »Spül es doch einfach weg.«
Ich ziehe an der Schnur zum Spülkasten und die Toilette ist blitzeblank. Nur etwas Schmutz ist vor die Toilette gespült worden. Mein Vater meint, das könnte ich ja noch aufwischen mit dem kleinen grünen Papierhandtuch, das ich in der Hand habe.
Ich möchte das nicht, es könnte ja durch das Papier suppen und meine Hände schmutzig machen – ich lasse es und denke: das bisschen da kann bleiben.
Dann sagt mein Vater, dass er gekommen ist, um mich zu bitten, ihm zu verzeihen, alles.
Ich: Oh nee, Papa, das kann ich nicht.

V.: Doch, ich möchte gern, dass du mir verzeihst.
Ich: Das geht jetzt nicht, das muss ich mir eine Woche überlegen.
V.: Das dauert zu lange, verzeih mir bitte jetzt.
Ich: Ich überlege, vielleicht morgen.
V.: Nein, jetzt!
Ich: Ich denke, dass ich ihm wohl verzeihen sollte, vielleicht fragt er mich nicht noch einmal.
V.: Es ist wie mit der Toilette, einmal ziehen und alles ist wie weggespült, blitzblank.
Ich: Das leuchtete mir ein.
Mein Vater sagt, dass es ihm sehr helfen würde, mit meiner Mutter klarzukommen, mit ihr ins Reine zu kommen.
Ich denke, mir würde es helfen, besser mit G. klarzukommen, weil ich ihm dann nicht mehr alles übelnehmen muss, was mich bei ihm an das Verhalten meines Vaters erinnert.
Ich frage meinen Vater, ob mein Bruder ihm auch etwas zu verzeihen habe oder mit ihm zu regeln hätte. Nein, sagt er, mit ihm wäre er klar. Das stimmt.
Dann habe ich meinen Vater gefragt, ob es etwas gibt, für das ich ihn um Verzeihung bitten müsste.
V.: Nein, da ist nichts.
Ich: Mir fiel auch nichts ein, wofür ich ihn um Vergebung bitten müsste.
Dann habe ich meinem Vater voller Freude, tief von innen heraus gesagt, dass ich ihm verzeihe, von ganzem Herzen.
Er war sehr glücklich und zufrieden, dass wir beide nun klar miteinander sind.
Er hat mich in den Arm genommen und sehr liebevoll und warm gehalten. Und ich ihn.
Dann ging er langsam nach links oben über die Straße, bis ich ihn nicht mehr sehen konnte.
Er glich sich dem Licht an.

Ich äußerte nach Vorstellung dieses Traumgesprächs sehr vorsichtig den Verdacht, dass es sich um einen sexuellen Übergriff des Vaters gehandelt haben könnte, was aber von der Träumerin entschieden zurückgewiesen wurde.

Einige Gedanken zum Thema Missbrauch: Viele übergriffige Väter fühlen sich in der Familie isoliert, spüren einen Verlust an Macht und Kontrolle, den sie mit ihrem toxischen Verhalten kompensieren. Kinder fühlen sich oft von ihren Müttern emotional nicht angenommen und reagieren auf den Übergriff des Vaters mit dem Gefühl »auserwählt« zu sein. Die eigene Wahrnehmung der Realität wird mit Wunschdenken überblendet. Manche der missbrauchten Kinder oder Jugendlichen geben sich selbst die Schuld für die Missbrauchs-Situation. Sie quälen sich mit Gedanken: Warum habe ich mich nicht gewehrt? Warum habe ich nichts gesagt? Sich das einzugestehen ist sehr schmerzlich. Kinder fühlen sich als Teil der Eltern, als erweitertes Selbst, sie fühlen sich ihnen zugehörig. Sich einzugestehen, dass einer der Eltern vielleicht einen Fehler gemacht hat, fällt schwer (Im geschilderten Ablauf der Unterhaltung mit dem Vater taucht der Satz auf, dann würde er (der Vater) auch mit der Mutter ins Reine kommen). In dem wortwörtlichen Gespräch mit dem Vater werden Verhaltensweisen geschildert, die ich als eine Art Re-Traumatisierung sehe (Die Träumerin erlebt ähnliche Verhaltensweisen bei G., ihrem Partner).

Die Träumerin blieb nach unserer ausführlichen Besprechung dabei, sie fühle sich nach diesem Traum frei, erleichtert und voller Freude. Sie war dankbar, dass sie ihrem Vater aus vollem Herzen verzeihen konnte und meinte, sie empfinde dieses Gespräch wie ein Diktat aus einer anderen Welt.

Als ich hörte, dass die Träumerin bald danach verstorben ist, habe ich mich gefragt, ob der Traum ihr als Ausweg auf der Suche nach einer Lösung für ihr »Geheimnis«, die Aussöhnung mit dem Vater und damit auch gleichzeitig das Verständnis für das Verhalten ihres Partners angeboten hat.

Ich meine, dass sich oft das Tiefsinnigste unseres Wesens,
jene noch unsichtbaren Gedanken zuweilen in Bilder umsetzen,
deren sich dann der Traum bemächtigt, um unser ganzes Sein
von Grund auf zu erschüttern.
(Ludwig Tieck)

Paar in der Krise – Die Kunst, zuzuhören, ohne zu werten

Rita hatte sich mit ihrer Schwiegertochter und ihrem Sohn über deren Beziehung getrennt unterhalten. Sie bemühte sich, beide zu verstehen. Die Schwiegertochter wünschte sich eine andere Form der Beziehung. Rita verstand sie sehr gut, aufgrund ihrer eigenen Erfahrung. Auch ihrem Sohn hatte sie geduldig zugehört. Er bemühte sich auf seine Weise, seine Frau zu verstehen.

1. *Ich begegne einem Mann in einem Wettermantel. Er trägt eine schwarze Reisetasche. Er will mir zwei Dinge schenken.*
2. *Er steht auf, wechselt die Straßenseite, dort sind Büsche und Bäume.*
3. *Er greift in die Natur und holt etwas aus der Natur, was die Form eines Herzens trägt (vielleicht auch Tannenzapfen). Dann gehen wir in ein Gasthaus. Dort streckt er seine Beine aus. Ich umfasse sie liebevoll.*

Der Mann spiegelt Ritas Handlungskraft. Der Wettermantel zeigt, dass sie sich dem Klima der Beziehung der beiden für die Gespräche innerlich für alle Wetterlagen rüsten musste. Wohin die Beziehungs-Reise ihres Sohnes und der Schwiegertochter geht, weiß niemand zum jetzigen Zeitpunkt (zwei Geschenke = Ambivalenz). Die schwarze Reisetasche zeigt, dass noch viel Unbewusstes mitspielt.

Ritas Tatkraft wechselt die Seiten, d.h., sie hat sowohl dem Sohn als auch der Schwiegertochter mit ihren Erkenntnissen (Büsche und Bäume) die gleiche Aufmerksamkeit geschenkt, nämlich, ihrer Natur entsprechend, mit Herz. Gleichzeitig war sie unsicher, ob ihr »Zuhören« auf fruchtbaren Boden gefallen ist (Tannenzapfen, aus denen neue Samen entstehen). Im Gasthaus bedankt sie sich bei ihrem Begleiter – ihrer Handlungskraft – (sie umfasst seine Beine, weil es ihr gelungen war, sich ihrem Sohn und ihrer Schwiegertochter auf nicht wertende Weise zuzuwenden).

Zirkusleute – Gaukler – nackte Frauen – Genitalien, in die man schauen kann

2021 schrieb mir eine österreichische Freundin zu ihrem Traum, den sie Jahre zuvor hatte:

»Ich war in dieser Zeit unglücklich mit meiner beruflichen Situation, hatte sehr viel Stress, immer Termindruck und unfassbar viele Steuerklienten zu betreuen. Ich habe mich so bemüht, es allen recht zu machen. Fremdbestimmung hat meinen Arbeitsalltag dominiert. Noch dazu hatte ich ständig das Gefühl, nicht am richtigen Platz zu sein, nicht jene Arbeit zu machen, die ich wirklich machen will.

Gleichzeitig hat mir im Privatleben meine »schwierige Tante« Druck gemacht. Ich solle mich besser um ihre Bedürfnisse kümmern, das hat sie sehr vehement von mir eingefordert. Meine Bedürfnisse sind ziemlich untergegangen, die habe ich gar nicht mehr so richtig spüren können. Dafür hat sich mein Körper gemeldet. Ich arrangierte mich mit einer sehr schmerzhaften Autoimmunerkrankung, deren Auswirkung ich versucht habe herunterzuspielen. Auf der körperlichen Ebene habe ich wohl angefangen, mich selbst zu bekämpfen. Ich war in einer inneren Täter-Opfer-Spirale gefangen. Emotional zeigte sich das in Form von heftigen Schuld- und Schamgefühlen, die ich nicht zuordnen konnte und niemandem gegenüber zeigen konnte.«

Am Vortag des Traumes war die Träumerin mit ihrer Freundin I. am Baggersee baden. Einen Tag vorher hatte sie sich getraut, etwas Heikles bei einer schwierigen Person anzusprechen, was sie danach sehr erleichtert hat.

1. *Ich befinde mich in illustrer Gesellschaft: Zirkusleute, Gaukler, Zigeuner, Leute in zwielichtigen Lokalen, bunte schräge Vögel. Einige sind nackt. Bei manchen nackten Frauen bemerke ich, dass man in ihre Genitalien hineinsehen kann wie in einen weit geöffneten Mund. Ich habe eine Aufgabe. Nämlich: Ich soll eine Frau aus einer Bar herausholen, da sie in Gefahr ist. Das schaffe ich auch. Die Frau hockt nun neben mir und uriniert lange und ausgiebig.*
2. *Ich treffe S. Sie schaut anders aus als sonst. Ihr Gesicht ist edel geschminkt, sie trägt eine Ponyfrisur. Besonders auffällig sind die Augen mit langen aufgeklebten Wimpern. Dann sagt sie zu mir,*

dass sie mich erkennen kann, auch wenn sie mich nur von hinten sehen kann. Und zwar erkennt sie mich an meinem Rücken.

3. *Eine große blonde Frau hat ein Baby bekommen. Sie gibt es mir, damit ich es halte. Behutsam nehme ich das Baby, lege zuerst das Köpfchen in meine linke Armbeuge und halte es dann mit meiner rechten Hand. Erstaunt bemerke ich, dass das Baby schwer ist und schon ziemlich groß und kräftig. Dann sage ich zu dem Baby: »Ich habe dich sehr lieb« und bin mehr als gerührt.*

Das Gespräch mit ihrer Freundin I. und die Erinnerung an ihr Kabarettprojekt hat die Träumerin wieder in die Stimmung und Faszination des gemeinsam Erlebten gebracht. Die beiden haben sich, ohne es zu wissen, innerlich in ihren tiefen Verletzungen erkannt. Beide haben als Kompensationsleistung eine besondere narzisstische Begabung entwickelt.

Die Träumerin: »Wir haben das Spielen auf der Theaterbühne für uns entdeckt und genossen. Auf einer Bühne muss man sich öffentlich zeigen. Dies war bei mir mit der geheimen Hoffnung verbunden, endlich als ›Ich‹ gesehen und bestätigt zu werden. Dennoch ist es so, dass Spielen auf einer Bühne ein Rollenspiel ist, also ein ›Tun als ob‹. Es ist nicht gefährlich, denn es ist nicht wirklich echtes Leben. Das ›Tun als ob‹ ist auch ein methodischer Zugang im Psychodrama, von dem ich mir Heilung für mein früh erlittenes Leid erhoffe. Oder von der Traumarbeit. Was mir von beidem helfen soll, weiß ich noch nicht.« (Nacktheit)

Bei der Beschreibung der Genitalien, in die man wie in einen weit geöffneten Mund hineinschauen kann, sind Ortrud und ich bei der Entschlüsselung des Traumes mit äußerster Vorsicht vorgegangen. Wir vermuteten, dass sich bei diesem Bild ein Missbrauch andeutete, der erst langsam bewusst werden musste, ohne die Träumerin in ein inneres Chaos zu stürzen. Ortrud wagte in einer knappen Interpretation folgende Worte: »… eine gewisse Erotik oder sogar auch ein Triebgeschehen.«

2021 schrieb mir dazu meine Freundin: »Das mit dem ›Triebgeschehen‹ und der ›Erotik‹ entschlüssle ich für mich heute nach vielen Jahren der Selbstbegegnung und schmerzlichen Prozessen in der Traumatherapie so, dass ich schon sehr früh (allererste Lebensjahre) in meiner Herkunftsfamilie (zwielichtiges Volk) Opfer sexualisierter Gewalt geworden bin. Das psychisch und physisch überlebt zu haben, war ein außerordentlicher Drahtseilakt, gefährlich und faszinierend gleichzeitig, wie die Kunst von Zirkus-Akrobaten, die ohne Netz in großer Höhe arbeiten müssen. Mir wurde etwas vorgegaukelt: Nämlich, dass das, was mit mir gemacht wurde, Liebe ist. War es aber nicht. Es war Gewalt. Das habe ich nebulös gespürt, es hat mich aber gleichzeitig komplett verwirrt, weil ich sehr nach körperlicher Wärme und Nähe gehungert habe und dabei wohl auch Lust empfunden habe, was ungeheuer tabuisiert und schambesetzt ist. Weil es unterstellt: Ich habe das ja so gewollt.

Meine Aufgabe ist es, zu erkennen, dass ich ein Mensch bin mit eigenen Gefühlen, mit eigenen Wünschen und eigenen Bedürfnissen. Niemand hat das Recht, sich an mir zu bedienen. Ich bin kein Objekt, das aus einem Genital besteht, in das man(n) hineinschauen kann, wie in einen Fernsehapparat.«

> Die Träumerin darf ihren Verstand nicht mit Suchtmitteln (Alkohol) betäuben, das wäre nur ein ungeeigneter Versuch, das Erlebte zu verschleiern. Sie muss ihren Mund aufmachen und die Wahrheit aussprechen, sagen was geschehen ist, so schwer das auch ist.
> Als ihr klar wird, dass sie nicht schuld ist an dem, was passiert ist, erlebt sie eine große Erleichterung (uriniert lange und ausgiebig – d. h., sie scheidet aus, was belastend war).

> Im zweiten Bild des Traumes kommt S. vor. Zu ihr sagt die Träumerin, dass S. zu jener Zeit eine wichtige Freundin von ihr war, die sie stark idealisiert hat. Sie schien keine Probleme zu haben und es zu schaffen, das Leben einfach nur zu genießen. Das wollte meine

Freundin auch – es einfach leicht und schön zu haben. Wie eine Prinzessin, wie S.

Heute hat die Träumerin einen realistischeren Blick auf S. Eine wichtige Erfahrung hat ihr gezeigt, dass S. auch eine gnadenlose Verdrängerin ist. Konflikte, die ihr Selbstbild infrage stellen könnten, versucht sie wegzuzaubern. Mit Charme, Liebreiz und einer Prise Doppelmoral (falsche Wimpern). Es hat der Träumerin sehr wehgetan, sie als »Schönwetter-Freundin« erkennen zu müssen. Die Fähigkeit, sich tiefer mit sich selbst auseinanderzusetzen, ist begrenzter als sie dachte.

Die Träumerin: »Hier liegt meine Lernaufgabe wohl darin, zu erkennen, dass ein ›Behübschen‹ meiner Situation aus der Vergangenheit (Rücken) falsch ist und nicht mit ›gelungener Selbstfürsorge‹ verwechselt werden darf. Und dass es nicht hilfreich ist, mich mit einer Frau zu identifizieren, die mit falschen Wimpern klimpert und nicht hinsehen kann, wenn es schmerzhaft wird.«

Die große blonde Frau mit Baby im dritten Bild zeigt, dass sich die Träumerin sowohl mit ihrem Denken (rechte Seite) und ihren Gefühlen (links) zu ihrer Lebensaufgabe gemacht hat, sich um ihr kleines »Ich« zu kümmern, damit es auch mit seinen traumatisierten Anteilen emotional erwachsen werden kann. Heute macht sie es sehr glücklich, dass sie als Psychodramatherapeutin in eigener Praxis arbeiten kann.

Ich hatte meiner Freundin damals zu ihrem Traum geschrieben: »… dein Baby wächst zu einem wunderbaren erwachsenen Menschen heran, der achtsam mit sich umgeht. Du bist auf einem guten Weg!«

Ihre Antwort: »Was hat mir bei diesem Prozess geholfen? Das Psychodrama, die Traumarbeit und du und das immer wieder beherzte Abtauchen in die ›Sieben‹ (zurückgehen in die Ereignisse der Kindheit), die ehrliche Auseinandersetzung mit mir und meiner Frühstörung, die Bereitschaft zur Bearbeitung meiner Entwicklungstraumata, was im Klartext heißt: Den psychischen Kleinwuchs in mir als Traumafolge verstehen und annehmen zu lernen und nicht als Schwäche zu verachten. Abgespaltene schmerzliche Gefühle immer wieder in kleinen Dosen zuzulassen, die implizierten Erinnerungs-Puzzleteile in meine Lebensgeschichte einzuordnen und dann auch abzuschließen. Das geht nicht immer, geht nicht allein und nicht in ein paar Wochen oder Monaten, auch nicht in zwei Jahren. Ich würde sagen – diesen Job, diese Aufgabe mache ich ›lebenslänglich‹, was für mich gleichbedeutend ist mit ›liebenslänglich‹, denn ich mache es für mich. Ich habe mich gefunden. Ich muss nicht mehr suchen. Das ist das Schönste.«

Flirten entlarvt Bindungsangst

Eine Frau, die ihr Leben lang mit Begeisterung geflirtet hatte, wechselte immer dann, wenn die Schwierigkeiten bei einem Mann zu groß wurden, zum nächsten Partner. Dieses Verhalten wollte sie ändern. Inzwischen lebte sie in einer Männer-Freundschaft, die ihr die Chance gab, ihr Verhalten zu ändern und endlich eine feste Bindung einzugehen. Sie träumte:

1. *Ich sah ein Kind, das gerade laufen konnte. Es ging zu einem Bassin und beugte sich über den Rand. Das Bassin war gefüllt mit Kakao.*
2. *Das Kind fiel hinein. Keiner half ihm. Da holte ich es selbst heraus und erschrak. Der Kopf war abgetrennt vom Körper.*
3. *Ich dachte, vielleicht kann Georg Kopf und Körper wieder miteinander verbinden.*

Im Seminar fühlte sich die Träumerin wieder durch einen Teilnehmer von der »Süße des Flirtens« angezogen. Das zeigt der Kakao. Noch ist sie unsicher, wie sie sich verhalten soll.

Die zweite Szene zeigt, dass ihr Wunsch, das alte Verhalten zu ändern, noch in den Kinderschuhen steckt (Kind lernt laufen). Sie wird angezogen von dem Neuen, anfangs noch Unproblematischem, was sie aber im tiefsten Innern kopflos macht (abgetrennter Kopf).

Ihr Freund ist Arzt. Er soll es richten, Kopf und Körper wieder zusammenzufügen. Dieser Arztanteil ist auch ein Anteil von ihr, sich selbst heilen zu können, das heißt, die Träumerin wird aufgefordert, konsequent die Heilung aus ihrer Sucht (dem Sog des Flirtens) zu suchen.

Zweifel an Qualifikation

Ein von der Fachwelt hochgeschätzter Ingenieur, der weltweit gearbeitet hat, zweifelte nach seiner Pensionierung, ob seine Arbeit so gut war, wie sie von anderen gesehen wird. Daraufhin träumte er:

1. *Ich werde von einem strengen Professor examiniert. Er verlangte, die Kontinente aufzuzählen, in denen ich gearbeitet hatte. Ich antwortete: Nordamerika, Südamerika, Europa, Asien, Afrika, Australien, die Antarktis. Damit schien er zufrieden.*
2. *Doch dann sagte er, er wolle mich auch noch sprachlich testen. Ich soll Worte sagen, die mit* **a** *und* **b***, sowie mit* **er** *und* **ver** *beginnen. Ich zählte auf, was mir einfiel: angeben, anfahren, ansprechen, anmalen usw. – weiter mit* **b***: bezahlen, belügen, beraten, bestrafen, beglücken, bereuen und weiter mit* **er***: erfahren, erleben, erdulden, erschrecken und weiter mit* **ver***: verlieben, vergeuden, vergeben, verraten.*
   »Stopp«, sagte er. »Sie haben bestanden« und nahm mich in den Arm.

Bei der Erarbeitung des Traumes wurde dem Träumer klar, dass der strenge Professor sein eigener subjektiver Handlungsanteil war, der sich selbst befragte.

Wir kamen im Laufe des Gesprächs über seinen Traum auf Franz Kafka zu sprechen, der lebenslang nicht zufrieden war mit dem, was er an literarischen Werken hervorgebracht hatte, nämlich Weltliteratur.

Anfangs zweifelte der Träumer noch, ob er der Aussage des Traumes trauen könne. Doch am Ende unseres Gesprächs konnte der Ingenieur die Umarmung des Professors als seine eigene Lebensleistung anerkennen.

Schlossherrin in Angst

Auf einem Seminar in der Schweiz

Als Älteste von vier Kindern ist Emma auf einem Bauernhof aufgewachsen. Dort gab es ein Altersheim mit behinderten Menschen. Als Kind war sie in ständiger Angst, von den Knechten des Hofes und den Menschen im Haus berührt zu werden, und hatte immer das Gefühl, sich selbst beschützen zu müssen. Oberhalb des Bauernhofes stand eine Schlossruine.

5. *Ich trete aus einem schönen Schloss heraus – als Schlossherrin – und gehe mit einer älteren Frau spazieren.*
6. *Da kommt mir ein Butler entgegen und gibt mir eine eier-farbige Handtasche. Er sagt dazu: »In der Handtasche ist ein Flecken. Deshalb will die Schlossherrin die Tasche nicht haben.«*
7. *Ich nehme die Tasche entgegen, öffne sie, schaue hinein und sehe, dass sie fleckenlos weiß ist.*

Es folgt ein zweiter Traumteil, der wieder mit der 1 beginnt, aber das gleiche Problem anspricht.

1. *Dann bin ich in einem großen Gewölbe – einer Art Stallungen – in dem viele Menschen sind.*

2. *Ein schwarz gekleideter Mann kommt auf mich zu. Ich habe Angst, er will etwas Böses von mir. Ich ziehe mich in die Stallungen zurück, decke mich mit einer Pferdedecke zu und setze eine Sonnenbrille auf, damit er mich nicht erkennt. So sitze ich zusammengehockt in einer Ecke.*
3. *Dann kommen zwei Männer, ich muss mich wieder verstecken und decke mich ganz zu.*
   Zwei andere Männer, schwarz gekleidet mit goldenen Streifen und goldenen Knöpfen, kommen hinzu. Es sind getarnte Polizisten. Sie sagen: »Wir werden Sie beschützen.«
4. *Dann sah ich eine Katze mit einem grünen Tuch um den Kopf, hinter ihr ein Hund, ebenfalls mit einem Tuch bedeckt, allerdings in grau.*

Erster Traumteil

Trotz aller Gefahren, die Emma als Kind gespürt hat, konnte sie sich ihre Souveränität bis heute erhalten (Schlossherrin und ältere Frau).

Trotzdem war sie immer unsicher, ob ihr Leben nicht doch durch die Berührungen der behinderten Männer aus dem Altersheim befleckt worden war (Handtasche=Identität).

Doch das fleckenlose Weiß im Inneren der Handtasche zeigte ihr, dass sie sich nicht befleckt fühlen soll.

Zweiter Traumteil

Die Menschen des Altenheims hatten auf dem Hof überall Zugang.

Unbewusst wurde Emma immer wieder mit der Angst konfrontiert (schwarzer Mann = unbewusste Handlungskraft), man könnte etwas Böses von ihr wollen. Deshalb musste sie sich verstecken (Pferdedecke und Sonnenbrille).

In Situationen, in denen sie Zweifel hatte, dass ihr etwas angetan werden könnte, wurde sie zum Beschützer ihrer Selbst. Aus Angst, entdeckt zu werden, fiel ihr immer etwas Kreatives ein (goldene Streifen und Knöpfe), wie sie sich geschickt verbergen könnte, um beschützt zu sein (Die Männer sind in diesem Fall auf der Subjektstufe zu verstehen, also Handlungsanteile ihrer selbst).

Dann fühlte sich Emma frei wie eine Katze, die umherstreift und sich wohlfühlt (grünes Tuch um den Kopf der Katze = Aufbruch zu neuen Reifungszyklen). Der Hund mit dem grauen Tuch (die Liebe zu sich selbst), ist noch recht farblos (grau).

Panische Angst vor Wasser

M. hatte seit frühester Kindheit panische Angst vor Wasser. Vor allem vor kaltem Wasser. Schon das Angespritzt-werden mit Wasser versetzte sie in tiefe Angst. Im Laufe des Seminars hatten wir versucht, herauszufinden, woher die Angst kommen könnte. Am Vorabend ihres Traumes hatte sich M. mit ihrer Schwester ausgetauscht und dabei war ihr Folgendes bewusst geworden: Als sie sieben Jahre alt war, wurden ihr die Mandeln herausgenommen. Sie saß auf einem Stuhl, bekam Lachgas zur Betäubung und hatte während der Narkose einen Traum:

1. *Rundherum spazierte ich eine ganze Weile auf einem Brunnenrand. Dabei hatte ich keine Angst.*
2. *Aber plötzlich stürzte ich in den Brunnen hinein.*

Die Träumerin war voller Angst nach der OP aufgewacht, während ihr kaltes Wasser in den Mund gespritzt wurde. Dabei entstand in ihr das Gefühl, zu ersticken. Die Wasserspülung nach der Operation war erforderlich, hinterließen bei ihr aber ein Trauma, das sie erst nach dem nächsten Traum auflösen konnte.

1. *Ich bin in einem Kokon und kann gut herausschauen.*
2. *Im Kokon steigt von unten herauf Wasser. Ich will die Angst aushalten vor dem Wasser, doch es steigt immer höher und über die Nase.*
3. *Der Kokon wird voll und ich kann trotzdem atmen. Ich bin erleichtert und stolz.*

Das Leben der Träumerin war nun schon seit ihrer Kindheit mit der Angst vor Wasser beschwert. Jetzt soll sie sich auf die Suche nach der Leichtigkeit eines Schmetterlings machen (Kokon, der zum Schmetterling wird).

In ihrem Verpuppungsstadium wird sie durch den Traum aufgefordert, die Angst auszuhalten, wenn sie mit Wasser in Berührung kommt.

Dann wird die Träumerin gewahr, dass ihr das Wasser nicht die Luft zum Atmen wegnehmen wird.

Die Erleichterung nach diesen Traum-Bearbeitungen war spürbar. Nun muss sich die Träumerin der Realität stellen und durch Ausprobieren herausfinden, dass Wasser für sie keine Bedrohung mehr ist.

Erotische Annäherung an die Traumarbeit

Ein 51-jähriger Mann, den ich in einigen meiner Seminare gestalttherapeutisch begleitet hatte, sehnte sich, obwohl er einen guten Job hatte, nach Veränderung. Zur Zeit seines Traumes war er in keiner Beziehung. Die Traumarbeit hatte er auf Thassos in unseren Seminaren schätzen gelernt. Als er wieder zuhause war, bat ihn eine Frau aus seinem Bekanntenkreis, die von den Traumseminaren gehört hatte, sich ihrer Träume anzunehmen. Daraufhin träumte er:

1. *Ortrud, Erotik pur.*
2. *Ich sah einen Mann mit Namen Calvados. Ich rief ihm zu: »Komm doch rüber.« Er war unschlüssig.*
3. *Doch dann kam er doch.*

Der Träumer spürte durch die intensive Arbeit an Träumen eine erotische Anziehungskraft, wie sie in einer Beziehung vorkommt. Dafür steht Ortrud (Erotik ist in diesem Fall als geistige Kraft zu verstehen).

Calvados (der Name des Mannes) – die Handlungskraft des Träumers hat eine so reine Qualität wie der gleichnamige Branntwein aus Äpfeln. Noch konnte der Träumer der Bitte der Frau nicht zweifelsfrei zusagen (Er blieb unschlüssig).

Dann entschloss er sich, mit dem, was er von der Traumarbeit verstanden hatte, im Gespräch mit der Frau zu entschlüsseln.

Nähe erleben beim Walzertanzen

Andrea, eine Frau, die Scheu hatte, ihrem Mann ihre Gefühle zu zeigen, aus Angst, er würde sie verächtlich machen.

1. *Wir sind in der Tanzstunde. Mein Mann und ich sind mit Wiener Walzer dran.*
2. *Wir legen los. Es fühlt sich gut an. Der Tanzlehrer korrigiert nach der ersten Runde meinen Mann: »Du musst den linken Fuß mit mehr Takt nach vorne bringen. Zieh ihn in kleinen Stepps nach vorne.«*

3. *Als er es macht, gelingt uns das gleich viel besser, ausgewogen zu tanzen. Zuvor war es für mich mehr ein Laufen, jetzt ist es Tanz.*
4. *So ist es gut – einer im Arm des anderen und jeder ist doch bei sich.*
5. *Die anderen in der Runde schmunzeln und klatschen freundlich, sich mitfreuend. Der Tanzlehrer sagt humorig: »Guckt euch mal diese Alten an, wie die das können.« Am Ende stellen wir uns wieder an den Rand – die Nächsten bitte.*

Dieser Traum ist auf der Objektstufe zu verstehen – als Paar im Leben.

Andrea ist auf der Suche, mit ihrem Mann ein gefühlsbetonteres Zusammenleben erreichen zu wollen. Sie möchte so gerne leicht und beschwingt in Kontakt mit ihm sein.

Andrea (der Tanzlehrer in ihr, Subjektebene) motiviert ihren Mann, seine eigenen Gefühle auch ihr gegenüber zu zeigen (Linker Fuß in kleinen Stepps nach vorne – links ist die Gefühlsseite).

Wenn Andrea weiter den Mut findet, ihren Mann zu motivieren, wird es ihr gelingen, Gemeinsamkeiten zu finden, statt nur nebeneinander herzulaufen.

Selbst bei so viel Nähe ist es möglich, dass jeder bei sich bleiben kann.

Die anderen freuen sich sichtbar mit dem Paar. Es ist selbst im Alter noch möglich, sich positiv zu verändern! (Guckt euch mal diese Alten an …)

Verlassenheitsangst

Barbara, eine Therapeutin aus einer meiner Hellweger Gruppen, fühlte sich am Vortag des Traumes innerlich verlassen. Ein Zustand, der sie trotz Therapien immer mal wieder heimsucht. Sie hatte sich deshalb mit ihrer Freundin P. verabredet, um nicht allein zu sein. Diese Freundin war jedoch manchmal unzuverlässig, so dass sich Barbara vornahm, nicht panisch zu werden, sollte sie tatsächlich versetzt werden (Barbara beschreibt ihre Freundin als aufrichtige Frau, die Dinge offen anspricht und benennt).

1. *Ich bin auf dem Weg zu einer Weiterbildung mit P., einer Studienkollegin, mit der ich vor 20 Jahren in einer Beratungsstelle gearbeitet habe.*
2. *Plötzlich ist P. weg. Ich irre mit vielen Menschen durch einen Wald, eine Art open Air Gelände. Ich steige Treppen, mal bergauf, mal bergab und suche meinen Tagungsraum. Es sind zwei Räume. Welcher ist der richtige? Ich bin völlig orientierungslos.*
3. *Ich spreche einen ca. 30-jährigen Mann an, wie ich zu meinem Weiterbildungs-Tagungsraum komme. Meine Hoffnung schwindet, P. wiederzutreffen.*

Barbara will sich so aufrichtig wie P. mit ihrer Verlassenheitsangst in einem Weiterbildungs-Seminar auseinandersetzen.

Dieser tiefe Wunsch kommt ihr immer wieder abhanden. (P. ist weg). Barbara bemüht sich, doch sie verliert auf dem Weg der Umsetzung die Orientierung.

Der etwa 30-jährige Mann erinnert Barbara an die Zeit, als sie ihre eigene Praxis eingerichtet und voller Zuversicht einen Neuanfang vom Beruf der Lehrerin zur Therapeutin gewagt hatte (Das heißt: der Mann symbolisiert ihre 30-jährige Handlungskraft). Noch glaubt sie nicht daran, dass ihr das zum jetzigen Zeitpunkt gelingt (Hoffnung schwindet, P. wiederzutreffen). Diese damalige Kraft und Aufbruchstimmung muss in Barbara jetzt aktiv werden, um ihrer Verlassenheitsangst Herr zu werden.

Verschwiegener Missbrauch

Marlies hatte den jahrelangen Missbrauch durch einen ihrer Brüder verschwiegen. Zu groß war die Scham vor dem Geschehenen. Am Sterbedatum ihrer Mutter hatte Marlies für sie eine Messe lesen lassen. Nachmittags tauchten eben dieser Bruder und seine Frau unangemeldet bei ihr zu Hause auf, obwohl Marlies jahrelang keinen Kontakt mehr mit dem Bruder hatte. Die Wiederbegegnung löste Panik in ihr aus. Sie war irritiert, wie versteinert, konnte ihn aber nicht zurückweisen.

1. *Ich liege im Bett. Es kribbelt in meinen Füßen.*
2. *Ich schreie.*
3. *Mein Vater sagt zu mir: »Jetzt schaust du wieder so finster. Schau nicht so blöd!«*

Die unerwartete Begegnung mit ihrem Bruder hat Marlies in die Zeit des Missbrauchs zurückversetzt.

In ihr ist nur noch Verzweiflung (schreit).

Besonders ihr Vater kritisierte sie dafür, dass sie als Kind nicht fröhlich sein konnte. Beide Eltern wussten von den Übergriffen, haben den Bruder aber gewähren lassen, ohne Marlies zu helfen. Auch der jüngere Bruder wusste, was seine Schwester erduldete.

Es war Marlies sehr schwergefallen, vor der Gruppe über den Missbrauch des Bruders zu sprechen. Nach der Traumerarbeitung, die sie wie eine Beichte empfand, war ihr die Erleichterung deutlich anzumerken.

Später träumte Marlies noch von einem besonders schönen Teppich mit zwei griechischen Königen. Die Träumerin goss Wasser über den

Teppich und reinigte ihn danach mit einem Staubsauger. Der eine König trug den Namen »Hattala« (Das Internet verriet, dass es sich um einen slowakischen Sprachforscher handelt, der die Authentizität der hattischen Sprache verteidigte). So authentisch soll sich Marlies in Zukunft auch verhalten und nichts mehr unter den Teppich kehren, sondern aussprechen. Da im Traum außerdem der Mann von Marlies und ihre beiden Enkelkinder in einem Auto sitzen, wird sie aufgefordert, noch einmal tief in ihre Kindheit einzutauchen und mit ihrem inneren Kind in Kontakt zu treten. Es geht darum zu erkennen, den Panzer zu lüften, welche Emotionen sie nicht zulassen durfte. Dann kann sie mit ihren Handlungsanteilen (Mann) ihre Selbststeuerung (Auto) in Angriff nehmen.

Viele Tode würdevoll bestatten

Die Träumerin machte sich Gedanken über ihr Leben. Dort wo sie lebte, konnte sie weder eine Paarbeziehung aufbauen, geschweige denn eine Familie gründen. Aktuell musste sie auch noch einige Jobabsagen verarbeiten.

1. *Ich treffe F. K. Er ist peinlich berührt und es tut ihm leid für mich, dass ich die Absage vom Landkreis bekommen habe.*
2. *Dann folgt ein Gespräch mit einem Mann einer Behörde, der mir mitteilt, dass die ausgeschriebene Stelle wohl auch schon besetzt ist. Mir ist das klar, aber ich stelle mich dumm.*
3. *Ich fahre mit dem Zug zu verschiedenen Städten. Dann komme ich nach Graz. Ich weiß, dass Hertha gerade nicht da ist. Bei der Ankunft am Bahnhof werden mir zwei Fotos von meiner toten Oma gezeigt. Auf der einen ist sie voller dunkelblauer Flecken/Hämatome mit Händen und Beinen in der Luft, wie im freien Fall erstarrt. Auf der anderen liegt sie da wie eine Königin.*
4. *Dieses Bild von meiner Oma nehme ich mit.*

Die Träumerin versucht zu akzeptieren, dass sie die Stelle nicht bekommen hat (Sie tut sich selbst leid).

Obwohl sie weiß, dass sie keine Chance hat, den Job vielleicht doch noch zu bekommen, will sie sich das nicht eingestehen.

Sie versucht an verschiedenen Orten (Städte) zielgerichtet (mit dem Zug) eine Lösung zu finden, kann heißen, anderswo einen Job zu finden (Hertha, ein Anteil von ihr selbst, erlebt die Träumerin pragmatisch. Sie geht einer emotionalen Auseinandersetzung aus dem Weg). Das erste Foto der Oma zeigt der Träumerin, wie viele Blessuren sie inzwischen durchlitten hat, nicht nur bei den Jobabsagen, sondern überhaupt im Leben. Diese »Tode« erlebt sie erstarrt, wic die Oma auf dem Foto »wie im freien Fall«.

Das zweite Bild, das die Oma wie eine Königin würdevoll daliegend zeigt, ist die Haltung, in die die Träumerin kommen möchte, um ihre vielen Tode (keine Beziehung, keine Familie, keinen Job) würdevoll zu bestatten.

Suche nach einem Neuanfang

Gerti, 65 Jahre alt, zwei Kinder. Mit 50 Jahren hatte Gerti eine Kochschule gegründet. Darauf aufbauend folgte eine psychologische Fortbildung für Beratungen bei Essstörungen. Nachdem sie mit allem fertig war, trennte sich ihr Mann von einem auf den anderen Tag von ihr, um mit einer anderen Frau zusammenzuleben. Ihr vermeintliches Glück war zerstört. Als Gerti mit 65 Jahren ihre Rente einreichte, wurde ihr klar, sie reicht nicht zum Leben. Sie muss also noch weiterarbeiten. Mit 15 Jahren hatte Gerti den Beruf der Fotografin gelernt. In diesen kreativen Bereich möchte sie gerne zurück.

1. *Ein Seminarraum. Eine Leiterin, ca. 50 Jahre alt. Gerti kennt sie nicht. Diese zeigt ihr eine Schachtel mit Pillen. Wenn sie die nähme, könne man sich damit alles merken. Kosten 29 €.*
2. *Die Leiterin bietet an, sie ihr billiger zu verkaufen. Für 20 €. Das erlebt Gerti zwar als Verlockung, sie sagt aber NEIN.*
3. *Sie legt der Leiterin einen 20 €-Schein und 2 x 5 € hin. Das heißt: Sie gibt ihr 30 €.*

Zweiter Traumteil – wieder mit 1 beginnend

1. *Ein Raum, karg und schmutzig. Ein Ehepaar um die 50, eine jüngere Frau und der jüngere Bruder, ca. 15 Jahre alt. Er zeigt sein Schulzeugnis mit guten Noten.*
2. *Die Eltern streiten. Die Frau wirft dem Mann einiges vor.*
3. *Dann umarmt die Frau den Mann und sagt: »Ich liebe dich doch.«*

Der Seminarraum ist Gertis innerer Raum. Hier kann sie sich neues Wissen aneignen. Dass die Leiterin ca. 50 Jahre alt ist, erinnert sie an ihren Neubeginn mit 50 Jahren, als sie die Kochschule gründete. Doch noch kennt Gerti ihre neue Leitungsfunktion nicht. Mit chemischen Mitteln will sie sich nicht betäuben. Die Zahl 29 zeigt, dass sie im Prozess der Verwirklichung ihres kreativen Wunsches (Fotografin) schon nahegekommen ist. Anders ausgedrückt: Es besteht die Aussicht, mit der Gestaltung ihres alten Wunsches, der Fotografie, ihre innere Harmonie zu finden.

Obwohl Gerti die 20 (Freiheit und Kreativität) schon erreicht hat, (die Zahlen 11–20 zeigen den Prozess und die Suche nach dem kreativen Wunsch), will sie der Verlockung widerstehen, die Pillen günstiger zu bekommen. Sie sucht noch, was sie glücklich machen könnte. Die Entscheidung steht noch aus. Sie lehnt erst einmal ab.

Sie legt auf den 20-€-Schein noch 2 x 5 € drauf. Mit allen 5 Sinnen an der Umsetzung ihres alten Wunsches, der Fotografie, zu arbeiten, ist noch von einer Ambivalenz behaftet (2 x 5), die aufgelöst werden muss, um in die 30 zu kommen. 30 heißt: in den Neubeginn. In der 30 treffe ich eine Entscheidung. Noch ist Gerti aber erst in der 20. Selbst wenn sie weniger Energie für die Fotografie aufwenden muss, als sie glaubt, was eine Verlockung für sie ist, traut sie sich die Umsetzung des alten Wunsches noch nicht zu (Sie lehnt im Traum ab).

Der zweite Traumteil beginnt wieder mit der 1, zeigt aber das gleiche Problem.

Noch ist Gerties »innere Wohnung« karg und schmutzig. Sie muss erst noch die Trennung von ihrem Mann überwinden, bevor sie sich neu orientiert. Ein jüngerer Erkenntnisanteil und der 15-jährige Bruder scheinen ihren Wunsch zu bestätigen, sich der Fotografie zuzuwenden (Gerties Lehre mit 15). Andererseits fordert die Zahl 15 messerscharf zwischen Leben und Nichtleben zu trennen (Die Zahl 15 kommt aus dem Ägyptischen, dem »Messersee« und fordert eine scharfe Trennung zwischen Gut und Böse). Mit Nichtleben könnte ihr Ehemann gemeint sein, der sie verlassen hat.

Die Frau (Gerties Erkenntnisanteil) scheint mit ihren Handlungsanteilen zu hadern (Eltern streiten). Der Erkenntnisanteil von Gerti ist offenbar noch uneins, was die Handlungskraft angeht.

Dann schlägt sie sich auf die Seite ihres Handlungsanteils (»Ich liebe dich doch«) – durch die Wiederaufnahme der Fotografie, ihre innere Harmonie wiederzufinden.

Gertie durchlebte einen längeren Suchprozess, ehe sie genau wusste, wohin ihre berufliche Zukunft sie wirklich führen würde. Inzwischen arbeitet sie sehr erfolgreich als Ernährungsberaterin, was sie sehr befriedigt. Beim Gespräch im September 2023 über ihren Traum erläuterte sie, dass sie für die Tätigkeit, die sie jetzt ausführt, den »genauen Blick«, wie beim Fotografieren, braucht.

Zahlensymbolik

Bevor ich Ihnen weitere Träume vorstelle, möchte ich Sie ansatzweise mit der von Ortrud Grön erarbeiteten Zahlensymbolik vertraut machen. Sie unterscheidet einerseits Zahlen, die als Basis-Zahlen in Träumen erscheinen, und andererseits die psychologische Abfolge der Bilder mit den entsprechenden Bedeutungen darstellen.

> Die Zahlen 1–29 sind die Basiszahlen für den Befreiungsweg aus den Ängsten der Kindheit, die meist unter Abwehrmechanismen verborgen sind. Ortrud nennt sie drei Neunheiten, angelehnt an das Ägyptische.

1–9 sind die Schritte, die nötig sind, sich aus den Einschränkungen der Kinderängste und deren Abwehrmechanismen zu befreien.

2–19 In den nächsten 9 Schritten soll man sich einen in der Kindheit verdrängten kreativen Wunsch wieder bewusst machen und seine Gestaltungsmöglichkeiten erkennen.

20–29 Weitere 9 Schritte, um diesen schöpferischen Wunsch nunmehr zu verwirklichen.

Die psychologische Abfolge der Traumbilder von 1–9:

1. *Szene – Die gestörte Harmonie – Ich möchte eine Unzufriedenheit in mir überwinden.*

Die erste Szene umschreibt den Bereich, häufig durch einen Ort, eine Landschaft, einen Weg, in dem sich ein Konflikt zeigt oder wieder ausgelöst werden kann (Berghang – Angsthang der Kindheit).

2. *Szene – Die Ambivalenz – Ich muss erkennen, welches Gefühl in mir Disharmonie auslöst.*

Hier zeigt sich, welcher Widerspruch mich unzufrieden macht. Wenn die Ambivalenz bewältigt ist, wird gelegentlich die befreite Lebenskraft dargestellt.

3. *Szene – Der erkannte Lösungsweg für die Befreiung – Ich erkenne, welcher Wunsch mir helfen könnte, mein Leben erfreulicher zu gestalten.*

Die Erkenntnis des negativen Aspekts im zweiten Bild löst die Frage nach dem Wunsch aus, mich aus Abhängigkeiten zu befreien. Die Lösung, bzw. der nächste Schritt zur Lösung ist gefunden, sobald Gefühle und Gedanken einem neuen harmonischen Weg zustimmen.
Häufig tauchen im 3. Bild Wörter wie »hören«, »sehen«, »denken« und »sprechen« auf.
Wenn der Traum nur 3 Bilder hat, kann im 3. Bild auch ein Handlungsanteil enthalten sein.
Oder es wird ein momentaner Lösungsschritt für mein Problem angeboten.

4. *Szene – Die Erkenntnis der realistischen Gestaltung – wie realisiere ich das, was ich ändern will.*
5. *Szene – Mit allen 5 Sinnen beginne ich meinen Wunsch zu verwirklichen. Dabei sammle ich Erfahrung um Erfahrung. Die Worte »Liebe« und »Glück« sind hin und wieder positive Botschaften in dieser Szene.*

6. Szene – Wenn Widerstände von außen auftauchen, verteidige ich sie.
7. Szene – Wenn mir das nicht gelingt, brauche ich noch einen Zugang zu der Lebenskraft, die ich als Kind aus Angst in mir verschüttet habe.
8. Szene – Mit dieser wiedergefundenen Kraft versuche ich, meinen Freiheitswunsch zu verwirklichen.
9. Szene – Die Ordnung, wie ich zu befriedigenden Gefühlen komme, ist mir nun vertraut und lenkt mein Tun.
10. Szene – Mit meinem Wissen bringe ich mich nun in soziale Kontakte ein.

Ein neuer Abschnitt beginnt: 11–20

11. Ich beginne, nach neuen Ideen für mein Leben zu suchen.
12. Hier frage ich mich, ob ich dem neuen Wunsch folgen soll oder in der alten Sicherheit bleiben will.
13. Wenn ich diesem Wunsch nicht folge, schläft mein Freiheitswunsch ein.
14. Ich entwickle eine Vorstellung, was ich gestalten will.
15. Ich muss mich trennen von allen Gedanken und Gefühlen, die mich hindern könnten, meinen Wunsch zu entwickeln (im Altägyptischen ist die 15 der sog. »Messersee«, d.h. ich muss mich entscheiden.
16. Hier habe ich den Mut, zu mir zu stehen (Altägyptisch: weiße Antilope, auf deren Rücken ein Falke sitzt).
17. Auch hier muss ich nochmal tief in die Wurzeln meiner Kindheitsmuster eintauchen, falls ich den Mut verliere.
18. Hier entscheide ich mich – und gebe nicht nach – meinen wiedergefundenen Wunsch gegen alle Widerstände zu verteidigen.
19. Jetzt habe ich alles, was ich für die Gestaltung meines Wunsches brauche (Altägyptisch: Fährmann des eigenen Bootes sein).
20. Jetzt stehe ich am verlockenden Beginn, meine Wünsche kreativ umzusetzen.

Zusammenfassung der Zahlensymbolik nach Ortrud Grön

3–10 bedeuten das Suchen und Finden des verlorenen Freiheitswunsches aus der Kindheit.
11–19 – da geht es um den verlorenen schöpferischen Wunsch.
20 ist eine duale Zahl, sie beinhaltet sowohl Freiheit als auch schöpferische Kraft
21–29 da verwirkliche ich den wiedergefundenen schöpferischen Wunsch.
30 bedeutet eine Erneuerungskraft (der Pharao wirft den Speer).
30–100 Prozess auf der Suche nach Freiheit.
100erter Zahlen tauchen erst auf, wenn ich mich aus den Ängsten der Kindheit befreit habe.
100–1000 Prozess des Träumers auf der Suche nach dem schöpferischen Wunsch.
1000 – hier blüht der Wunsch auf, was ich wirklich will – Es ist der Weg in die eigene Identität.
(Aus der Grundausbildung in Traumarbeit der »Bayerischen Akademie für Gesundheit«).

Verantwortung für die Mutter übernommen

Der Träumer, ein Mann Mitte 50, litt unter Bluthochdruck und einer Herzerkrankung.
Ihn verfolgten seit langem Gedanken an seine sehr dominante Mutter.
Er träumte:

1. *Ich hatte Geburtstag. Es ist Nacht. Ich irrte in dunklen Straßen herum.*
2. *Plötzlich schaute ich in einen Keller hinunter. Dort standen zwei Männer und vor ihnen war eine Blutlache zu sehen. Die Männer waren dunkel gekleidet.*
3. *Sie sagten, ich solle weggehen, es ginge mich nichts an, was da unten geschehe.*

4. *Dann kam ein anderer Mann, der auch dunkel gekleidet war, der mir aber sehr vertraut war. Er kam mit abgewandtem Gesicht, nahm mich bei der Schulter und sagte: »Komm, wir gehen hier weg.« Ich wusste, diese Person ist meine Mutter.*

Der Träumer musste im Laufe der Erarbeitung mehrmals innehalten, so sehr nahm ihn seine Erinnerung gefangen. Da seine Mutter im Traum vorkam, lag es nahe, erst einmal nach ihr zu fragen. Seine Mutter war mit 19 Jahren Witwe geworden. Der Sohn wurde für sie zum Ersatz-Ehemann. Wenn sie weinte, weinte der Träumer als Kind mit ihr und fühlte sich nach und nach für sie verantwortlich. Sobald er sich aber nicht so verhielt, wie die Mutter es wollte, bekam er furchtbare Schläge, wurde in den Keller gesperrt und verharrte dort ohnmächtig vor Wut. Er wurde zu einer fanatischen Ehrlichkeit erzogen. Der Ehrgeiz der Mutter war es, aus ihm einen guten Menschen zu machen. Sie wollte sich nicht nachsagen lassen, keine gute alleinerziehende Mutter zu sein. Schon mit drei Jahren wurde er in einen dunklen Schweinestall gesperrt, er tobte und schrie, fast ohnmächtig vor Angst und Wut. Wenn sich die Mutter dann erbarmte, ihn rauszulassen, nahm sie ihren Sohn liebevoll in den Arm.

Der Träumer schilderte seine Gefühle, die er im Traum durchgemacht hatte. Sie entsprachen den schmerzvollen Erinnerungen seiner Kindheit und Jugend und den Bestrafungen, die er erleiden musste. In ihm war nur Dunkelheit.

Kein Zweifel: Der Attentäter war die Mutter. Die Blutlache war die des Träumers. Seine Mutter hatte ihm seinen Lebenssaft geraubt (Blut). Da es aber zwei Attentäter waren, musste die Ambivalenz angeschaut werden. »Entweder war meine Mutter eiskalt oder voller Wärme und Liebe«, so beschrieb er die Situation.

Bei seiner Lebensbeichte stiegen Schuldängste in ihm auf, weil er fürchtete, zum Verräter der Mutter zu werden, gleichzeitig füllte sich sein

Herz mit Hass. Er konnte sich lange Zeit nicht eingestehen, was mit ihm passiert war.

Der Ehrgeiz seiner Mutter, auf ihren Sohn stolz sein zu können, um nicht von ihrem Umfeld angefeindet zu werden, führten zu dem widersprüchlichen Verhalten, nach einer Bestrafung Liebe zu verströmen. Deutlicher hätte der Traum das nicht zum Ausdruck bringen können.

Der vertrocknete Ast

In diesem Traum einer Seminar-Teilnehmerin aus Österreich, komme ich – Heide – vor, und Christa, auch eine Teilnehmerin, die als Heilerin arbeitet.

1. *Ich sehe den Baum meiner Kindheit.*
2. *Der Ast, auf dem ich gesessen bin, ist vertrocknet.*
3. *Unter dem vertrockneten ist ein neuer Ast rausgewachsen.*
4. *Christa und Heide sind dabei. Christa fragt: »Was ist ein Tsunami?« Es kommt keine Antwort.*

Die Träumerin wurde während dieser Seminar-Woche noch einmal mit den Gefühlen aus ihrer Kindheit konfrontiert. Es sind ihre gewachsenen Erfahrungen und Erkenntnisse aus dieser Zeit. Sie sind der Humus, auf dem wir gedeihen (Wenn wir von Bäumen träumen, heißt das, dass wir Gestalt annehmen auf dem Weg zum »Baum des Lebens«).

Der vertrocknete Ast beschreibt ihre nicht gelebten Gefühle aus dieser Zeit.

Durch das Seminar erkennt sie nun in sich neues Wachstum, neue Kräfte, die sie auffangen. Der neue Ast wächst unter dem vertrockneten und wird sie tragen.

Mit der Heilkraft von Christa (ihrer Erkenntniskraft) und meiner Kraft (Wärme, Stärke, Geborgenheit, Liebe), so beschrieb mich die Träumerin, fährt sie gestärkt nach Hause. Ihre neue Kraft wird durch den neuen starken Ast unter dem vertrockneten ausgedrückt und kann sie auffangen, wenn der vertrocknete bricht.

Der Traum gibt ihr keine Antwort auf die Frage: »Was ist ein Tsunami«? Die Träumerin ist sich ihrer Gefühlsbewegungen durch die Erkenntnis ihrer unbelebten Kindheit (vertrockneter Ast) bewusst und weiß, heilend und liebevoll damit umzugehen.

Beschwörungsritual

Gudrun, Ärztin und Psychotherapeutin, befand sich in einer Umbruchsituation. Sie plante ein Sabbatjahr, um zu erkennen, wie es beruflich und privat für sie weitergehen soll. Kurz vorher hatte sie sich von einem Mann getrennt. Sie fühlte sich verletzlich und »aufgeweicht«. Altbekannte Gefühle von Nicht-gut-genug-sein und sich zurückgesetzt fühlen waren allgegenwärtig. Eifersucht quälte sie. Manchmal überwältigte sie die Trauer über »ungelebtes Leben« mit Kampf und Anstrengung. In ihr hielten sich Unsicherheit und Vertrauen die Waage.

Am Vortag des Traumes machte Gudrun eine große Wanderung mit einigen Seminarteilnehmerinnen. Sie genoss die Natur und das Zusammensein mit den anderen.

1. *Es geht um zwei oder drei kleine Babys (vielleicht auch Kleinkinder). Ich will sie retten und mich um sie kümmern.*
2. *Unter dem Eis eines Sees ertrinkt eine Mutter mit ihrem Kind. Ich rufe verzweifelt, damit Menschen helfen, sie zu retten.*
3. *Aber nur das Baby kann gerettet werden. Ich nehme es an mich.*

An einige Traumsequenzen kann sich Gudrun nicht erinnern, dann folgte ein zweiter Traumteil:

1. *Da ist ein Mann, der mir immer wieder seine Liebe bezeugen will, aber sich etwas seltsam und unangemessen verhält.*
2. *Ich nehme ihn immer wieder auf, lehne ihn aber auch immer wieder ab.*
3. *Bis ich es endlich schaffe »nein« zu sagen, dabei habe ich aber Angst vor ihm. Jetzt ist eine feindselige Frau bei ihm in seinem Haus – wir alle sind Gast und können uns nun gegen sein bestimmendes Verhalten besser wehren als zuvor.*
4. *Dann nehme ich das große schwere Baby, dessen Mutter ertrunken ist, auf den Arm und trage es. Es ist so groß, dass die Füße zum Boden reichen und auf ihm schleifen. Deshalb bitte ich das Baby, mit den Füßen zu tappen – das tut es auch. Da kommen andere Frauen und tragen die Füße. Das Baby wird zutraulich und mutig und spricht irgendetwas gegen diesen Mann aus. Am Ende ist sogar die vorher feindselige Frau auf unserer Seite und will für das Baby da sein.*
5. *Wir wollen der ertrunkenen Frau eine »Lilie« ins Wasser werfen. Ich möchte das tun, während ich das schwere Baby auf dem Arm trage. Aber dann will es die vormals feindselige Frau tun. Sie ruft den Namen der Ertrunkenen, als ob sie sie herbeirufen wollte (wie bei einem Beschwörungsritual) und wirft die Blume in den See. Alles ist gut!*

Im ersten Traumbild des ersten Traumteils geht es für Gudrun um ein neues »In-der-Welt-sein« (Babys, um die sie sich kümmern möchte), die im Wachsen begriffen sind, nämlich souverän zu sich zu stehen und zu lernen, sich zu lieben.

An der Oberfläche sind die Gefühle für sie selbst erstarrt (Eis) und sie möchte die übertriebene »Mutterschaft« in Form von zu viel Verantwortung für andere aufgeben (die Mutter ertrinkt).

Andere Menschen helfen Gudrun (sie ruft nach Menschen), das neue Gefühl für sich selbst zu entwickeln. Gudrun entscheidet sich, für sich selbst einzustehen (Nur das Baby kann gerettet werden, sie nimmt es an sich).

Fortsetzung im zweiten Traumteil

Hier wird Gudruns Handlungsanteil (Mann) angesprochen. Wie verhält sie sich?

Es geht darum, zu entscheiden, sich entweder weiter für andere zu verausgaben oder souverän bei sich zu bleiben (Liebe annehmen, ablehnen).

Noch hat Gudrun Angst »nein« zu sagen, sie hofft aber, es zu schaffen. Noch verurteilt sie sich (feindselige Frau), kann sich aber schon besser gegen das bestimmende Verhalten ihrer »Handlungskraft« (Mann) wehren.

Noch fällt es Gudrun sehr schwer, treu bei sich zu bleiben (sie trägt das schwere Baby), aber im Wechsel zwischen »es selbständig zu schaffen« (tappen) oder mit Hilfe anderer Menschen (andere Frauen = Erkenntnisanteile) tragen die Füße, geht es. Ihr selbstzerstörendes Verhalten wandelt sich in Selbstvertrauen und Mut (zutraulich mutiges Baby) und setzt sich gegen das bestimmende Verhalten des Mannes durch (Baby spricht).

Die bisherige »Überverantwortung« (feindselige Frau sich selbst gegenüber) weicht einer neuen Mütterlichkeit für sie selbst (will für das Baby da sein). Der alten Ambivalenz (die ertrunkene Frau) folgt nun die tiefe, klare Erkenntnis: Gudrun möchte sich mit Hingabe an sich selbst (sie möchte die Lilie werfen, das sind Blumen, die oft bei Beerdigungen das Grab schmücken) und dazu bekennen (mit dem Baby im Arm) – befreit von Feindseligkeit gegen sich selbst (die vormals feindselige Frau will ihr den Akt abnehmen).
Der endgültige Abschied von ihren Ambivalenzen wird feierlich durch das Beschwörungsritual aufgelöst. Das neue Verhalten (Baby in ihr) kann nun wachsen und gedeihen und sich zu einer zärtlichen Liebe zu sich selbst entwickeln.

Eine langjährige Beziehung geht zu Ende

Traum einer Frau, die sich gerade mit ihrem Freund in Turbulenzen befindet. Sie ist Glasknochenkrank (als Teenager hatte sie 26 Brüche und von daher auch viele Narben). Sie kann seitdem nur drei Stunden arbeiten und hat von daher wenig Geld, sich selbst zu ernähren.
Ihre Krankheit erzeugt in ihr die Angst zu stürzen und sich wieder neue Brüche zuzuziehen, was zur Folge hat, dass sie sich in vielem dem Freund gegenüber anpasst. Die beiden sind seit 16 Jahren zusammen – im Laufe der Jahre hat sich die Beziehung abgeschliffen und sie hat große Sehnsucht, nochmal etwas Neues und anderes zu erleben. Kürzlich hatte sie sich über das Internet mit einem anderen Mann getroffen, was den Freund sehr eifersüchtig gemacht hat. Eine Paartherapie – 5 Termine – hatten erbracht, sie sollten es noch einmal miteinander versuchen. Die Frau spürt aber den Druck, einerseits ihren Freund verlassen zu wollen, andererseits nicht zu wissen, wie ihr Leben ohne ihn weitergehen könnte.

1. *Ich bin mit meinem Freund zu Besuch bei einem Tatort-Kommissar, den ich nur aus dem Fernsehen kenne. Er will in Urlaub fliegen.*
2. *Wir bleiben zurück. Auf dem Tisch liegen zwei Sonnenbrillen.*
3. *Mein Freund will mit mir schlafen. Er dringt in mich ein. Ich war noch nicht so weit. Er hat vorzeitig einen Samenerguss. Er zieht seinen Penis aus der Vagina und spritzt sich den Samen ins Gesicht. Das ist über und über mit seinem Samen bedeckt, was ihn sehr erschrocken hat. Ich wischte alles weg, ekelte mich. Dabei sagte ich: »Da ist nichts mehr.« Und er sagte: »Das muss ich wohl erkennen.«*

Der Freund der Träumerin wird von ihr als bodenständig, manchmal stur, aber liebevoll und nüchtern beschrieben. Der Tatort-Kommissar steht stellvertretend für die Paartherapie, die das Paar gemacht hat – herauszufinden, was in ihrer Beziehung nicht gut läuft. Dabei war herausgekommen, es noch einmal miteinander zu versuchen. Sie sollen sich eine Auszeit (Kommissar in Urlaub) gönnen, und an ihrem Problem nicht weiter herumdeuteln.

Die beiden Sonnenbrillen zeigen, dass die klare Sicht noch verdunkelt ist, die Ambivalenz ihrer Beziehungs-Unzufriedenheit noch aufzuarbeiten ist.

Der missglückte Beischlaf macht deutlich, dass beide mit der Partnerschaft, auch mit ihrer Sexualität, unzufrieden sind (Ich war noch nicht so weit – und der vorzeitige Samenerguss). Sich den Samen ins Gesicht zu spritzen heißt, der Freund erreicht seine Partnerin mit seiner Zeugungskraft nicht mehr (Die Frau, die neues Leben im Inneren empfängt, steht für das Empfangen von Erkenntnissen für neues Leben. Der Mann, der aus seinem Innern nach außen zeugt, steht für die Tat, die das Erkannte verwirklichen will. Erst dann kann das Erkannte zur Frucht werden). Es gelingt den beiden nicht, ihre Beziehung so zu gestalten, dass sie noch einmal fruchtbar werden könnte. Durch den Ekel ist die Beziehung an ihrem Ende angekommen.

Die Zukunft gehört denen, die an die Wahrhaftigkeit
ihrer Träume glauben.
(Eleanor Roosevelt)

Auf dem Weg in die Selbstliebe

Eine 60-jährige verheiratete Frau plagte sich mit verschiedenen Krankheitssymptomen und berichtete von einer seit der Kindheit bestehenden Neurodermitis der Kopfhaut. Sie fühlte sich von Kindheit an im Elternhaus und in der Schule abgewertet und kritisiert, was später zu einem mehrmonatigen Aufenthalt in einer psychiatrischen Klinik führte. Sie wurde Kindergärtnerin, »um an anderen Kindern wieder gut zu machen«, was ihr angetan worden war. Sie opferte sich bis zur totalen Erschöpfung für ihre Umgebung auf, »um endlich Anerkennung zu bekommen und gesehen zu werden«. Die ihr widergespiegelte Wertschätzung konnte sie lange Zeit nicht annehmen.

1. *Ich bin mit meiner Klasse zusammen und erzähle, dass das Mädchen, welches es am schwersten hatte und am meisten gequält worden ist, gestorben ist, was tiefe Betroffenheit hervorrief.*
2. *Wir sind am Fuße des Schleppliftes, mit dem immer zwei fahren können. Ich fahre allein und auf dem Weg nach oben ist mehrmals die Piste weggebrochen. Wie durch ein Wunder komme ich heil oben an.*
3. *In einer Hütte ziehe ich die Stiefel aus. Ich habe einen Rock an und will unbedingt Ski fahren, sehe aber nicht, wie es weitergeht.*
4. *Mein Sohn ist auch da und ein kleines Mädchen, das mich braucht.*
5. *Ich gehe mit ihm einen Stock tiefer und nehme es auf den Arm, halte es fest und streichle es. Ich habe das Gefühl, dass das Mädchen noch nie so geliebt worden ist. Es ist schon dunkel und wir müssen dringend abfahren. In der Hütte wird der Geburtstag einer Frau in einem wunderschönen roten Kleid gefeiert.*

Die Träumerin, die als Kind immer ausgegrenzt worden war, »nicht richtig gesehen wurde«, wie sie sagte, hatte sich diese Erfahrung in ihrem späteren Leben selbst zu eigen gemacht. Diese Haltung ist nun gestorben und nicht mehr notwendig, denn sie ist am Lernen (Schulklasse). Trotzdem löst der Vorgang größte Bestürzung aus.

Auch dieses Motiv greift ihre Kindheitserfahrung auf: Das Mühsame (Schlepplift), das immer wieder Wegbrechende, das Alleinsein und aus dem Gleichgewicht kommen (allein im Schlepplift). All das zusammen schildert ihre Not genau – und auch das Wunder, dass sie trotzdem in ihrer Bewusstseinsentwicklung unbeschadet blieb (heil oben ankommen).

In diesem Raum (Berghütte heißt: selbst erarbeitetes Bewusstsein), könnte sie eigentlich aufhören, sich auf erstarrten Gefühlen (Schnee, Skifahren) zu bewegen. Sie hat Zugang zu ihren tiefen Bedürfnissen und ihrer Weiblichkeit (Rock), hat aber noch keine rechte Idee, wie sie damit umgehen kann. Das alte Muster ist sehr verlockend, bietet aber keinen rechten Weg mehr (zieht die Stiefel aus).

Zur neuen Gestalt hilft ihr die sensible Intuition ihres Sohnes, die sie immer wieder beeindruckt, und eine neue Erkenntnis, der sie sich annähern muss, nämlich sich um ihr eigenes, inneres kleines Mädchen zu kümmern, das ihre Zuwendung braucht.

Hierbei nimmt sie sich selbst in ihrer Vergangenheit an (ein Stock tiefer) und hat die Empfindung, noch nie eine so tiefe Liebesqualität gespürt zu haben. Noch erlaubt sie sich nicht, bei dieser Kraft zu bleiben (bei Dunkelheit dringend abfahren). Doch ist sie auf ihrem Weg in die Freiheit schon so weit gekommen, dass sie ihre Liebe zu sich selbst neu feiern kann (Geburtstag und rotes Kleid) und sich mit diesen neuen Erkenntnissen auch nach außen darstellen kann.

Traumbotschaft

Auf dem langen Weg von ihrer Verletztheit, Selbstablehnung und Isolierung in der Kindheit ist die Träumerin ein gutes Stück vorangekommen. Sie hat Kontakt aufgenommen zu ihrem inneren Kind und entdeckt ein neues Gefühl der Liebe zu sich selbst.

Suche nach Schutz im emotionalen Bereich

Eine Frau, die nach einer Trennung emotional sehr bewegt ist, pendelt gefühlsmäßig zwischen Freude und Zuversicht auf ein neues Leben, gleichzeitig trauert sie über ihr verlorenes Glück und verlorene Hoffnung. Dann sieht sie im Traum:

> *Eine Szene mit vielen Menschen auf großen Plätzen (Süden?).*
> *Dazu ein Text: »Wir sollen unsere Toten nicht bei den Toten haften lassen!«*

Der Süden steht für Aufbruch, für etwas Neues, was bedeutet, dass die Träumerin ihre Hoffnung, ihre Liebe, ihre Gefühle verwandeln soll in positive kreative Kraft und damit zurück ins Leben findet. Es geht um ihr ganzes Leben, um die Auferstehung der Liebe zu sich selbst. Das, was bei ihr nicht leben durfte (Selbstwertgefühle und die Liebe zu sich selbst), soll nicht bei den Toten bleiben, sondern auferstehen.

Danach ein weiterer Traum:

1. *Ich bin mit einem alten Freund verabredet. Er ist Maler oder Künstler.*
2. *Er wohnt in einem flachen Bungalow auf einer grünen Anhöhe. Es führt eine lange Steintreppe nach oben. Oben ist eine große Terrasse. Der Bungalow hat zwei Türen aus unbearbeitetem Holz mit einfachen Eisenringen. Die sind nur angelehnt.*
3. *Ich bemerke, dass er Gäste hat und bin enttäuscht, weil ich denke, er hat unsere Verabredung vergessen. Aus der rechten Tür kommt schließlich eine (seine?) Frau und sagt mir, er habe Zeit für mich. Während ich auf der Terrasse warte, höre ich bruchstückhaft die Gespräche und denke: Das sind Erbschleicher, die da drinnen sind.*
4. *Schließlich kommen sie heraus: es sind vier – drei Männer und eine Frau. Die etwas korpulente und resolute Frau sagt zu mir: »Wenn*

Sie pfändbare Habe haben, dann können sie IHN und sein Vermögen ja haben.«

5. *Ich will aber nur seine Nähe und habe eigentlich auch das Gefühl, mit ihm schlafen zu wollen.*
6. *Ich mache mir aber Gedanken, ob das möglich ist, weil er doch schon etwas alt und hinfällig ist.*
7. *Eine Kröte gerät plötzlich in den Hühnerstall, der links am Bungalow angebaut ist.*
   Es ist nicht klar, ob ich die da hineingeworfen habe oder jemand anderer. Ich stehe hin- und hergerissen da und will sie eigentlich auch retten, weil ich denke, der alte Mann hängt an ihr. Ich gerate in Sorge, dass die Hühner sie totpicken könnten oder gar auffressen. Ich handle aber nicht mehr.

Dieser Traum war in einer Kleingruppe besprochen worden, wurde nochmal nachgearbeitet und wurde dann in seiner Endfassung so von der Träumerin angenommen. Sie hat ihn mir mit eigenen Worten schriftlich zur Verfügung gestellt:

> Ich bin mit dem alten Mann verabredet, der mich an meinen alten Malerfreund erinnert (Ich muss mich fragen: wie ist er mit sich umgegangen?). Dieser hat in aller Klarheit und Sinnlichkeit auf seine Bedürfnisse gehört. Er steht für meinen Handlungsanteil der Durchsetzung meiner Bedürfnisse. Dieser Anteil ist in mir schon alt geworden und etwas hinfällig.
>
> Das Haus im 2. Bild. Das innere Haus, in dem dieser Handlungsanteil wohnt, hat zwei Türen aus Holz und Eisenringen. Eisen kommt aus dem Kern der Erde. Dieses Bild sagt, dass es um den Kern meiner Selbst geht. Die Fähigkeit meine Bedürfnisse zu erkennen und zu leben, führt zu meinem innersten Kern, meinem ureigensten Wesen. Die zwei Türen führen zu zwei Lebenstrieben/Lebensräumen, die sich in mir öffnen wollen. Es geht um Freiheit und schöpferische

Kraft. Um zu meiner Kreativität zu kommen, brauche ich die Freiheit. Mit der großen Terrasse vor dem Haus kann ich aus der inneren Wohnung heraustreten – und mit dem großen Haus im Rücken – Verbindung nach außen herstellen. Die angelehnten Türen führen ins Leere: Ich will mich frei fühlen, ich will schöpferisch sein. Es geht um das Gefühl für mich selbst.

Die verhuschte Frau, die aus der rechten (bewusst) Tür kommt, ist ein Bild des Erkennens der Situation, die aber noch nicht ganz klar ist (graue Kleidung). Sie gibt mir innerlich den Weg frei für den Mann (Maler), der mit seinen Bedürfnissen kreativ umgeht. Ich kann an den Kern (um den geht es in diesem Traum) nur rankommen, wenn ich meine Bedürfnisse ernst nehme.
Diese Erkenntnisseite vermittelt mir, dass die Fähigkeit, meine Bedürfnisse zu leben, mich doch noch treffen will: er hat Zeit für mich. Bei meiner Bedürfnisseite lagern die Erbschleicher, die das Vermögen (nämlich die Potenz zur Auferstehung der Liebe zu mir selbst) haben wollen.
Wenn ich pfändbare Habe besitze, dann kann ich die Durchsetzung meiner Bedürfnisse leben. Pfändbare Habe ist das, was ich über das Existenzminimum hinaus besitze. Hier liegt eine Warnung, eine Gefahr, die aufzeigt, dass ich mich selbst ausplündern könnte. Das muss ich abfangen. Hier wird aufgezeigt, wie schmal der Grat ist, dass ich mich schnell wieder verlieren kann. Ich muss für Reserven sorgen (pfändbare Habe), damit ich dabei nicht untergehe. Habe ich noch Reserven oder habe ich keine mehr? Mit der Kraft des Malers (meiner Handlungsseite), der seine Bedürfnisse lebt, will ich mich vereinigen. Diese Kraft habe ich zu lange vernachlässigt, sie ist alt und hinfällig geworden und ich habe Sorge, ob eine Vereinigung noch möglich sein wird.

Die Kröte gerät in den Hühnerstall. Ich unternehme nichts dagegen, dass sie von den Hühnern aufgefressen wird (unterste Stufe der

Vögel/die für Freiheit stehen – sie können nur flattern, kaum fliegen). Wenn ich meine eigenen Bedürfnisse vernachlässige, komme ich in die Gefahr der Krötenhaltung: Kröten zeigen sich nicht, verkriechen sich in Erdlöchern, sie sind giftig, sie stehen für Bitterkeit und Aggression. Die Kröte will erlöst werden. Sie steht für Kindheitsängste. Wenn ich die Kröte verlasse, d.h. die Ängste meiner Kindheit und auf meine eigenen Bedürfnisse höre, was ich in der Kindheit alles nicht durfte, erwerbe ich in dem Maße die Freiheit und Kreativität, die mir innewohnt und finde zu meiner Kern-Kraft.

Kritik löst Ohnmacht aus

Eine 64-jährige Frau, die in einer Band spielt und viel Erfahrung in musikalischer Früherziehung für Kinder hat, muss sich vom Band-Leader immer mal wieder Kritik anhören, die sie als unberechtigt und arrogant erlebt. Am Tag vor dem Traum hatte der Leiter der Band angekündigt, er wolle ihr etwas Konstruktives sagen. »Leb doch dein Leben einfach so weiter wie bisher.« An diesem Satz konnte sie nichts Konstruktives erkennen, war aber auch nicht in der Lage, darauf zu reagieren. Sie bekam Ohrenschmerzen und in ihr tobte der Gedanke: »Irgendwas kann ich nicht mehr hören«. Daraufhin träumte sie:

1. *Ich sehe meine gute alte Hannika Holz-Akustik Gitarre*
2. *und bin bestürzt, weil sie verbogen ist, nichts ist mehr am Platz, die alten Halterungen sind herausgebogen, der Sattel, der Steg alles ist durch Verbiegung kaputt und unbrauchbar. Sie ist verbogen, gebogen, aber sie ist nicht gebrochen. Ich wundere mich sehr, wie das passieren konnte.*
3. *Mein Enkel ist in der Badewanne. Ich bin irgendwo mit meiner Enkeltochter und wir gehen in eine Richtung, dann fällt mir ein, dass mein Enkel noch in der Badewanne ist. Aus lauter Ablenkung habe ich ihn vergessen und mache mir Sorgen, hoffentlich ist er nicht umgekippt und in der Wanne ertrunken.*

4. *Als wir dort hinkommen, ist er schon aus der Badewanne geholt worden und spielt mit seiner Schwester.*

Das 1. Bild zeigt das Musikinstrument der Träumerin, mit dem sie viele positive Erfahrungen mit Kindern gemacht hat.

Die Kritik des Musiklehrers zeigt durch die Verwüstung des Instruments ihren Gefühlszustand. In ihr kommt ihre grundsätzliche Verunsicherung wieder hoch: »Ich kann das nicht.« Am Tag darauf war sie stellenweise im Musikunterricht mit ihren Gitarrenkindern anfangs stark verunsichert und fand nur langsam wieder in ihren Rhythmus.

Die Angst in ihren Gefühlen zu ertrinken, bzw. unterzugehen, zeigt das Bild mit ihrem Enkel. Dann erfährt sie sich wieder einmal als das vernachlässigte Kind, dem eine wärmende unterstützende Mutter gefehlt hat und erlebt den lauernden Spruch ihres Vaters im Hintergrund: »Steh da nicht so rum wie ein Ölgötze!« Dann fühlt sie wieder die Ohnmacht ihrer Kindertage, wenn ihr Vater zum Beispiel ihren Bruder schlug und sie starr vor Entsetzen zuschauen musste, ohne sich rühren zu können.

Die Erlösung kommt im 4. Bild – ihr Enkel ist gerettet und damit auch sie selbst mit ihrem dreieinhalbjährigen Handlungsanteil. Der spielt mit der siebenjährigen Schwester, das ist auch ihr Erkenntnisanteil, der aber noch erwachsen werden muss und sie auf ihre 7-Jährigkeit verweist.

Traumbotschaft: Die Träumerin muss sich aus ihrer Kindheitsohnmacht befreien, bevor sie spielerisch mit Kritik, berechtigt oder nicht, umgehen kann.

Re-Traumatisierung durch Magersucht der Tochter

Eine Frau aus einer meiner Traumgruppen trug einen Traum vor, der sie so bewegte, dass sie ihn nicht vergessen konnte. Der Hintergrund: Ihre Tochter war dabei, in die Magersucht abzurutschen. Die Träumerin tat alles, das zu verhindern und geriet dabei immer mehr an ihre eigenen Erfahrungen in Kindheit und Jugend. Sie war übergewichtig und wurde deswegen gemobbt. In der Schule und auf dem Nachhauseweg hatte man ihr hinterher gebrüllt: »Dicker, fetter Schinken.« Um das Drama ihres Dickseins zu überwinden, geriet sie als Jugendliche in den Strudel des Jo-Jo-Effekts: hungern, wieder zunehmen, wieder hungern.

Als ich mir den Traum für das Buch noch einmal vornahm, hatte ich das Gefühl, dass hinter den albtraumartigen Traumbildern noch mehr stecken musste und rief sie Jahre später an. Bei diesem Gespräch offenbarte sie mir ein Ereignis, das sie durch eine Therapie, bei der ihre Kindheit aufgearbeitet wurde, noch tiefer erschüttert hatte als das Mobbing während der Schulzeit. Mit 9 oder 10 Jahren war sie in eine Klinik gekommen, in der auch adipöse Kinder behandelt wurden. Eines Morgens wurden sie und ein dicker Junge abgeholt und ohne jede Vorwarnung in den Hörsaal einer Universität gebracht. Dort mussten sie sich ausziehen und wurden nackt vor Studenten und Studentinnen wie auf einer Bühne als Anschauungsobjekt von einem Professor präsentiert. Ein hochtraumatisches Erlebnis, das bis zur Therapie im Verborgenen geschlummert hatte. Eine nicht zu entschuldigende Verletzung der Würde!

Die Folge war, dass die Träumerin eine Art Sucht entwickelte, unbedingt schlanker werden zu wollen, was aber nicht gelang. Der Traum hatte durch die beginnende Magersucht der Tochter, die unter einem Panzer versteckte Erfahrung der Erniedrigung und Scham der Träumerin erneut ins Bewusstsein geholt.

1. *Ich stehe auf einer Wiese am Hang, neben dem Schulsportplatz meiner Kindheit. Der Sportplatz ist rechts von mir.*

2. *Plötzlich rennt von links eine Meute von Menschen an mir vorbei. Die Menschen sind wild und gnadenlos, wie dunkle Hunde. Bellen sie nicht auch? Sie laufen an mir vorbei, ohne mich zu beachten. Ich habe Angst. Ich weiß, was jetzt geschehen wird, und ich kann es nicht verhindern. Hinter dem Sportplatz verüben sie ihre Tat, und sie ist gnadenlos und nicht aufzuhalten und nie mehr rückgängig oder wieder gutzumachen. Sie ist unwiderruflich und das ist schrecklich. Diese Menschen sind ohne Gnade, ohne Mitleid, ohne Gefühle. Töten sie jemanden? Das schlimmste für mich ist, dass ich nichts tun kann und sehenden Auges das endgültige Unglück geschehen lassen muss.*
3. *Und dann kommt von rechts meine Tochter. Sie geht hoch aufgerichtet und ausgeglichen. Neben ihr geht ein Lassie-Hund, ein Collie.*

Der Sportplatz nimmt Bezug auf das gemobbt werden während der Schulzeit der Träumerin (rechte Seite = bewusste Seite).

Im 2. Bild wird die Verzweiflung geschildert, die die Träumerin durchgemacht hat bei dem Versuch abzunehmen. Das ging so weit, dass sie fast in eine Bulimie gerutscht wäre. Der Traum schildert ihren dramatischen Kampf (linke Seite = Gefühlsseite).

Das 3. Bild bringt die Erleichterung. Die Tochter der Träumerin, die selbstbewusst und ausgeglichen mit einem Lassi-Hund (eine Fernsehserie der 1950er Jahre mit einem Collie) an ihrer Seite auftaucht, symbolisiert die Liebe und Treue zu sich selbst. Sich selbst zu lieben und authentisch zu sich zu stehen, ist auch ein Anteil der Träumerin. Die Tochter hat ihre beginnende Magersucht überwunden, so wie die Träumerin mit Hilfe der Therapie geheilt ist von den negativen Erfahrungen ihrer Kindheit und Jugend. Mutter und Tochter können ausgeglichen und stolz auf das schauen, was beide erreicht haben.

Wiederholungstraum – Gute Lösung bei Konflikten finden

Nun möchte ich Ihnen den Traum einer Frau vorstellen, den sie in einer sie belastenden Situation mehrmals hintereinander geträumt hat. Nachdem sie ihn verstanden hatte, kam er nicht wieder.

1. *Ich gehe spazieren – mal auf dem Deich, mal am Meer.*
2. *Jedes Mal bewegen sich drei Frauen auf mich zu: R., H. und C. Ich kann mich nur von hinten sehen. Ich habe sehr lange, offene Haare, sie sind blond.*
3. *Ich erkenne mich nur an meinen Händen.*

Die drei Frauen, die auf die Träumerin zukommen, spiegeln die Eigenschaften, die in ihr vorhanden sind und die ihr Vertrauen in die eigenen Kräfte geben soll.

R.: Die Krankenschwester, die ausgesprochen mütterlich, aktiv und standhaft ist.

H.: Die Frau, die von der Träumerin Rat und Hilfe bekommt, d.h., sie kann sich diese Hilfe auch selbst geben.

C.: Die Frau, die schwere Verluste mit Stärke beantwortet – und in sehr inniger Weise auch beziehungsfähig ist.

Was will der Traum damit ausdrücken, dass sich die Träumerin in allen Träumen nur von hinten und an den Händen erkennt?

> Der Rücken fordert im Traum dazu auf, in die eigene Vergangenheit zu schauen, was hinter ihr liegt. Durch welche Handlungen (Hände) konnte sie ihre Vergangenheit bewältigen? Durch die offenen, langen, blonden Haare weist der Traum auf die Zeit hin, in der sie Fehlgeburten verschmerzen musste und eine tiefe Traurigkeit bewältigte, indem sie einen Sohn adoptierte. Diese Entscheidung war eine tatkräftige, sehr liebevolle Lösung, um die Gefahr abzuwenden, nicht

in Resignation zu versinken. Blonde Haare sind das Symbol für emotionale Klarheit.

Der Traum zeigt, dass die Träumerin auf die Lebenskräfte der drei Frauen, die im Traum auf sie zukommen, vertrauen kann, wenn sie nach Lösungen in belastenden Situationen sucht. Spazierengehen auf dem Deich oder auf dem Koog (dem Meer abgewonnenes Gelände) sind Bilder der Sicherheit gegen stürmische Gefühlsregungen aus dem Unbewussten.
(Wasser ist das Symbol für den klärenden Kreislauf unserer Gefühle – Meerwasser steht für die noch unbewussten Gefühle).
Der Koog zeigt, dass sie bereits festen Boden unter den Füßen gefunden hat.

Als Fazit dieses Traumes konnte die Träumerin die Gewissheit mitnehmen, dass sie in Konflikten oder schwierigen Lebenssituationen immer eine Lösung findet, die auch ihr Wohlgefühl berücksichtigt.

Wiederholungstraum – Wie schaffe ich mein Leben allein?

Aus einem Seminar in Bremen: Die Träumerin hatte etwa 4 Jahre nach dem Tod ihres Mannes diesen immer wiederkehrenden Traum:

1. *Mein Mann steht lebend vor mir*
2. *und ich sage zu ihm: »Verlass mich nicht!« Er antwortet nicht.*

Sie wachte kurz auf und träumte weiter:

3. *Dass ich fliegen kann und flog.*

Ihre Tatkraft, dafür steht ihr Mann, stellte die Träumerin infrage. Sie fühlte sich allein und meinte, die innere Leere nicht bewältigen zu können (Verlass mich nicht!).

Bei der Bearbeitung erzählte die Träumerin, dass ihr Mann sich auch zu Lebzeiten oft aus der Verantwortung gestohlen hatte. Auch damals schon konnte sie viele Probleme allein lösen. Das zeigt ihr auch das 3. Bild, in dem sie fliegen kann. Sie hat die geistige Kraft, die Leichtigkeit des Lebens auch ohne die Hilfe ihres Mannes wiederzufinden und sich aus Schwierigkeiten selbst zu befreien.

Andere Menschen sind anders als ich

Ein Mann, der sich schon lange bemühte, toleranter zu werden und Menschen mit einer anderen Haltung als seiner, verstehen zu lernen, erhält vom Traum folgende Antwort:

1. *Mein Bruder heiratet. Die Hochzeit ist mit Schwierigkeiten verbunden. Das Auto, mit dem wir zur Trauung fahren wollen, muss zum Coupé umgebaut werden. Auf dem Weg zur Kirche gibt es Hindernisse. Einige Straßen sind gesperrt. Wir machen Umwege, zum Beispiel durch die Hinterhöfe über Schotter. Verbotsschilder an den Wegen werden nicht beachtet. Wir müssen zur Kirche, koste es, was es wolle.*
2. *Als mein Bruder nach Abschluss des Festes im kleinen Familienkreis mit seiner jungen Frau in seine neue Wohnung ziehen will, ist die Etagentür verschlossen. Der Schlüssel muss geholt werden.*
3. *Das dauert lange. Aber Nervosität gibt es nicht bei den Neuvermählten. Mein Bruder verrät, dass er noch einen Scheck erwartet für 1000 Flaschen Wein.*
4. *Ich stehe auf der Straße und sehe, dass die Hochzeitsgäste und Angehörige nach Abschluss der Feier auf einem ganz anderen Weg nach Hause gehen, als ich erwarte. Mich beschäftigt sehr, warum sie das tun. Es macht mich ratlos. Ich weiß keine Erklärung und das beunruhigt mich. Und mit diesem Gefühl wache ich auf.*

Bei der Erarbeitung beschreibt der Träumer seinen Bruder als Beamten, der sich ganz und gar an traditionelle Gepflogenheiten hält. Der Träumer aber versucht seit geraumer Zeit, sich genau aus diesem Verhalten zu befreien. Darum baut er im Traum sein Auto als Coupé um, damit er mit Menschen besser in Kontakt kommen kann.
Er fährt auch nicht mehr die eingefahrenen Wege und Straßen, sondern er fährt mit den Widerständen mit und scheut keine Verbote und Hindernisse. Er ist dabei, diese gewonnene Erkenntnis (weiblicher Anteil) und das Umsetzen in die Tat (männlicher Anteil) zu vereinigen. Das ist die Hochzeit.

Noch hat er den Schlüssel für seinen neuen Lebensraum nicht in der Hand. Aber offenbar hat er schon eine kreative Idee, wie er das verwirklichen kann (Bei der Zahl 1000 blüht der Lotus auf, wie ich meine Wünsche verwirklichen kann – es ist der Weg in die eigene Identität).

Im vierten Bild wird dem Träumer bewusst, dass die Menschen andere Wege wählen als er. Das macht ihn noch ratlos, aber er hindert sie nicht daran. Erst langsam begreift er, wie unterschiedlich die Wege sind, mit denen Menschen durchs Leben gehen. Obwohl er schon Ansätze der Veränderung in seinem Verhalten in sich trägt, ist er noch beunruhigt.

Sich dem Leben wieder zuwenden

Eine Frau, die lange Zeit an unseren Seminaren in der »Lauterbacher Mühle« teilgenommen hat und die einen Herzinfarkt und eine Krebserkrankung zu verkraften hatte, schrieb uns nach dem Seminar zu ihrem Traum, was sie vor der Gruppe nicht preisgeben wollte:

»In dem langen Weg in meinem Traum sehe ich eine Weite, einen langen Prozess, den ich wohl durchlaufen musste, um wieder Hunger auf Leben zu bekommen. Meine Schwäche nach den Herzinfarkten konnte ich lange Zeit ebenso wenig akzeptieren wie meine Brustamputation. Nun scheint die Sonne wieder, ich bin in Harmonie und fühle mich bei guter Lebensführung kräftig und voller Energie«.

1. *Ich gehe einen langen Weg hinaus. Die Sonne scheint und auf der rechten Seite ist eine helle Wiese.*
2. *Links sehe ich, soweit das Auge reicht, eine Himbeerhecke – nein – ein Himbeerfeld. Alles ist grün und voller roter Himbeeren, die leuchten und duften. Alles riecht nach frischen Himbeeren. Es ist ein wunderschönes Gefühl.*
3. *Da steht plötzlich Ortrud vor mir und ich frage sie: »Hast du jetzt auch noch den Geruch und den Geschmack verzaubert? Sie lächelt.*

Die Träumerin wunderte sich im Traum und wachte kurz danach lachend auf. Danach schickte sie uns ihre Interpretation:

»Auf der rechten Seite in meinem Traum ist eine helle Wiese. Was ich in der Gruppe nicht erzählen wollte, weil es mir zu intim erschien, ist die linke Seite. Es ist die amputierte kahle Seite. Im Traum fühlte ich hier meine Brust wachsen und die Warze war eine duftende Himbeere. Alles war grün und voller Duft und im Wachstum begriffen.
Die Ortrud in mir lächelt mir zu und bestätigt meine Lebenslust und Freude (Damit ist die geistige Verbundenheit mit Ortrud gemeint). Ich habe vor, viele Himbeeren zu essen«.

Auflehnung gegen Ehemann

Eine sozial engagierte Frau übernahm die Patenschaft für zwei schwer erziehbare Kinder, die in Heimen lebten. Außerdem kümmerte sie sich um alleinlebende Leute in ihrer Nachbarschaft.
Damit geriet sie mit ihrem Mann in Konflikt, der ihr diese für sie erfüllende Aufgabe verbieten wollte, wogegen sie sich auflehnte.

1. *In einer Waldlichtung sehe ich junge Leute im Kreis sitzen. Sie lachen und haben sich, wie zu einem Fest, mit Blumenkränzen geschmückt.*
2. *Plötzlich erstarren die jungen Leute und reagieren auf meine Fragen nicht.*
3. *Ich will Hilfe holen, aber da versperrt mir ein so großer Stein den Weg, sodass ich nicht vom Fleck komme.*
4. *Ich nehme alle Kraft zusammen und schiebe den Stein zur Seite.*
5. *Plötzlich sehe ich die jungen Leute wieder. Sie sind nicht tot, sondern eher dabei, sich wieder mit Blumen zu schmücken.*

Erleichtert wachte die Träumerin auf.

Die jungen Leute im ersten Bild zeigen die Anteile der Träumerin, die sich mit jugendlicher Begeisterung in ihr soziales Engagement stürzt. Damit erfüllt sie sich ihre tiefsten Wünsche (Blumen).

Die fröhlichen Anteile in ihr erstarrten, als ihr Ehemann ihr die soziale Tätigkeit verbieten wollte.

Dieses Verbot ließ sie innerlich wie einen großen Stein erstarren, und zwar so groß, dass sie sich behindert fühlte und nicht vom Fleck kam. Sie verdonnerte sich selbst zur Untätigkeit.

In ihr erwacht Widerstand. Sie stellt sich gegen die Haltung ihres Mannes (sie räumt den Stein aus dem Weg).

Dass es ihr gelungen ist, sich durchzusetzen, zeigen die jungen Leute im 5. Bild. Sie hat sich, wie sie, aus ihrer Erstarrung gelöst und lebt ihren Wunsch, anderen zu helfen (Die jungen Leute schmücken sich mit Blumen = aufblühende Wünsche).

Angst, sich Wünsche zu erfüllen

Eine Frau, die in guten Verhältnissen lebt, traut sich nicht, einer Sehnsucht außerhalb der häuslichen Umgebung nachzugehen.

1. *Ich komme in ein schönes, großes, helles Haus mit weitläufigen Räumen in Bremerhaven. Dort sind viele Menschen versammelt.*
2. *Ich nehme Blumen aus einem Blumengeschäft mit. Es sind Orchideen. Die Verkäuferin sagt mir, dass die Blumen gestützt werden müssen, und gibt mir dazu ihre Hauspantoffeln.*
3. *Auf einer kleinen Anhöhe steht ein Haus, das offenbar uns gehört. In dem Haus ruhen ein Mann und eine Frau im Bett. Mein Mann ist sehr erstaunt darüber. Ich denke, es ist ok.*

Dieses Bild drückt die Sehnsucht aus, in welchem Ambiente die Seele der Träumerin wohnen möchte. Die vielen Menschen symbolisieren ihre vielen interessierten Anteile.

Blumen stehen immer für unsere Wünsche. Orchideen haben sehr kostbare Blüten, die ihre Kraft besonders aus der Luft holen (Luft steht für gedankliche Freiheit). Da Orchideen ohne Erde wachsen, ist dies ein Hinweis darauf, dass der Träumerin der kreative, schöpferische Boden in ihrem Leben fehlt. Dass die Blumen mit Hauspantoffeln gestützt werden müssen, drückt aus, dass sich die Träumerin offenbar zu sehr auf das Häusliche beschränkt und sich nicht dem Leben und seinen Herausforderungen stellt.

Bremerhaven war für die Träumerin immer der Ort, an dem sie ihr Heimweh nach dem Meer stillen konnte. Wonach sehnte sie sich damals? Nach Geborgenheit. Ein Mann und eine Frau ruhen sich im Bett aus (eine handelnde Kraft und eine erkennende Kraft – noch im Unbewussten). Darin könnte eine Aufforderung liegen, diese Kräfte zu bündeln und aktiv zu werden.

Offenbar ist der Wunsch nach Geborgenheit das Hindernis, dieses wunderbare Ambiente des Lebenshauses im 1. Bild zu bewohnen. Geborgenheit finden wir nur, indem wir unsere Wünsche erfüllen und uns aktiv in die Welt begeben.

Wiedergewonnene Stabilität nach Herzerkrankung

Ein Mann fühlte sich viele Wochen nach seiner Herzerkrankung wesentlich besser. Er hatte seine Angst überwunden, sein bisher gelebtes Leben fiele komplett auseinander.

1. *Meine Frau und ich und eine dritte Dame bestiegen am Tegernsee ein Motorboot mit Kurs auf die Bucht. Ich saß sehr gemütlich in dem Boot. Das Wasser war blau, der Wind war frisch, die Sonne schien. Meine Frau chauffierte.*
2. *Plötzlich kommt uns ein Gefährt entgegen, das aus alten Kartons und Zeitungspapier zusammengesetzt war. Ein Mann ohne Gesicht mit einer Zeitungsbekleidung, mit einem Zeitungshut, steuerte das Boot.*
3. *Wir waren auf Kollisionskurs, doch er ist ausgewichen.*

Bei der Traumbearbeitung erzählte der Träumer, dass seine Frau nach der Zeit seiner Erkrankung besonders lebensfroh und tatkräftig gewesen sei. Dieser Anteil steuere auch ihn jetzt wieder. Das zeigen auch die schönen Bilder vom Wasser (Gefühl), dem Wind (geistige Kraft) und der Sonne (Harmonie).

Sein Lebensschiff, das zu zerfallen drohte (Zeitungspapier), hatte sich stabilisiert und er kann den Kurs diktieren.

Das Schiff aus Angst und Resignation musste ausweichen (Kollisionskurs).

Wunsch nach Kreativität

Aus einem Seminar in Bremen. Die Träumerin fühlte in sich eine große Leere, wenn sie Malunterricht gab. Dieses Gefühl wollte sie loswerden.

1. *Ich liege auf einer Bahre, flach auf dem Boden, eingewickelt in ein weißes Leinentuch.*
2. *Dann werde ich mit der Bahre durch einen Tunnel gezogen und lande auf einer Hochebene, die ich von Nepal her kenne.*
3. *Da konnte ich mich plötzlich bewegen.*
4. *Links neben mir lag ein Schachbrett, auf dem blassrote Rosen liegen.*
5. *Ich nehme eine in die Hand und die Rose zerfällt.*

Das erste Bild drückt genau aus, was die Träumerin fühlt: nicht lebendig genug zu sein.

Als sie sich an Nepal erinnerte, wurde ihr bewusst, wie sehr viel lebendiger sie dort an einem Kurs teilgenommen hatte.

Dieses Gefühl möchte sie wieder fühlen können (Sie konnte sich plötzlich bewegen).

Das Schachbrett deutet an, dass die Strategie ihrer Gedanken ihre Gefühle verdrängt, die sie den Menschen, die sie unterrichtet, gerne geben möchte. Dass ihr das nicht gelingt, zeigt die Rose, die in ihren Händen zerfällt.

Angst vor Ablehnung

Die Träumerin ist bemüht, ihre Angst vor Ablehnung zu überwinden, schafft es aber noch nicht.

1. *Ich gehe mit meinem erwachsenen Sohn bergauf durch einen lichten Wald.*

2. *Der Weg ist etwas vereist, ich rutsche hin zum Abhang, halte mich gerade noch am Geländer fest, bin aber im Schock.*
3. *Mein Sohn rutscht aus und fällt den Abhang hinunter in den unten befindlichen Bach. Er prallt mit dem Gesicht auf Eis, sinkt und stirbt.*

Die Träumerin erzählte, dass ihr Sohn ein sehr sensibler junger Mann ist, der alles für sie tun würde und der sie sehr liebe. Mit diesen Anteilen ist die Träumerin unterwegs.

Der Sohn-Anteil ist der Anteil in ihr, der sich selbst Liebe und Hilfe zukommen lassen möchte. Bergauf durch einen lichten Wald gehen heißt: ich bin auf dem Weg, etwas Neues in mir bewusst werden zu lassen.

Noch ist der Weg vereist, die Gefühle sind noch gefroren. Das heißt, die alte Angst, abgelehnt zu werden, greift nach ihr. Sie entzieht sich zwar (hält sich am Geländer fest), aber der Schock, dass sie es immer noch nicht schafft, diese alte Angst loszuwerden, sitzt tief.

Ihre Liebe zu sich selbst, die sie sich selbst geben möchte, ist ihr zwar bewusst, sie kann sie aber noch nicht annehmen (Sohn rutscht Abhang hinunter versinkt und stirbt).
Da der Abhang für eine alte Kinderangst steht, ist der Ursprung in dieser Zeit zu suchen.

Erinnerung an Co-Abhängigkeit

Roswitha fiel es schwer, in der Gruppe über ihre Co-Abhängigkeit im Verhältnis zu ihrer Tochter zu sprechen (Unter Co-Abhängigkeit versteht man eine Form der Abwehr gegenüber eigenen ängstigenden Bedürfnissen und Gefühlen. Das Helfersyndrom gehört auch in diese Kategorie. Menschen mit geringem Selbstwertgefühl ordnen sich unter, u.a. aus Angst, verlassen oder abgelehnt zu werden).

1. *Wir wandern mit der Gruppe. Ich stehe auf einem vorgelagerten Felsen. Ein kleiner Adler kommt angeflogen. Er hat sein Nest unter dem Felsen. Ich mache die Gruppe auf den Adler aufmerksam.*
2. *Wir gehen zurück in ein Haus, wie ein Andenkengeschäft. Da wird mir ein Päckchen übergeben mit 2 Parfumflaschen (Tester) und ein altes Schloss, aus dem beim Betrachten Wasser kommt.*
3. *Ich stehe auf einem Podest aus Holz. Frau van B. steht rechts neben mir. Mir wird so schlecht, dass ich mich hinknien muss. Ich muss die Treppe runter, durch Wasser. Ich bitte Frau van B. mein Päckchen zu nehmen und mir zu helfen, die Treppe runterzukommen. Ich renne so schnell ich kann und schaffe es.*
4. *Wir wandern durch ein Törchen. Eine Frau kommt uns hinterher, die fragt mich, ob sie das Tor schließen kann. Ich entschuldige mich, weil ich es nicht getan habe.*
5. *Auf dem Weg ins Hotel zieht ein Unwetter auf. Ich habe einen alten Holzschlitten in der rechten Hand. Es ist Sommer.*
6. *Es kommt uns eine Frau entgegen mit dem Auto. Die Frau steigt aus und unterhält sich in Gebärdensprache mit einem behinderten Mann. Der Mann war unten, die Frau sprach von oben.*
7. *Ein kleiner Junge hat ein kleines Schiff, selbstgebastelt und aus Holz, hell und dunkel, als Spielzeug. Er pustet es mir vor die Füße. Ich betrachte es, wie ein Segelschiff.*
8. *Wir wandern weiter, durch einen Torbogen aus Holz.*

In der Gruppe fühlt Roswitha sich wohl, aber dennoch etwas abseitsstehend (vorgelagerter Felsen). Manchmal spürt sie, dass sie freier geworden ist (wie ein kleiner Adler), z.B., wenn sie sich traut, in der Gruppe etwas zu sagen. Oder wenn sie mit ihrer Floristik auf sich aufmerksam machen möchte. Danach zieht sie sich dann aber sofort wieder zurück und sucht Schutz (Nest).

Durch den Austausch in der Gruppe werden viele Gedanken aus ihrer Vergangenheit wieder lebendig (Haus wie Andenkengeschäft).

Das Päckchen erinnert sie an eine Warensendung von Schwarzkopf. Mit dieser Firma hat sie in ihrem Geschäft in Koblenz gearbeitet. In dieser Zeit verhielt sie sich Co-abhängig (viele Erinnerungen an unangenehme Situationen: Spielchen zwischen den Kindern, ihr und ihrem Mann) tauchten wieder auf. Die beiden Parfumflaschen erinnern sie an ihre missglückte Verlobung, ebenso das Schloss. Es gehörte zu der Wohnung, in der die missglückte Verlobung stattgefunden hat. Um Liebe und Anerkennung zu bekommen, hat sie sich, wie sie sagt, prostituiert.

Frau van B. ist eine Kollegin ihrer Tochter P. Sie ist fleißig, freundlich, aber in sich zurückgezogen. In ihrem Laden (sie verkauft Käse) fühlt sie sich absolut sicher, so wie sich Roswitha in ihrem Friseurgeschäft fühlt.

Das Podest, auf dem sie steht, ist eine Art Schwimm-Insel. Noch steht sie manchmal auf wackeligem Boden, obwohl sie schon viel weiß (Holz = gewachsene Erkenntnisse).
Hin und wieder wird ihr in der Gruppe schlecht, wenn Themen berührt werden, die sie persönlich betreffen. Indem sie Frau van B. ihr Päckchen übergibt, er symbolisiert ihren positiven Anteil, und diesen zu Hilfe nimmt, kann sie sich auch ihre Koblenzer Vergangenheit anschauen. Obwohl sie davon immer noch gefühlsmäßig überschwemmt wird, sagt sie trotzdem zu sich: »Ich schaffe es!«

Die Frau, der sie begegnet, erinnert sie an ihre Tochter P., mit der sie seit zwei Jahren keinen Kontakt mehr hat. P. ist fleißig, sie ringt nach Liebe und Anerkennung, sie verurteilt andere, zieht über andere her, so wie Roswitha das früher auch gemacht hat. Inzwischen hat die Träumerin dieses Verhalten weitgehend abgelegt und möchte auch nicht mehr in dieses alte Verhalten zurückfallen.
Wenn sie sich dabei ertappt, sich doch wie P. zu verhalten, entschuldigt sie sich, dass sie dieses »Törchen« noch nicht geschlossen hat.

Die Träumerin ist auf dem Weg zu einem vorübergehenden Aufenthaltsort (Hotel) – es ist Sommer, eine Zeit mit guten Erinnerungen an ihre Kindheit. Auch der Holzschlitten erinnert sie an die Zeit aus ihrer Kindheit, in der sie sich glücklich gefühlt hat (rechte Hand – Handeln und Verstand, Holz = gewachsene Erkenntnisse).

Roswitha ist dabei, sich selbst zu steuern (Auto), aber noch ist sie nicht in der Lage, sich klar zu äußern, aus Angst, sich zu blamieren. Auch mit ihren Kindern kann sie nicht reden. Sie können mit ihrer veränderten Mutter nicht umgehen. Deshalb sagt sie lieber nichts und schweigt. Im Traumbild ist der behinderte, mongoloid aussehende Mann unten, die Frau gestikuliert von oben auf ihn ein. Mongoloide haben viel Kontakt zu ihren Gefühlen. Die Sprache ist nebensächlich. Mongoloide lehren die Liebe. Roswitha hat erkannt, dass sie sich durch ihre Floristik kraftvoll ausdrücken kann.

Durch die Begeisterung, die sie durch ihre Floristik entwickelt hat, empfindet sie sich wie der kleine Junge, der sich mit seinem selbstgebastelten Spielzeug (kleines Schiff hell und dunkel: bewusste und unbewusste Anteile) beschäftigt. Er macht auf sich aufmerksam, pustet es ihr vor die Füße, so wie Roswitha mit ihrer Floristik auf sich aufmerksam machen möchte.

Ein Segelschiff hat das Element Wasser und Luft. Roswitha lässt sich von ihren Gefühlen tragen und nimmt die geistige Bewegung in sich auf. Auch eine meditative Kraft wird angesprochen. Je nachdem, wieviel »Puste« sie ihrer neuen Aufgabe gibt, wird die Fahrt – wie bei einem Segelschiff – mal schneller, mal langsamer vor sich gehen. Ihr Weg geht weiter. Sie geht ihn mit Bewusstheit.

Roswitha beschreibt die Stimmung nach dem Traum als positiv. Sie hat erkannt, dass sie ihre Haltung zum Leben und zu ihren Mitmenschen bewusst und klar prozesshaft gestalten wird. Sie darf sich zugestehen, dass sie dafür Zeit braucht.

Zum Ende dieser Sequenz möchte ich Ihnen einen Traum von mir vorstellen, den ich kurz vor Ende meines autobiografischen Buches hatte.

Irritation – eigener Traum aus dem Jahr 2020

Bei der Arbeit an meinem Buch »So wird es kommen – Höchstpersönliches aus einem Frauenleben und der Welt des Fernsehens« – erlebte ich kurz vor der Abgabe 2020 eine Irritation. Ich war plötzlich unsicher, was aus meinem Leben erzählenswert ist. Die Auswahl biografischer Erinnerungen ist wie ein Kramen im »episodischen Gedächtnis«, in dem – wie die Psychologie lehrt – sowohl wichtige als auch unbedeutende Erinnerungen und Erfahrungen mit Menschen und Situationen gesammelt werden. Ich fragte mich, ob bei meiner Erzählweise, die nicht chronologisch ist, vielleicht bei den Leserinnen und Lesern der Überblick verloren gehen könnte. In dieser Zeit der Unsicherheit hatte ich einen Traum, der mir fast wie ein Resümee meiner intensiven Schreibarbeit erscheint.

Träume sind der Versuch, Ordnung in unsere Erinnerungen zu bringen, wobei vor allem aktuelle Erfahrungen in die Muster früherer Erinnerungen zu integrieren sind. Das sind jene Gedankenmuster, die den Kern unserer Identität ausmachen und die deutlich zeigen, wer wir sind, wie wir uns selbst sehen und erfahren.

Am Vortag meines Traumes wechselte ich ohne Plan von Kapitel zu Kapitel in meinen Buchseiten, verbesserte hier und da etwas und blieb an Details hängen, ohne sie als wesentliche Verbesserungen zu erleben. In mir machte sich ein Gefühl der Unzufriedenheit breit. In der Nacht hatte ich folgenden Traum:

1. *Ich bin unterwegs in einem Bus, habe aber einen Wagen ganz allein für mich. Ich sitze an einem Tisch mit Blick nach draußen*

und schreibe auf einem PC an meinem Buch. Ein Extra-Wagen scheint an den regulären Bus angehängt zu sein. In dem sitzt, mit anderen Fahrgästen, auch meine Mutter. Ich sehe sie nicht, weiß aber, dass sie da ist.

2. *Als der Bus hält, steige ich aus und schaue mir kurz die Auslagen in einem Haushaltswarengeschäft an. Als ich mich umdrehe, ist der Bus verschwunden. Eine Telefonnummer, um den Busfahrer zu erreichen habe ich nicht. Ich irre durch den Ort, der ziemlich menschenleer erscheint.*
3. *Da sehe ich einen älteren Mann, der sein Fahrrad schiebt. Erst denke ich, der wird mir nicht helfen können, da aber sonst niemand auf der Straße ist, erzähle ich ihm mein Missgeschick und frage ihn, ob er mir helfen könne, den Bus noch zu erreichen. »Kommen Sie«, sagt er. Ich begleite ihn zu einem mitten auf der Straße eingelassenen, mit einer Platte verstecktem Eingang, offenbar der Zugang in die Kanalisation. Er steigt dort hinein, Wasser schwappt nach oben. Nach kurzer Zeit taucht der Mann wieder auf, jetzt ganz in Schwarz gekleidet, es können Lederklamotten gewesen sein. Auf seinem T-Shirt steht in großen Lettern: MEISTER. Er stellt sich als »Meister der Alternativ-Medizin« vor. Um ihn scharen sich dann auch schnell viele Menschen. Sie wollen von ihm behandelt werden.*
4. *Dann stellt er mir seine Lösung vor: ein niedlicher Esel mit einer Art Höcker, ziemlich hinten auf dem Rücken, ähnlich wie bei einem Dromedar. Der Höcker sieht so aus, als wäre er als Halt dort, damit man beim Reiten nicht herunterfällt. »Zu langsam«, sage ich. »Damit kann ich den Bus nicht mehr einholen.«*
5. *Jetzt suche ich jemand, der ein Auto hat. Mehrere Frauen bieten ihr Auto an. Dann fällt mir der Ort nicht mehr ein, zu dem der Bus fahren wollte. Ich zähle Orte auf, die mir gerade einfallen: Wörishofen und Todtmoos. Keine Reaktionen. Jetzt hoffe ich, die Frauen nennen einige Orte, sodass mir dann der richtige wieder einfällt. Es ist keiner dabei, der bei mir eine Erinnerung auslöst.*

> *Ich mache mir Vorwürfe, offenbar im Vorfeld der Reise nicht genügend Informationen eingeholt zu haben, um für »alle Fälle« gewappnet zu sein.*

Mit einem unzufriedenen Gefühl wachte ich auf.

Um Träume verstehen zu können, muss man ihre bildhafte Sprache übersetzen lernen. Traumbilder sind Metaphern für innere Zustände. In ihnen spiegeln sich meistens Anteile unseres Selbst. Der Bus bedeutet, dass ich mit vielen Kraftanteilen unterwegs bin. Wenn ich von meiner Mutter träume, dann setze ich mich im Traum mit dem Teil meiner Befindlichkeit auseinander, den ich aus den Erfahrungen mit meiner Mutter verinnerlicht habe. Damit sind die Subjektanteile gemeint, die ich mit meiner Mutter verbinde. Das Traumgeschehen, das sich aus der Abfolge der Traumbilder ergibt, beschreibt eine dynamische Auseinandersetzung mit dem inneren Zwiespalt und den Ambivalenzen. Sie erschweren mir die Entscheidung, wie ich sinnvollerweise handeln sollte. Die Ausgangssituation des Traumes ist offensichtlich.

> Die Busfahrt versinnbildlicht die Reise zu mir selbst. Dabei vertraue ich mich der Führung einer Fachperson an. Im Traum ist das der Fahrer, der den Weg zu kennen scheint und mich eigentlich zum Ziel führen sollte. Als Anteil von mir selbst ist diese innere Fachperson möglicherweise meine durch das Psychologiestudium und die spätere Arbeit als Psychologin erworbene Expertise. Was um mich herum geschieht oder geschehen sein mag, sehe ich jetzt aus der Distanz (mit dem Blick nach draußen). Im Traum beschäftige ich mich, wie in der Realität, mit gedanklicher Arbeit am PC. Ich bin jedoch »alleine im Bus«, das heißt, so stark auf mich selbst, auf meine Kernidentität fokussiert, dass mir meine anderen Ich-Anteile zwar bewusst sind (ich weiß, dass sie da sind), ich sie jedoch zunächst außen vorlasse (in den Extrawagen auslagere). Zu diesen Ich-Anteilen gehören auch Eigenschaften meiner Mutter, wie deren ängstlich-naive

und harmoniebedürftige Haltung – letztere erkenne ich auch bei mir selbst –, mit der ich aber ganz gut zurechtkomme.

Dann halte ich inne – im Traum symbolisiert durch den Halt des Busses – und lasse mich von alltäglichen Belanglosigkeiten (Haushaltswaren) so stark ablenken, dass ich den gedanklichen Faden verliere. Das heißt, ich verpasse den »Anschluss«, denn der Bus fährt ohne mich weiter. Das bringt mich in eine etwas verzweifelte Situation, sowohl im Traum wie auch am Vortag. Ich frage mich, wie es nun weitergehen soll, fühle mich orientierungs- und hilflos, innerlich ziemlich leer und suche nach Lösungen oder Auswegen.

Als mögliche Ressource bietet sich ein älterer Handlungsanteil beziehungsweise eine ältere Handlungskompetenz von mir an, die im Traum durch den alten Mann verkörpert wird und auf länger zurückliegenden Erfahrungen beruht. Das Fahrrad weist anscheinend darauf hin, dass er über Möglichkeiten des flexiblen Vorankommens bei guter innerer Balance verfügt, die er derzeit jedoch nicht einsetzt. Er schiebt das Fahrrad nur. Irritierend erscheint, dass er zunächst in die Kanalisation steigt. Gedanklich könnte dies die Metapher für einen regulatorischen Prozess sein. Durch die »Kanalisation« wird das, was schon verarbeitet und ausgeschieden ist, ordnungsgemäß entsorgt, beziehungsweise ausgelagert. Man könnte auch sagen, Kanalisation bedeutet, hinabzusteigen ins Unbewusste mit der Aufforderung, die verschmutzten Gefühle einem Reinigungsprozess zu unterziehen. Der alte Mann, also meine Handlungskompetenz, kommt dann auch als »Meister für Alternativmedizin« wieder heraus. Die Alternativmedizin beschäftigt mich schon lange. Ab dem vierzigsten Lebensjahr habe ich mich dann tatsächlich »alternativ« auf die Suche nach mir selbst gemacht. Dabei habe ich Wege eingeschlagen, die nicht zu den traditionellen Trampelpfaden gehören. Ich habe jenseits des sogenannten Mainstreams Seminare im In- und Ausland besucht, um mich besser verstehen zu lernen. In Abendstunden habe ich das Abitur nachgeholt, Psychologie studiert, eine Therapie gemacht und eine Fortbildung zur Gestalttherapeutin.

Diese Prozesse haben mich im Laufe meines Lebens auch befähigt, innerlich flexibel zu bleiben. Allerdings scheint mir diese Fähigkeit in diesem Moment nicht bewusst, da der MEISTER mit schwarzer Leder-Kleidung aus der Kanalisation auftaucht (Die Farbe Schwarz steht im Traum für unbewusst). Das Leder weist darauf hin, dass die Lebensnahrung noch einmal wiedergekäut werden muss. Wasser ist stets eine Metapher für Gefühle. Es kann klar oder verunreinigt, ruhend, fließend oder gar reißend sein. Es kann kochen und vereisen und unterliegt andauernd dynamischen Veränderungen. In der Kanalisation wird der Lauf des Wassers reguliert. Daher suche ich im Traum anscheinend mit den Kompetenzen, in denen ich es zu einer gewissen Meisterschaft gebracht habe, auch in der Tiefe nach Gefühlen, die im Unbewussten meiner Persönlichkeit reguliert werden. Der Traum weist mich darauf hin, dass viele Anteile von mir selbst das Bedürfnis haben, von diesem inneren Meister »alternativ« behandelt zu werden. Das heißt, noch einmal aus einer anderen, möglicherweise kompetenteren Perspektive betrachtet werden sollten. Möglicherweise sind die vielen Menschen aber diejenigen, die ich durch meine verschiedenen therapeutischen Seminare ihren Gefühlen näherbringen konnte (In diesem Fall wäre dann sowohl die Subjekt- wie die Objektebene gemeint).
Die Idee, die Last meines Dilemmas aufzuladen (der Esel in mir), um mein Ziel zu erreichen, verwerfe ich, weil ich ihn zu langsam finde. Obwohl ich dabei auf viele Ressourcen, zum Beispiel die Kraftreserven im Höcker (darin wird Fett gespeichert) und deren Stützfunktion, zurückgreifen könnte. Es geht mir vor allem darum, möglichst schnell wieder zu mir selbst zu finden, das heißt, den Bus wieder einzuholen. Ich will mit meinem Buch endlich fertig werden, ans Ziel kommen.
Im Traum sagen mir die Frauen, die hier meine verinnerlichten Erkenntnisse und Erfahrungen verkörpern, dass ich besser auf meine Fähigkeiten zur Selbstlenkung, das heißt zu autonomen Handlungen und Entscheidungen setzen und das Auto nehmen sollte. Trotzdem

scheine ich mein eigentliches Ziel aus den Augen verloren zu haben. Mit der spontanen Nennung der beiden Orte Wörishofen und Todtmoos verbinde ich positive Erinnerungen. Im Kneipp-Heilbad Wörishofen haben Freunde von uns geheiratet. In der Assoziation der Hochzeit verbindet sich die Vereinigung der »männlichen« Tatkraft mit der »weiblichen« Erkenntnisfähigkeit. Außerdem verbrachte meine Mutter dort glückliche Jahre in ihrer Jugend. In Todtmoos hatte ich 1988 mein erstes erfolgreiches Seminar »Lernen Sie positiv zu denken!« Deshalb könnte darin meine Sehnsucht mitschwingen, am Ende der Reise zu mir selbst auf ein positives Echo zu stoßen. Der Traum zeigt mir aber auch das Dilemma meiner momentanen Zweifel bei der Auseinandersetzung mit meiner Biografie und meinem Werdegang auf. Bin ich stets den Anforderungen gerecht geworden, die ich an mich selbst stelle? Im Traum ist die Antwort noch offen.

Kurz nach Beginn der Corona-Pandemie, im Mai 2020, ist mein Buch erschienen. In den Lesungen, die erst danach wieder anliefen, gab es viele positive Rückmeldungen. Mein ungewöhnlicher Lebensweg: uneheliches Kind, Schulabbruch, Ausbildung zum Großhandelskaufmann, wie man das damals noch nannte, mit 19 Jahren Hochzeit mit einem Griechen in Athen, Abitur auf dem zweiten Bildungsweg, Fernsehjournalistin, Psychologiestudium an der Universität in Bremen, Gestalt- und Traumtherapeutin, hat viele Gäste der Lesungen berührt und »ein Gänsehautgefühl« hervorgerufen, wie eine Journalistin schrieb.

Ich weiß aus unleugbarer Erfahrung,
dass Träume zur Selbsterkenntnis führen.
(Georg Christoph Lichtenberg)

TIERTRÄUME

In den jetzt folgenden Träumen geht es um Tiere, die im Traum unsere »emotionalen Verhaltensweisen« zeigen. An ihnen lässt sich der Forschungsansatz von Ortrud, »Die Natur als Spiegel der Seele« zu verstehen, sehr gut erläutern.

Der Mensch ist in der Evolution das letzte Glied in der Reihe der Wirbeltiere. Somit hat er auch alle Verhaltensweisen dieser Tiere in sich. Es macht also einen Unterschied, ob ich von einer Maus oder einem Löwen träume. Säugetiere zeigen die vielen Stufen emotionaler Befreiungen, um dem eigenen Leben Gestalt zu geben. Träumen wir von Vögeln, ist die geistige Kraft angesprochen, Freiheitsgefühle immer weiterzuentwickeln – vom Spatzen zum Adler.
Dazu möchte ich Ihnen einen Auszug aus einem Interview vorstellen, das ich mit Ortrud Grön zu diesem Thema in ihrem Buch »Der Sündenfall« (KOMPLETT-MEDIA GmbH, München 2014) geführt habe:

H.N.
Über Ameisen und Pferde haben wir bereits gesprochen. Wie gehe ich zum Beispiel »gleichnishaft« mit einer Maus oder einem Schaf um, die in meinen Träumen auftauchen?

O.G.
Jedes Tier hat ein eigenes emotionales Verhalten, mit dem es Nahrung sucht, auf Jagd geht und sich schützt. Die gleichnishafte Bedeutung jedes Tieres ergibt sich aus der Geschichte der Evolution. Leben entwickelte sich aus dem Wasser des Meeres, dem Gleichnis noch unbewusster Gefühle. Aus dem Wasser der Meere heraus gestaltete sich die Vielfalt pflanzlichen, tierischen und menschlichen Lebens zum Festland hin. Wenn ich im Traum eine Maus sehe, dann verhalte ich mich wie eine Maus, d.h., ich bin ängstlich, flüchte mich am liebsten ins nächste Mauseloch, ins Dunkle, damit ich nicht angegriffen werden kann. Und das ist auf den Menschen in einer bestimmten Situation übertragbar. Er

zieht sich einfach in sich selbst zurück und zeigt nicht, was er fühlt und denkt. Wenn ich im Traum ein Schaf sehe, suche ich den Schutz in der Herde, das heißt, ich entwickle keine Individualität. So sehr wir Schutzhaltungen in unserer Kindheit auch brauchen, als Erwachsene müssen wir sie wieder auflösen. Taucht eine schöne Katze auf, kann ich mich freuen, denn eine Katze ist souverän, sie tut nur, was sie will, was ihr wirklich guttut. Und darum geht es auch in unserem Leben, um Souveränität und Wohlbefinden.

H.N.
Was macht dich so sicher, dass wir solche Verhaltensweisen im Traum auf uns selbst beziehen müssen?

O.G.
Ich gehe davon aus, dass wir das letzte Glied in der Schöpfung sind. Und dass wir uns als fühlende, denkende und handelnde Wesen das, was in der Schöpfung zu sehen ist, bewusst machen sollen, um leben zu lernen. Wir brauchen die Tiere und die Pflanzen. Wir brauchen den Acker, um säen zu können, wir brauchen Früchte, um uns ernähren zu können, wir müssen mit den verschiedenen Witterungen fertig werden.
Ich habe versucht, alle Naturbilder, auch die lebensfeindlichen, im Gleichnis zu verstehen. Jedem meiner Träume bin ich gedanklich und gefühlsmäßig nachgegangen. Dabei habe ich gemerkt, dass die entsprechenden Kräfte dazu dienen, mir den Weg zwischen Unzufriedenheit und Zufriedenheit zu zeigen. Man könnte auch sagen: Widerstände sind unsere Lehrmeister. (Ende)

Tagebuch Nr. 7 von mir – auf der griechischen Insel Karpathos / Ameisen

Beim Abendspaziergang entdecke ich eine mindestens 20 m lange Ameisenstraße. Ich bleibe fasziniert stehen und verfolge die fleißigen Insekten bis zu ihrer Bodenhöhle. Ein Loch von höchstens fünf cm

Durchmesser. Da hinein tragen Hunderte von Ameisen kleine trockene Halme. Manche kämpfen mit der Größe. Wenn sie den Halm verlieren, versuchen sie erneut, ihn wieder aufzunehmen.
Ameisen, die in unseren Träumen auftauchen, erzählen uns sehr viel davon, wie sehr wir mit Aufgaben beschäftigt sind, die im Kollektiv erledigt werden. Ich erinnere mich an den Traum einer Frau, die einen Mantel aus Ameisen mit sich herumtrug, der so schwer war, dass er ihr fast den Atem nahm. Sie erstickte an ihren Verpflichtungsgefühlen und war gänzlich fremdbestimmt. Ortrud bekam durch einen Ameisentraum ihre kindlichen Nöte deutlich gespiegelt. Schon im Alter von vier Jahren musste sie Pflichten übernehmen, die eigentlich Aufgabe der Eltern gewesen wären. Sie versorgte zum Beispiel ihren zweieinhalbjährigen Bruder. Im Traum sah sie als erstes Bild Kinderfotos von sich, dann ein Bäumchen, das an den Wurzeln von Ameisen befallen war und schließlich umfiel. Sie erklärte sich diesen Traum damit, dass unter dieser frühen Verantwortung ihr kleiner Lebensbaum nicht wachsen konnte.
Ich nehme mir vor, aufmerksam zu sein und nicht in die Falle zu tappen, mich vereinnahmen zu lassen.

Festgebundene schwarze Mäuse

Tierbedeutung im Gleichnis: Mäuse flüchten sich in Erdlöcher, sie spiegeln die Angst des Menschen, sich zu zeigen. Im Traum stehen sie für Verhaltensweisen in unserem Alltag, in denen wir uns nicht zeigen, wegducken, wie ein Mäuschen im Dunkeln verschwinden.

Jahre vor diesem Traum hatte die Träumerin M., die lange an meinen Hellweger Traumgruppen teilnahm, erstmals die Diagnose »generalisierte Angststörung« und eine mittelschwere Depression attestiert bekommen. Seitdem ist sie viele Wege gegangen, um ihre Ängste in den Griff zu kriegen: Reha-Maßnahmen, Gespräche beim Psychologen und Traumarbeit. Zum Zeitpunkt des Traumes durchlief sie eine Verhaltenstherapie. Am Vortag des Traumes hatte M. an einer Gesprächsrunde teilgenommen, in der u.a. an veralteten Glaubenssätzen gearbeitet wurde, u.a. »Aus dir wird nie was!« »Bilde dir nur nicht ein, du bist was Besonderes«, usw.

1. *Ich bin in unserem jetzigen Haus und gehe die rote Holztreppe herunter. Nach ¾ der Stufen bleibe ich stehen und habe von dort einen Blick auf die offene Haustür. Im Eingang liegt eine Mausefalle, die einen Köder in der Mitte hat, es ist aber kein Käse. Der Köder glitzert und ist beweglich.*
2. *An vielen schwarzen Fäden, die von der Tür heruntergelassen werden, sind schwarze Mäuse festgebunden. Diese versuchen sich den Köder zu holen und kommen dem Köder sehr nahe. Aber es passiert nichts. Immer wieder laufen die Mäuse in die Falle, aber es geschieht ihnen nichts.*
3. *Es kommt eine Edelkatze in den Türrahmen und setzt sich bei der Falle hin. Sie hat ein dichtes, wenn auch leicht struppiges Fell.*

Die Holztreppe steht für die bisher von der Träumerin erworbenen Erkenntnisse (abgeleitet von Bäumen, die als »gewachsene Erkenntnisse« verstanden werden). Rot, die Farbe des Blutes, steht für Lebendigkeit. Die Zahlen ¾ symbolisieren den Fortschritt ihrer Entwicklung und wie dieser Gestalt annehmen kann (Zahl 3 bedeutet: ich erkenne, die Zahl 4 heißt: ich möchte gestalten). M. muss nur durch die Tür in die Freiheit gehen (offene Haustür).
Die vielen schwarzen Mäuse symbolisieren die noch vielen unbewussten Ängste der Träumerin. Noch hat sie keinen Mechanismus gefunden, ihre Ängste zu beseitigen. Darauf deutet auch die Farbe Schwarz (noch unbewusst) hin. Obwohl sich der bewegliche Köder in der Mausefalle befindet, geschieht den Mäusen nichts. Die Falle schnappt nicht zu. Das aber wäre wünschenswert. Denn genauso wie es Mäuse tun, die sich im Dunkeln verkriechen, verhält sich die Träumerin. Die schwarzen Bänder, an denen die Mäuse hängen, zeigen, dass M. die Ängste unbewusst steuert. Noch muss sie einige Dinge ins Bewusstsein bringen.

Die weiße Edel-Katze (Katzen sind unabhängige Wesen, die nur das tun, was sie wollen) steht für Ms erworbene Souveränität mit den Ängsten »Aus mir wird nie was« besser umzugehen. Aber weg sind sie noch nicht. Da die Katze in der Nähe der Falle sitzt, ist zu hoffen, dass sie, vielleicht im nächsten Traum, die Mäuse fängt, d.h., sich die noch nicht überwundene Angst der Träumerin einverleibt und verdaut (Übersetzt heißt das: ihre Angst muss verdaut werden). Das leicht struppige Fell (der Schutz) der Katze will noch weiter gepflegt werden, was bedeutet, dass die Träumerin noch Arbeit vor sich hat, bevor sie ihre in der Kindheit verinnerlichten Glaubenssätze »Ich bin nichts wert«, »Aus dir wird nie was«, reinigen und loslassen kann.

Birne verwandelt sich in Pferdekopf

Elternbotschaft: Nimm dich nicht so wichtig!
Tierbedeutung im Gleichnis: **Pferde** spiegeln die Vitalität, unsere Freiheit in vielen Facetten leben zu wollen.

Die Träumerin erzählte bei der Bearbeitung des Traumes, dass sie Angst hat, sich zu wichtig zu nehmen und daher viele Gelegenheiten verpasst, sich entsprechend einzubringen und dass dadurch viele Kontakte nicht zustande kommen. Sie ist sehr unzufrieden mit ihrer Situation.

1. *Hinter einem Eisengitter stand ein Birnbaum.*
2. *Eine Männerhand streckte sich zu mir hin und gab mir eine wunderbare, saftige Birne zu verspeisen.*
3. *Dann pflückte ich mir selbst eine Birne. Doch die war zu hart, so dass ich sie nicht essen wollte. Ich streckte die Hand nach einer anderen aus, doch die war schon faul.*
4. *Dann sah ich noch eine Birne, die mich lockte. Als ich sie in Händen hielt, verwandelte sie sich in einen weißen Pferdekopf, der in Schaum zerfiel, während er seine Adern zeigte. Es war ein schrecklicher Anblick.*

Die Früchte, nach denen sich die Träumerin sehnt, sind noch hinter einem Eisengitter verschanzt. Es geht um die Starrheit (Eisen) der

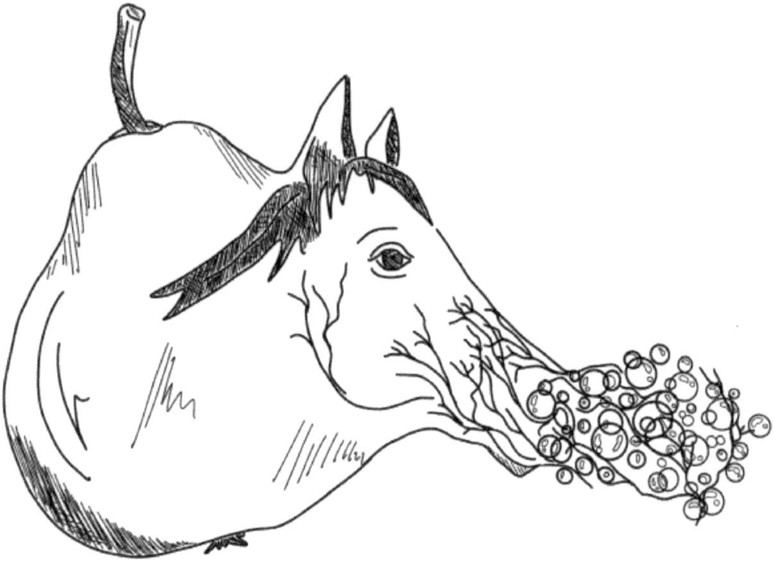

Träumerin, um ihre Angst, sie könnte sich zu wichtig nehmen. Obwohl sie sich mehr Kontakt wünscht, hält ihre Angst (Gitter) sie noch davon ab.

Nur eine neue Handlungskraft in ihr – die Männerhand – reicht ihr die Früchte, die sie sich wünscht.

Was ist der Grund dafür, dass sich ihre Sehnsucht nicht erfüllt? Sie handelt entweder zu ungeduldig oder sie bleibt zu skeptisch gegenüber ihren Fähigkeiten und erntet deshalb ihre Früchte nicht (die Birne ist verfault), was übersetzt heißt, es gelingt ihr nicht, Kontakt zu ihrem Gegenüber aufzubauen. Das geschieht immer dann, wenn die alte Eltern-Botschaft »Nimm dich nicht so wichtig!« in ihr aufsteigt und damit eine diffuse Angst, vielleicht abgelehnt zu werden.

Die Birne aber, die sich in einen weißen Pferdekopf verwandelt, der in Schaum zerfällt, spiegelt ihr, dass sie durch diesen Zwiespalt in ihren Emotionen die schöne Vitalität ihrer Gefühle nicht reiten und nicht genießen kann. Der Traum fordert sie auf, sich zu verändern (Männerhand – anders zu handeln) und die Angst zu überwinden.

Raupe und Küken – Schutzhaltung: Harmonie
Tierbedeutung im Gleichnis: Eine **Raupe** wandelt sich zum Schmetterling. Sie durchlebt eine Metamorphose zur Farbigkeit und Lebendigkeit. Das ist auch auf den Menschen übertragbar. **Hühner** können nur flattern. Sie spiegeln eine zu klein gebliebene Freiheit.

In der Familie von Elisabeth war streiten verboten. Eigene Bedürfnisse durften nicht gelebt werden. Dieses Verhalten hatte sie derart verinnerlicht, dass sie sich besonders nach der Erkrankung ihres Sohnes nicht erlaubte, eigene Wünsche aktiv umzusetzen und dazu zu stehen.

1. *Eine Raupe, die klopft.*
2. *Ein kleines gelbes Küken sitzt geschützt in meinen Händen.*
3. *Ich treffe meinen Cousin David. Er ist sehr aufgeregt. Er erzählt mir, er habe etwas Unglaubliches gesehen, etwas, was er noch nie im Leben gesehen habe. Aus seiner Erzählung entnehme ich, dass er zwei Hunde gesehen hat, die sich paaren. Ich erkläre ihm, was das ist und bin etwas belustigt, aber auch betroffen davon, dass er es nicht gewusst hat. Ich sage zu ihm, weil ich das weiß: Und so hat dir deine Mutter ein Leben lang verschwiegen, dass es Geschlechtsverkehr gibt.*

Die Raupe, die klopft (ein noch verpuppter Schmetterling), will Elisabeth signalisieren, dass sie sich endlich auf den Weg machen soll, eigene Bedürfnisse aktiv umzusetzen, trotz der Erkrankung ihres Sohnes. Sie darf sich auch ihm gegenüber abgrenzen, darf bei sich bleiben, ohne Angst. Noch ist die Träumerin nicht zum Schmetterling geworden, der ihr die Freiheit bietet, von Wunsch zu Wunsch zu fliegen.

Auch in Bezug auf das Küken in ihren Händen sind noch Entwicklungsschritte nötig. Bei ihrer Mutter hat sie gelernt, sich lieber in keine Auseinandersetzung zu begeben, um niemanden zu enttäuschen. Sie muss lernen, wann es wirklich in ihr selbst harmonisch ist. Allzu oft versucht sie durch zu viel Anpassung die Harmonie im

Außen nicht in Gefahr zu bringen. Sie versucht alle Bedürfnisse ihrer Umgebung zu befriedigen, damit es keinen Streit gibt.

Die beiden Hunde, die sich paaren, bedeutet: Erkennen und Tun (weiblich/männlich) zu vereinigen in der Liebe und Treue (Hunde) zu sich selbst, auch gegenüber ihrem kranken Sohn. Ein Verhalten, das sie nicht gelernt hat. Der Traum fordert Elisabeth auf, ihre Bedürfnisse zuzulassen und sich selbst gegenüber treu zu werden.

Eingeweckte Vögel

Tierbedeutung im Gleichnis: **Vögel** stehen in unseren Träumen für Freiheit, für Leichtigkeit.

Eine Frau, die meinte, nur für ihren Mann da sein zu müssen, aus Angst, ihre Ehe sonst zu gefährden, stellte ihre Wünsche nach einem eigenen Leben immer wieder zurück.

Ich sehe einen Wecktopf, darin sind säuberlich im Kreis lauter kleine tote Vögel geschichtet. Die Federn alle nach außen gerichtet.

Dieser Traum zeigt klar, dass die Träumerin ihre Wünsche immer wieder zurückstellt, sogar einweckt, in der Hoffnung auf glücklichere Zeiten. Die Aufforderung heißt: die Angst zu überwinden und im Gespräch mit ihrem Mann zu klären, was ihrem Leben neuen Schwung verleihen würde. Dann könnten im nächsten Traum Vögel fliegen oder die Träumerin selbst.

Bunte Vögel

Eine Frau aus Österreich, die als Jugendliche den Wunsch hatte, Boxen als Beruf zu wählen, was sich nicht realisiert hat, ist dem Sport seitdem treu geblieben. Sie boxt in einem Verein, um sich fit zu halten. Nach wie vor interessiert an diesem Thema, besuchte sie einen Boxkampf, bei dem der Deutsche Meister im Halbschwergewicht Michael Eifert gewann. Begeistert nahm sie Kontakt zu ihm auf und unterhielt sich mehr als eine Stunde mit ihm, was ein aufregendes Erlebnis für sie war. Danach träumte sie:

Ich bin umringt von einer Schar bunter Vögel, die einen übergroßen Briefumschlag in ihren Schnäbeln haben.

Die Träumerin schilderte mit großer Begeisterung, wie wohl sie sich fühlte, von einem Meister seines Faches als Frau so angenommen worden zu sein. Sie hatte noch nie, wie sie sagte, ein so wunderbares Freiheitsgefühl nach diesem Traum. Welche Botschaft ihr übermittelt wird, ist noch unbekannt. Vielleicht, so arbeiteten wir es beim Gespräch heraus, heißt die Botschaft, sich in ihrem Alltag mit Kraft und Geschicklichkeit mit einem Gegner so zu messen, wie das beim Boxen der Fall ist.

Kühe und Schafe – Perfektionsdrang verhindert Kreativität
Tierbedeutung im Gleichnis: Eine **Kuh** hat 4 Mägen und käut sehr gründlich ihre Nahrung. Sie spiegelt die Gründlichkeit, mit der wir unsere Erkenntnisprozesse emotional wiederkäuen sollen. **Schafe** weisen darauf hin, dass wir noch den Schutz in der Herde suchen, d.h. wir passen uns allgemeinen Verhaltensweisen an.

Die Träumerin ist unglücklich, weil sie aus Perfektionsdrang im Haushalt ihre Suche nach Kreativität nicht aufnimmt.

1. *Auf einer bergigen Dorfstraße wollte ich zwei Häuser weiter jemanden besuchen.*
2. *Es war nicht mehr hell und ich hatte Bedenken, weil mir eine angriffslistige Herde schwarz/weißer Kühe entgegenkam. Sie trotteten an der gegenüberliegenden Hauswand vorbei, teils hinter, teils vor einem abgestellten Fuhrwerk.*

3. *Plötzlich spürte ich etwas Warmes an meinem linken Bein. Es war ein weißes Schäfchen, das seinen Kopf beschützend an mich drückte und mich mit sanfter Gewalt an den Kühen vorbei geleitete.*

Das erste Bild zeigt, dass sich die Träumerin eine Ambivalenz (zwei Häuser) bewusst machen sollte (Straße ist bergig). Sie fühlt in sich eine Begabung zum Schreiben, weiß aber nicht, ob sie sich auf die Ungewissheit ihrer Kreativität (schwarz) einlassen soll.

Die angriffslustige Herde zeigt, dass sich die Träumerin durch ihren Perfektionismus seelisch angreift. Sie wird aufgefordert, durch ständiges Wiederkäuen dieses zwiespältige Gefühl endlich aufzulösen (schwarz-weiße Kühe). Doch sie bleibt passiv (Das Fuhrwerk ist abgestellt).

Plötzlich spürt sie, wie sie von ihren nach Sicherheit suchenden Gefühlen an dieser Entscheidung vorbei geleitet wird (Schäfchen) und den Weg der Herde geht, in dem sie sich immer wieder als perfekte Hausfrau für andere sorgt und sich damit die vermeintliche Geborgenheit holt.

Junges Fohlen – Thema: »Nein-Sagen«
»Ich hatte immer das Gefühl, alles für Andere tun zu müssen, um geliebt zu werden«, sagte der Träumer bei der Besprechung zu seinem Traum. Vor allem von seinem Vater habe er sich ständig missbrauchen lassen. »Nein« zu sagen, war ihm fremd.

1. *Ich sitze unter dem Kirschbaum im Garten meines Elternhauses*
2. *und entdecke beim nach oben schauen einen langen dicken, abgestorbenen Ast im Geäst eines Birnenbaumes. Mit der Säge entferne ich diesen abgestorbenen Ast.*
3. *Aus dem abgestorbenen Ende dieses Astes formt sich der Körper eines jungen Fohlens.*

4. *Aus diesem jungen Pferd entwickelt sich ein ca. 10-jähriger Junge.*
5. *Ganz in der Nähe steht ein Gefäß, das zum Teil mit Wasser gefüllt ist. Ich gieße frisches Wasser hinzu. Der Junge lächelt mich glücklich an.*

Der Kirschbaum zeigt, dass der Träumer dabei ist, seine Liebe zum Leben wiederzufinden. Der Kirschbaum wird rote Früchte tragen (rot steht für Lebendigkeit). An diesem Baum hatte sich sein Vater erhängt. Es geht um das Loslassen des Gefühls, alles für andere tun zu müssen, um geliebt zu werden. Dieses Gefühl assoziiert der Träumer mit seinem Vater.

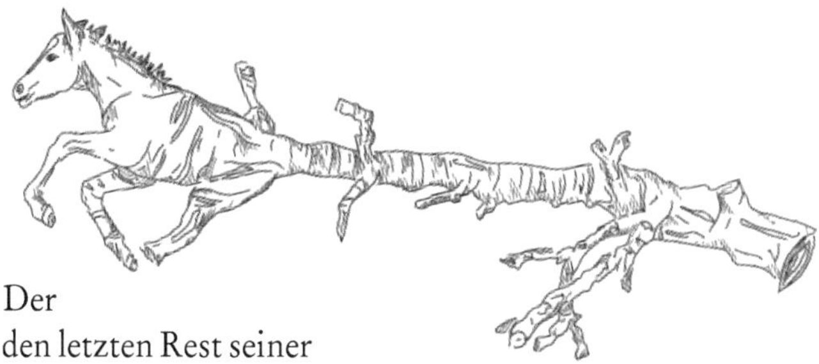

Am Birnbaum hatte sein Vater den ersten Versuch gemacht, sich umzubringen. Der Träumer will noch den letzten Rest seiner Haltung aufgeben, sich zu opfern, um geliebt zu werden (Er schneidet den Ast ab).

Aus dieser Aktion erwacht in ihm ein neues Freiheitsgefühl, ein neues, bisher unbekanntes Gefühl vitaler Freude (Fohlen).

Und daraus entwickelt sich in ihm der Anteil, der die Kraft hat, sich als schlechtester Schüler der Grundschule zum besten Schüler im Gymnasium zu werden (10-jähriger Junge = seine eigene 10-Jährigkeit).

Jetzt spürt er, wie sich ganz neue klare Gefühle (Wasser) in ihm entwickeln, was ihn sehr glücklich macht.

Nach diesem Traumerlebnis schickte er uns einen Text, der genau diesem Gefühl entsprach.

Text von Antoine de Saint-Exupéry:
»Zwei Minuten danach stand ich im Grase, fühlte mich so jung, wie auf einen Stern versetzt, auf dem das Leben neu beginnt. In einem neuen Klima. Auf diesem Boden, unter diesem Himmel, fühle ich mich wie ein junger Baum. Und ich streckte mich nach der Reise und war so herrlich hungrig. Ich machte lange, elastische Schritte, um mich vom weiten Flug zu erholen und musste darüber lachen, dass ich meinen Schatten wiederhatte – das war die Landung.«

»Erstmals«, so schrieb der Träumer, »konnte ich mich an diesem Morgen selbst spüren. Ich hatte ein herrliches Gefühl und habe vor Freude geweint.«

Vertrauen zu einem Pferd – verhindert unüberlegten Umzug
Eine Analytikerin wollte ihren lang gehegten Wunsch, von Frankfurt nach München umzuziehen, endlich in die Tat umsetzen. Doch im letzten Augenblick – sie hatte schon das Telefon in der Hand – ließ sie ihren Entschluss, wie schon so häufig, fallen. Der Traum gab ihr recht.

1. *Ich bin vertraut mit einem Pferd, so, als sei es mein Pferd.*
2. *Eines Tages liege ich in der Box auf dem Stroh. Das Pferd kommt und sieht mich, ist ganz vorsichtig und drängt sich an die Wand, um mich nicht zu treten oder zu verletzen. Doch irgendwie gibt es ein Erschrecken, die Tür zur Box geht auf und alles fällt heraus: Ich, Stroh, Haushaltsgegenstände und das Pferd.*
3. *Ich bin mit dem Pferd im emotionalen Kontakt, d.h., ich spüre, wie das Pferd sich halten will, damit es nicht auf mich tritt. Erst fürchte ich es, sodass ich denke, jetzt ist es passiert, ich werde getreten, aber es streift nur meinen Arm, die Beuge (oder das Kniegelenk). Dann merke ich, das Pferd steigt über mich hinweg.*
4. *Ich sage: Es ist alles OK, dem Pferd ist auch nichts passiert.*

5. *Das Pferd steht dann zu mir geneigt und berührt mich mit dem zarten Maul. Alles ist nochmal gut gegangen.*

Die Träumerin ist vertraut mit der Sensibilität, die sie in ihren Gefühlen und durch ihre vitale Lust, diese auszudrücken, spürt.

Eines Tages, als sie entspannt auf dem Lager eingebrachter Ernte ruhte (Stroh), kamen in ihr Gefühle hoch, die sie an ihren schon lange gehegten Wunsch, nach München umzusiedeln, erinnern. Sie spürt vorsichtig in sich hinein. Doch plötzlich reagiert sie sehr spontan auf den Entschluss, es endlich zu wagen und die Ruheschenkende Box ihres bisherigen Lebens aufzugeben und erschreckt dann über das Durcheinander, das in ihr ausgelöst wird.

Sie ist dabei mit ihren vitalen Gefühlen im Kontakt und spürt, dass sie sich zurückhalten muss, damit sie sich nicht etwa verletzt. Erst fürchtet sie, die Kontrolle zu verlieren, streift kurz ihre alte Ambivalenz zu diesem Thema (Arm- und Kniegelenke) und fühlt Angst. Doch dann geht sie behutsam mit sich um und gibt den Gedanken wieder auf.

Sie fühlt sich wieder gut. Ihr emotionales Verhalten war wieder stimmig.

Ihre sensiblen Gefühle für sich selbst reagierten zärtlich, und sie war froh, dass sie sich entschlossen hatte, diesen Schritt nicht zu gehen.

Das Fazit der Träumerin: Die Umsiedlung nach München mit der Abwicklung ihrer Praxis in Frankfurt, hätte sie sehr viel Energie gekostet, was mit ihren 58 Jahren nicht leicht zu bewältigen gewesen wäre.

Elefantenbaby und Tiger – Ungebundenheit oder Sicherheit
Tierbedeutung im Gleichnis: **Elefanten** sind Wassersucher, auch um sich zu reinigen. Sie orientieren sich durch ihren Geruchssinn und sie haben ein phänomenales Gedächtnis. Sie erinnern sich nicht nur an die Wege, die sie vor Jahren gegangen sind, sondern auch an Verletzungen, die ihnen vor Jahrzehnten angetan wurden. Auch wir Menschen müssen unsere Gefühle klären. Auch wir brauchen auf der Suche nach Lösungen für ein Problem »einen guten Riecher«. Und was die Verletzungen angeht, die uns manchmal erneut bewusst werden, sollten wir die Fähigkeit entwickeln, sie nicht rächen zu wollen, sondern zu heilen. **Tiger**: sind Einzelgänger, die nachts – im übertragenen Sinn im Unbewussten – auf die Jagd gehen, um Nahrung zu finden. **Tiger** gleichen der emotionalen souveränen Kraft des Menschen, allein im Unbewussten die Lebensnahrung zu finden, die ihm guttut.

Eine Frau, setzt sich zum Zeitpunkt ihres Traumes mit mehreren Gefühlen auseinander. Einerseits wünscht sie sich, ungebunden zu sein, gleichzeitig sehnt sie sich nach Verlässlichkeit und Sicherheit und fragt sich, wie sie es schaffen könnte, auch noch ihre vielseitigen Interessen unter einen Hut zu bringen.

1. *Ich schwimme mit meiner Schwester, meinem Schwager und meinem Mann in einem großen Schwimmbad.*
2. *Meine Schwester zieht langsam ihre Bahnen. Sie trägt einen mattgoldenen Badeanzug.*
   Die beiden Männer sitzen nahe beieinander, ich bewege mich auf einem Schwimmsessel schwungvoll, wellenartig im Wasser.
   Ich sehe meine Schwester an und spüre ein trauriges Gefühl. Ich denke, sie hat es nicht leicht. Sie hat ein Kind verloren und ich möchte, dass die Männer diese Situation berücksichtigen.
3. *Plötzlich sehe ich, wie sich an einer Glaswand von draußen ein Gesicht drückt mit herzzerreißend blickenden Augen. Ich erkenne, dass es ein Elefantenkind ist. Es will unbedingt rein. Ich*

habe Angst, dass die Scheibe springt. Es scheint elternlos und ängstigt sich. Ich rede ihm gut zu und hole es.

4. *Ich öffne die Türe, da rennen einige kleine Tiger an mir vorbei.*
5. *Ich sage ihnen, sie sollen raus, dürfen nicht drinnen sein. Schlussendlich finde ich mich im Wasser wieder und schreibe Träume auf.*

Das große Schwimmbad zeigt, dass sich die Träumerin intensiv mit ihren Gefühlen auseinandersetzt.

Mit ihrer Schwester verbindet sie ihre eigenen vielen Ideen, die langsam dabei sind, Gestalt anzunehmen (mattgoldener Badeanzug). Durch die beiden Männer, die für Ungebundenheit und Verlässlichkeit stehen und die Träumerin beobachten, gerät sie immer mehr in Schwung. Jetzt will sie endlich handeln (Männer) und umsetzen, was sie schon lange wollte. Gleichzeitig spürt sie, als sie ihre Schwester anschaut, Traurigkeit in sich aufsteigen, weil sie als Kind ihre Freiheitswünsche nicht leben durfte (Die Schwester hat ein Kind verloren).

Plötzlich werden der Träumerin die Zwänge und Einschränkungen ihrer Kindheit schmerzlich bewusst (Elefanten gelten als Selbsterlösungssymbol). Sie finden die im Dschungel einmal gegangenen Wege immer wieder, wie auch wir Menschen unsere alten Wege aufspüren sollen, die uns unfrei gemacht haben. Die Träumerin möchte das Elefantenbaby retten. Ihre distanzierte Sicht (Glaswand) will sie dabei überwinden und Vater und Mutter für ihre Kindheitsnot werden.

Während sich ihr durch diese Gedanken eine neue Tür öffnet, spürt sie, welche souveräne Kraft (die kleinen Tiger) sich in ihr entfalten will (Tiger sind Einzelgänger, die nachts auf die Jagd gehen, was im übertragenen Sinn heißt: Ich muss im Unbewussten suchen, wo ich die Nahrung finde, die mir guttut).

Diese Tigerkraft kann in der Träumerin wachsen, wenn sie, verbunden mit ihren Gefühlen (Wasser), auch durch ihre Träume die nötige Sicherheit bekommt und sie als wegweisende Chance erkennt.

Krokodil verschlingt Eidechse – Zweifel an Fähigkeit
Tierbedeutung im Gleichnis: **Krokodile** haben eine aggressive Kraft, gleichzeitig können sie zärtlich sein, wenn sie ihre Jungen versorgen. Verletzungen können uns Menschen aggressiv werden lassen, was uns auffordert, uns damit auseinanderzusetzen, um Heilung zu erfahren. **Eidechsen** werden mit ihrer quicklebendigen Art der Jugendzeit zugeordnet, die durch unterschiedliche Ereignisse oft verloren geht. Darauf machen Träume aufmerksam.

Eine junge Frau hatte den Wunsch, eine Theaterfortbildung für Kinder ins Leben zu rufen, fürchtete sich aber gleichzeitig davor, weil sie an ihren Fähigkeiten zweifelte, dem gerecht werden zu können. Sie träumte:

1. *Ich werde von einem lauten Pferdegetrappel wach. Schlafe danach gleich wieder ein.*

2. *Ich stehe mitten im Raum und sehe ein grasgrünes Krokodil und eine orange-rote Eidechse die Wände entlang kreuz und quer um die Wette laufen. Die Eidechse ist etwas kleiner. Mir wird mulmig zumute.*
3. *Plötzlich hat das Krokodil die Eidechse verschluckt.*

Das Pferdegetrappel will die junge Frau aufmerksam machen, ihren Wunsch (Theaterfortbildung für Kinder) nach neuer Vitalität (Pferde) nicht aufzugeben.

Das zeigt auch das Bild der orange-roten Eidechse (Eidechsen stehen für Lebendigkeit, für eine in der Kindheit verdrängten Eroberungslust, die sich bei der Träumerin zurückmeldet mit ihrem Theaterprojekt). Ebenso wie die Farbe Rot, die abgeleitet ist von unserem Blut. Die Farbe Orange, zwischen rot und gelb, deutet auf Aufbruch hin (Bei Gefahr werfen Eidechsen ihren Schwanz ab, was übersetzt heißt: noch lauert die Gefahr, sich ihr Projekt nicht zuzutrauen, sobald Schwierigkeiten auftauchen. Dann geht ihre Selbststeuerung (Schwanz) verloren).

Das Krokodil zeigt, wie sehr dieser Wunsch (Theaterfortbildung für Kinder) mit ihrer Angst kämpft. Das Krokodil verschlingt die Eidechse und richtet sich damit letztendlich gegen sich selbst. Krokodile können sowohl aggressiv sein als auch zärtlich ihre Nachkommen aufziehen. Noch ist die Angst der Träumerin größer und steht ihrem Wunsch entgegen, sich neu zu verwirklichen. Daran wird sie arbeiten müssen. Der Traum ist also eine Aufforderung, nicht aufzugeben, um ihren Wunsch Wirklichkeit werden zu lassen.

Hund und Eule – Darf ich so sein, wie ich bin?
Tierbedeutung im Gleichnis: Der **Hund** steht für die Liebe und Treue, die wir Menschen brauchen, um frei und kreativ zu leben.
Eule: Eulen sind nachtaktive Vögel, die sehr gut hören und sehen können. Sie fliegen geräuschlos und werden so von ihren Beutetieren (sehr gerne Mäuse) nicht bemerkt. Inzwischen hat man wissenschaftlich erforscht, dass Eulen eine ausgeprägte Denkstruktur haben. Im Volksmund gelten sie auch als »Vögel der Weisheit«. Die Eule ist ein Zeichen, dass die Träumerin, die im Unbewussten (nachtaktiv) liegenden Ängste (Mäuse als Beute) gut erspähen, aufgreifen und verdauen kann).

Die Träumerin war durch Ereignisse beim Geburtstag eines Freundes ihres Sohnes mit der Frage konfrontiert: »Ist es ok, ein Partymuffel zu sein?« Ihr Traum danach gibt ihr die Antwort.

1. *Ich beobachte einen großen Vogel am Waldrand, der sich ganz nah vor mir niederlässt. Es ist eine Eule, die mich direkt anschaut. Der Hund an meiner rechten Seite zieht kurz in ihre Richtung.*
2. *Die Eule fliegt ein bisschen weg.*

Mit dem Hund (der Liebe und Treue zu sich selbst) an ihrer rechten Seite (bewusste Handlungsseite) und der Eule nah bei ihr, hat der Traum ihre Bedenken relativiert (»Ich muss mich nicht verstellen, ich darf so sein, wie ich bin«).

Eine kleine Unsicherheit bleibt dennoch in ihr zurück (Die Eule entfernt sich ein wenig).

Ente attackiert Frosch – Frühkindliche Botschaften
Tierbedeutung im Gleichnis: (Erklärung bei der Bearbeitung)

Der Träumer erzählte, er sei ein lebendiges Kind gewesen, aber sowohl in der Familie als auch von Lehrern immer wieder abgewertet worden. »Du bist blöd«, »Du kannst nichts« usw. Diese frühkindlichen Botschaften hatte er auch im Erwachsenenalter noch nicht vollständig überwunden und als eigene Anschauung integriert.

1. *Ich sah von unten an einer hohen Mauer einen bunten Frosch sitzen. Er sprang in die Höhe und plötzlich war ich der Frosch.*
2. *Ich blieb voller Angst auf der Kante dieser hohen Mauer sitzen.*
3. *Da kam eine Ente angeflogen und griff mich heftig an.*

Der bunte **Frosch** deutet darauf hin, dass der Träumer dabei war, die Mauer, die er sich durch die Abwertungen selbst als Hindernisse gebaut hatte, zu überwinden (Frösche können sich sowohl in Schlamm flüchten – oder sich hoch auf Bäumen tummeln). Der Träumer hatte sich lange Zeit aus Angst, er sei zu nichts fähig, immer wieder wie ein Frosch verhalten, der sich im Schlamm unsichtbar machte.

In altägyptischen Mythen wird der Frosch als Symbol der Auferstehung gesehen. Im Frosch spiegelt sich die Ambivalenz zwischen Todesangst und neuem Lebenswillen. Auch im Märchen verwandelt sich der Frosch zum Prinzen.

Im Traum sitzt »sein« Frosch schon auf einer hohen Mauer. Um den Träumer aufmerksam zu machen, sich endlich aus seiner Frosch-Haltung zu befreien, greift ihn die **Ente** an. Sie will ihn aufrütteln, tief ins Leben einzutauchen (Enten sind sowohl im Wasser als auch an Land und in der Luft zuhause), d.h., er soll schwimmen, also sich von seinen Gefühlen tragen lassen und bereit sein zu fliegen, d.h. »frei« zu werden von elterlichen und autoritären Zuweisungen in der Kindheit, was so viel heißt wie: tummle dich auf allen Ebenen des Lebens, die dir Freude machen.

Schäferhund in der U-Bahn – Zweifel werden aufgelöst
Eine Familientherapeutin und Sozialpädagogin aus unseren Seminaren in der »Lauterbacher Mühle« hatte sich am Abend vorher mit einer Frau getroffen, mit der sie ein Seminar mit dem Thema »Wege zur Weiblichkeit« plante. Bei den Vorbereitungen waren ihr Zweifel gekommen, ob sie das Seminar mit dieser Frau absagen oder – trotz innerer Widerstände – weiter planen soll.

1. *Ich fahre mit der U-Bahn. Ich sitze auf einem Außensitz zum Gang hin. Es ist ein alter U-Bahn-Waggon mit hässlichen graublauen Kunstledersitzen.*
2. *Plötzlich nimmt auf meinem Schoß ein großer ausgewachsener Schäferhund Platz. Ich bin verblüfft, dass er sich so selbstverständlich auf mir niederlässt und seinen Kopf vertrauensvoll an meinen Hals lehnt. Ich spüre sein Fell.*
3. *Er öffnet sein Maul und ich lege meine linke Hand hinein. Ich spüre seine Zähne und die Zunge. Der Schäferhund schließt sein Maul vorsichtig. So fahren wir beide gemeinsam U-Bahn und ich denke, er wird mich nicht beißen.*

Die alte U-Bahn steht für »eingefahrene« Gleise. Das erinnert die Träumerin an ein ihr bekanntes altes Verhaltensmuster aus der Kindheit. Sie gibt sich erst einmal mit allem zufrieden, traut sich nicht, stopp zu sagen, geht über ihre Widerstände und ihr Gefühl hinweg. Manches geschieht auch unbewusst (U-Bahnen fahren hin und wieder durch Tunnel).

Der Schäferhund (ein Wachhund) – die Liebe und Treue, der sich so selbstverständlich auf die Träumerin setzt, schützt die vordere Körperhälfte, ihren Rumpf. Als sie den Traum vorstellte, ergänzte sie das Bild, dass ihr gegenüber zwei Personen saßen, die die ungewohnte Situation beobachten. Also eine Ambivalenz, ein zwiespältiges Gefühl, dafür steht die Zahl zwei (Soll ich das Seminar mit der Frau machen oder nicht?). Gleichzeitig hatte sie wohlige Gefühle, dass der Hund sich an ihren Hals kuschelt (Sein Fell fühlt sich wohlig an).

Ihre linke Hand (links = Gefühl, Hand = Handlung), die sie ins Maul des Hundes legt, zeigt, dass sie sich und ihren Gefühlen vertrauen kann (»Der Hund wird mich nicht beißen«), obwohl sie die Zähne und die Zunge des Hundes spürt. Die Träumerin hat das Seminar mit der Partnerin abgesagt. Das heißt: sie traute sich »stopp« zu sagen, weil sie von der Zusammenarbeit mit der Partnerin nicht überzeugt war. Sie hat ihrem Kindheitsverhalten getrotzt.

Katze kämpft um ihr Leben – Ringen um Souveränität
Tierbedeutung im Gleichnis: **Katzen** spiegeln uns selbstbewusstes Verhalten

Der Träumer war von seiner Frau verlassen worden und geriet dadurch in tiefe Auseinandersetzung mit sich selbst. Am Vorabend hatte er einer Lesung von Dostojewskys »Traum eines lächerlichen Menschen« beigewohnt. Das Stück beschreibt die Lächerlichkeit des Weltzustandes zur Zeit des russischen Kaiserreichs im 19. Jahrhundert und plädiert für eine Erneuerung des Menschen, damit er sich aus sich selbst befreit. Dostojewsky gilt als der herausragendste Psychologe seiner Zeit in der Weltliteratur.

1. *Ich ging über Wiesen auf der linken Seite eines Baches. Der Bach war nicht sehr breit, aber mit einer starken Strömung versehen. Am Rand des Baches stand ein Haus. Das Wasser berührte die Hauswand. Der Eingang in das Haus war dem Bach zugekehrt. Er war 1 m hoch. In diesen Eingang führte eine Treppe, die gleichzeitig den Bach überquerte.*
2. *Als ich näherkam, sah ich, dass eine kleine Katze um ihr Leben kämpfte. Sie versuchte, sich auf der Treppe hochzuziehen, fiel aber immer wieder herunter. Sie war zerzaust und nass.*
3. *Ich dachte, hoffentlich hält sie durch, bis ich bei ihr sein kann. Als ich bei ihr angelangt war, versuchte ich, sie zu packen, aber sie war nicht mehr da.*
4. *Ich schaute den Bach hinunter. Ein Mädchen von 7–8 Jahren stand dort und hatte die Katze gerufen.*
5. *Die Katze watete ganz ohne Probleme durch das Wasser hin zu diesem Mädchen und war dabei ganz vergnügt.*
6. *Ich sagte zu dem Mädchen: »Das hast du wirklich gut gemacht, eine so einfache Lösung zu finden. Das hätte mir auch einfallen können.« Das Mädchen sah mich an und lächelte. Dann sagte ich zu dem Mädchen: »Weißt du, die Katze war in Panik und da findet man die einfachsten Lösungen nicht.« Und das Mädchen antwortete ernsthaft: »Ja, die Katze war in Panik.«*

Die Gefühle des Träumers sind stark bewegt, weil er von seiner Frau verlassen wurde.
Noch weiß er nicht, wie sein Leben weitergehen soll.

Er kämpft mit dem ihm unbekannten Verlassenheitsgefühl. Seine Souveränität (Katze) ist in Gefahr.

Dieses Bild zeigt, dass er diese Souveränität wiedergewinnen will, die bisher ein Teil seines Wesens war.

Das 7–8-jährige Mädchen macht ihn auf seine eigene 8-Jährigkeit aufmerksam, als er während des Krieges als einziger Mann unter Frauen angstfrei während der Bombenangriffe in einem Buch las. Als er sich an diese Zeit erinnerte, konnte er das Gefühl, angstfrei zu sein, zurückholen. Die 8-Jährigkeit eines Mädchens spielte auch in der Dichterlesung des Vortages eine Rolle. Darin rettet das Mädchen den Lebenswillen eines alten Mannes.

Der Träumer war dabei, sich erneut dieser Kraft anzunähern und konnte erkennen und dazu stehen, dass Freiheit und Panik nicht zusammenpassen.

Geier mit dem Gebiss eines Wolfes – Warum bin ich krank?
Tierbedeutung im Gleichnis: **Geier** sind große Greifvögel, die sich vorwiegend von Aas ernähren. Der **Wolf** gleicht der Lebenskraft im Menschen, der voller Beharrlichkeit, Energie und Disziplin auch schwierige Situationen meistert.

Ein Mann, der an Neurodermitis erkrankt war, hatte sich am Vortag seines Traumes wieder einmal intensiv mit seiner Krankheit auseinandergesetzt.
Er träumte:

1. *Ich befinde mich in der Wüste und stelle in die Einsamkeit hinein die Frage: »Warum bin ich krank?«*
2. *Da kommt ein Geier angeflogen, sperrt den Schnabel auf und zeigt mir das Gebiss eines Wolfes.*
3. *Dann fallen dem Geier die Zähne aus und er sagt: »Deshalb.«*

Als Erstes musste sich der Träumer mit dem Wesen eines Geiers und dem Wesen eines Wolfes auseinandersetzen. In einem naturwissenschaftlichen Lexikon wird als Hauptmerkmal über den Geier verraten, dass der Geier sich hauptsächlich von Aas ernährt. Wie schon mehrfach erwähnt, spiegeln Tiere unsere emotionalen Anteile. Der Geier ist im Traum ein Anteil des Träumers. Er vertilgt das, was dem Träumer kein Leben gibt.
Da der Träumer im Traum ein Wolfsgebiss hat, ihm aber die Zähne ausfallen, muss man auch den Wolf anschauen. Normalerweise kann ein Wolf sehr gut zubeißen. In diesem Fall zeigen die ausgefallenen Zähne die Unfähigkeit des Träumers, sich zu wehren.

Nach langen Gesprächen über seine Situation hatte der Träumer den Traum so verstanden: Er war lange Zeit innerlich durch eine Wüste gewandert, hatte seinen Biss verloren, sich in vielen Bereichen angepasst, nicht auf seine Bedürfnisse geachtet, seine Wut darüber aber nach innen genommen und war dadurch krank geworden.

Die Konsequenz für den Träumer war, sich zu einem Boxtraining anzumelden, um seine Wut auszuagieren, die er jahrelang unterdrückt hatte. Später beendete er seine Beziehung, in der er sich schon lange nicht mehr wohlfühlte, und verließ seine Kirchengemeinde. Zwei Jahre später war er beschwerdefrei.

Kuh – Schneeluchs – Schneegans –
Das Gleichgewicht geht verloren

Tiere im Gleichnis: **Kuh** – schon erklärt
Schneeluchs: jagt nachts im Unbewussten
Schneegans: Ein Entenvogel, der sowohl an Land als auch im Wasser und in der Luft unterwegs sein kann, was bedeutet, dass auch wir Menschen die Fähigkeit haben, auf allen Ebenen in unsere Gefühle einzutauchen.

Eine mehrfach ausgezeichnete norddeutsche Künstlerin hat mit einem ebenfalls renommierten Filmemacher einen Animationsfilm gestaltet. Obwohl an ihrer ursprünglichen Gestaltungsvorstellung nicht festgehalten werden konnte, kam es zu einem guten Abschluss ihres Projektes. Daraufhin träumte sie:

1. *Mit meinem Fahrrad fahre ich durch eine weiß verschneite Gebirgslandschaft nach oben. Ich trage eine weiße Sommerbluse.*
2. *Obwohl ich schon eine ordentliche Strecke geschafft habe, stürze ich plötzlich und liege am Boden. Mein rechtes Schlüsselbein ist gebrochen und es blutet aus einer Wunde.*
3. *Im Geiste suche ich einen asiatischen Heiler auf, der mir Heilung in Aussicht stellt.*

   Immer noch auf dem Boden liegend, kommt eine Kuh von vorne auf mich zu und stellt sich über mich. Ich bitte sie, vorsichtig zu sein wegen ihrer Größe und ihres Gewichts. Rechts von uns verläuft eine Autobahn. Die Fahrzeuge rasen mit hoher Geschwindigkeit an uns vorbei.

4. *Ich sehe zwischen den Beinen der Kuh hindurch, wie mein Fahrrad den Abhang hinunterschlittert und auf einem Felsen so liegenbleibt, dass ich es sehen kann. Ich mache mir Sorgen. Im Fahrradkörbchen liegt ein Jutebeutel mit meiner Geldbörse, in der sich mein letztes Geld befindet.*
5. *Von links oben, den Berg runter, kommt ein weißer Schneeluchs und markiert das Fahrrad auf der linken Seite als Schutz. Und von der rechten Seite, den Berg hinauf, kommt eine Schneegans und markiert das Fahrrad auf der rechten Seite. Mein Hab und Gut ist somit nun geschützt.*

Die Träumerin wachte mit dem Gefühl auf, von den Haaren des Euters der Kuh gekitzelt worden zu sein.

Nach oben fahren heißt: ins Bewusstsein. Das Fahrrad bedeutet, dass die Träumerin mit ihrem Denken und ihren Gefühlen im Einklang ist. Die sommerliche Kleidung zeigt aber, dass sie unterschätzt hat, dass nicht nur »eitel Sonnenschein« bei der Gestaltung des Films herrschen würde. Das zeigt die Schneelandschaft (gefrorene Gefühle).

Der Schlüsselbeinbruch auf der rechten Seite (rechts: bewusste Seite) macht der Künstlerin klar, dass ihre Beweglichkeit bei der Gestaltung des Films eingeschränkt ist (Oberkörper – Schlüsselbein – Einschränkung des Atemraums, der Freiheit). Ihr ist klar, dass ihre blutende Wunde ein Hinweis darauf ist: Achte darauf, dass deine Lebendigkeit nicht verloren geht (Blut).

Vertraut mit asiatischen Heilkünsten, stellt sich die Träumerin ihre eigene Heilung in Aussicht. Die Kuh, ausgestattet mit 4 Mägen, um langsam zu verdauen, schützt sie, unbesonnen zu handeln. Sie lässt sich nicht ablenken vom Lärm um sie herum (Autos).

Doch während des Arbeits-Prozesses verliert die Träumerin ihr Gleichgewicht (Fahrrad stürzt ab). Ihre Identität und ihre Energie (der Jutebeutel mit wichtigen Inhalten und ihrem letzten Geld) sind bei dem Sturz ebenfalls verloren gegangen.
Rettung kommt sowohl von links (Gefühlsseite) durch den weißen Schneeluchs, ein kleiner Verwandter des Bergluchses, der in der Dämmerung und nachts auf Jagd geht, was heißt: im Unbewussten Beute machen (noch weiß sie nicht, dass ihr »Werk« preisgekrönt sein wird). Dass ihr abgestürztes Fahrrad auf der linken Seite markiert wird, bedeutet, dass ihr Gleichgewicht auf der Gefühlsseite (links) geschützt ist. Die weiße Schneegans von rechts, ein Entenvogel, der sowohl an Land als auch in der Luft und im Wasser lebt, markiert ihr Gleichgewicht im Bereich des Bewusstseins, dem Denken (rechte Seite). Es ist ebenfalls geschützt. Die Farbe Weiß bedeutet, dass die Träumerin beim Prozess der Filmgestaltung in allen Facetten der Farben um ihr Gleichgewicht gerungen hat (Rot steht für den Gefühlsbereich / Gelb für die Harmoniefindung / Blau für den Verstand / Schwarz für das noch Unbewusste / Grün für das Auflösen von Ambivalenzen).

Der preisgekrönte Film handelt von sehr unterschiedlichen Tieren. Seine Aussage suggeriert, wie friedliches Zusammenleben aussehen kann, auch unter verschiedenen Voraussetzungen.

Die Träumerin meinte beim Gespräch über ihren Traum: »Die Tiere haben mich beschützt und mir dadurch ihren Dank zum Ausdruck gebracht, was mich sehr berührt hat.«

Zu Tieren gestutzte Buchsbaumstauden –

Suche nach Ausweg aus gedanklichem Labyrinth
Tiere im Gleichnis: **Hund** und **Katze** bereits erläutert.

Eine Frau, die gerne unabhängig sein möchte, aber nicht zu ihren Bedürfnissen stehen kann, verstrickte sich immer mehr in eine ausweglos erscheinende Lebenssituation.

1. *Ich gehe eine Allee – gesäumt mit Buchsbaumstauden – entlang. Der Weg wird schnell schmaler, führt um viele Kurven und plötzlich weiß ich nicht mehr, wo ich bin, merke nur, dass ich mich in diesem Dickicht verlaufen habe. Da sehe ich, dass die Stauden rechts und links des bedrückend eng gewordenen Weges beschnitten sind – und zwar abwechselnd in Form einer überdimensional großen Katze und eines ebenso großen Hundes.*
2. *Ich bahne mir einen Weg zwischen den zu Tieren gestutzten Stauden entlang, die kein Ende nehmen wollen. Es wird immer dunkler und ich höre Hunde bellen und Katzen schreien. Entsetzt glaube ich zunächst, diese Laute kämen von den beschnittenen Pflanzen, aber dann wird mir klar, dass sich lebende Tiere hinter den Pflanzen aufhalten, dort, wo ich nicht hinkommen kann.*
3. *Plötzlich wird mir klar, dass ich einen roten Faden brauche, um aus dem Labyrinth herauszukommen. Gleichzeitig weiß ich, dass ich den Faden an diesem Ort und in dieser Dunkelheit nicht finden werde.*

Die Träumerin wachte schweißgebadet auf – mit den Gedanken, wie sie es verwirklichen könnte, aus ihrer beklemmenden Situation herauszufinden.

Das Traumbild bestätigte ihr durch die vielen Kurven und dem enger werdenden Weg, wie eng und eingeschlossen sie sich in ihrem Alltag fühlte (Buchsbäume können bis zu 8 m hoch werden, in subtropischen Ländern auch bis zu 20 m). Die Suche der Träumerin nach der Liebe zu sich selbst (Hund) und dem Wunsch nach Souveränität und Unabhängigkeit (Katze) war nach und nach »beschnitten« worden.

In vielen Jahren hatte sie sich ausweglos im Dickicht ihrer Not verlaufen. Sie war nicht in der Lage, sich zu lieben, sich zu vertrauen und konnte ihren Wunsch, endlich frei zu sein, nicht erfüllen. Ihre Not hörte sie in sich selbst nur als verzweifelte Klage (bellende Hunde und schreiende Katzen).

Das Traumbild machte ihr deutlich, dass sie, gewissermaßen wie einst Ariadne in der griechischen Mythologie, für Theseus einen roten Faden knüpfen muss (rot steht für Lebendigkeit), der ihr das Entkommen aus dem Labyrinth ermöglicht. Wenn sie sucht und ihrem Herzen folgt, wird es ihr gelingen, aus dem Dickicht ihrer Gedankenwelt herausgeführt zu werden.

Eine sprechende Schildkröte – Angst vor Kritik

Tiere im Gleichnis: **Schildkröten** stellen im Traum die Lebenskraft dar, die es aufzubrechen gilt, um den Schatz darunter zu heben. Sie halten ihre Lebendigkeit unter einem Panzer gefangen. Gleichnishaft wächst im Menschen nach und nach ein Panzer aus negativen Gefühlserfahrungen. Unter dem Panzer aber liegt ein Wunsch begraben, der zu seinem inneren Reichtum gehört. Er zeugt von einer geheimen Sehnsucht aus der Jugendzeit.

Eine sprachbegabte Frau, die humorvoll und nachdenklich zugleich schreiben kann, fand kein Vertrauen dazu, ihre Geschichten erfolgreich zu veröffentlichen, obwohl ihr das immer wieder, auch von Fachleuten, nahegelegt wurde. Angeregt durch die Arbeit mit Träumen, fühlte sie neue Impulse, sich der Frage nach ihrer Angst zu stellen.

1. *In einer mit üppigem Wein berankten Pergola über mir (wie in Griechenland) verwandelt sich ein dicker gewundener Weinstock*

in eine Schlange. Im Geäst hängend windet sie sich blitzschnell zu mir herab und züngelt 10 cm vor meinem Gesicht.

2. *Ich erschrecke, denke, jetzt ist es aus.*
3. *Aber sie hat keine gespaltene, sondern eine frische, dicke, rote Zunge. Ihr Kopf erinnert an eine Schildkröte. Ich kann ihre kleinen Zähnchen sehen. Sie bewegt den Mund unaufhörlich, als wolle sie mir etwas mitteilen. Ja, sie spricht mit mir. Ich betrachte sie mit großem Interesse, allerdings ohne sie zu verstehen.*

Die üppig mit Wein berankte Pergola ist ein Ausdruck für die Fähigkeit der Träumerin, die Fülle des Lebens zu erkennen. Ein Weinstock durchläuft die Phase der Veredelung, der Beschneidung, des Rückschnitts, der Verjüngung und der Bekämpfung von Mehltau und tierischen Schädlingen. Handlungen, die im Gleichnis gesehen, auch unser Leben bedarf, um den süßen Saft der Trauben in uns zu schmecken. Der Weinstock ist die Erkenntnisfülle, die sie ihrem Leben bereits abgerungen hat.

Nun soll sich aus diesem Wissen ein neuer Lebenstrieb (Schlange) in ihr entwickeln: Das Schreiben. Der aber verlangt von ihr die Befreiung aus ihrer Kinderangst (10 cm). Die Zahl 10 beschließt den Selbsterlösungsweg von 1–9. Für die Träumerin heißt das, eine tiefe Beschämungsangst aus der Kindheit endgültig hinter sich zu lassen und schriftstellerisch in Erscheinung treten zu wollen – begleitet von der Angst, möglicherweise wieder einer Beschämung ausgesetzt zu werden.

Im Traum erfährt sie, wie die einst vergrabene Lebenskraft mit ihr in Kontakt kommen will. Sie sieht die frische Zunge ihrer Schlange vor sich, deren Kopf eine Schildkröte ist. Sie will mit ihr ins Gespräch kommen. Sobald es jedoch um die Veröffentlichung geht, zieht sich die Träumerin zurück (wie die Schildkröte in ihren Panzer). Sie horcht auf, kann aber noch nicht verstehen, was das für sie wirklich heißt. Es ist die Aufforderung, ihren Panzer zu knacken (ihre Angst), um in die Kraft zu kommen, sich mutig nach außen zu zeigen.

SCHLANGEN – Lebens- und Angsttrieb ringen miteinander

Den Schlangen möchte ich ein eigenes Kapitel widmen. Die meisten Menschen haben Angst vor Schlangen. Das kann ich von mir nicht sagen. Ich bin Schlangen in verschiedenen Situationen in der Natur begegnet, ohne mich zu fürchten. Im Gegenteil. Im Dschungel von Malaysia, in dem ich mit einer Frauengruppe unterwegs war, beobachteten wir fasziniert viele kleine schwarze Schlangen, allerdings ohne zu wissen, wie gefährlich sie waren.

Auf Thassos zum Beispiel gab es einen sogenannten »Ziegenpfad«, den wir als Abkürzung vom Seminarhotel zum Strand nutzten. Er führte durch einen Olivenhain und war nur uns »Eingeweihten« bekannt. Nach einem erfrischenden Bad im Meer lief ich ziemlich erschöpft mit Sandalen und meiner Badetasche den Pfad zurück zum Hotel, als aus dem Nichts plötzlich in ca. 1 m Entfernung eine Schlange hochaufgerichtet vor mir stand. Ich erschrak, blieb aber ruhig stehen. Innerlich sagte ich »I love you« und meinte es in diesem Moment auch genauso. Dieses Mantra hatte ich mir von einer Schweizer Heilerin eingeprägt, über die ich ein Fernsehporträt gestaltet hatte und die in Sri Lanka mit Tieren aller Art in prekäre Situationen geraten war, ohne dass ihr jemals etwas geschehen war. Es dauerte 3–4 Sekunden, ehe sich die Schlange ins Unterholz verkroch, ohne mich weiter zu beachten. Nach einer Weile ging ich weiter, wenn auch bedacht auf jeden Schritt.

Jahre später nahm ich auf dem Marktplatz in Marrakesch in Marokko eine Riesenschlange auf den Arm, der man allerdings die Giftzähne entfernt hatte. Ich war überrascht, wie zart sich ihre Haut anfühlte.

Schlangenmythen aller Völker greifen den Widerspruch zwischen Leben und Tod auf. In der christlichen Religion verführt die Schlange im Paradies Adam und Eva, um Gut und Böse unterscheiden zu lernen. Auch wir Menschen müssen lernen, Gut und Böse zu unterscheiden, um uns wohlzufühlen. Im neuen Testament heißt es: »Seid klug wie die Schlangen.« Die <u>schwarze</u> Schlange wird in vielen Mythen und Sagen zu einem vielköpfigen Drachen, der so lange auf dem Schatz des Lebens sitzt, bis unser Mut zur Erneuerung siegt. Diese schwarze Schlange gilt es im Traum zu besiegen, um den Schatz darunter zu bergen.

Was also sagen uns Schlangen in Träumen?

Schlangen brauchen Widerstände, um sich fortbewegen zu können. Auf einer Glasplatte wären sie genauso hilflos wie wir Menschen, wenn uns im Leben keine Widerstände zum Handeln auffordern würden. Schlangen wachsen lebenslang und häuten sich, so wie auch wir uns immer wieder in neue veränderte Zustände oder Situationen hineinfinden müssen, um uns frei und wohlzufühlen. Schlangen haben eine gespaltene Zunge, mit der sie die Duftstoffe riechen, im Gaumen schmecken und entsprechend entscheiden, ob es die richtige Nahrung für sie ist oder nicht. Auch wir entscheiden, was uns guttut und was nicht. Schlangen sind das Sinnbild unseres Lebenstriebes. Und je nachdem, in welcher Form und Farbe sie in Träumen auftauchen, helfen sie uns, zu verstehen, wo wir uns noch verraten.
(Gedanken in Anlehnung an Ortrud Gröns Buch: »Träume im Spiegel von Naturgesetzen«).

Anruf aus Salzburg

Yasmine hatte mich durch unsere Seminare in Goldegg im Internet gefunden. Sie schickte mir drei Schlangenträume, die ich telefonisch mit ihr erarbeitete. Ihre Mutter hatte sich noch vor ihrer Geburt vom Erzeuger getrennt. Dadurch entstand eine tiefe Verbindung zur Mutter, gleichzeitig aber auch eine Abhängigkeit. Obwohl Yasmine eine eigene Wohnung hat, lässt sie sich von ihrer Mutter verpflichten, die wenige Freizeit, die sie als Konditormeisterin im eigenen Betrieb hatte, mit ihr zu verbringen und auch bei ihr sehr oft zu übernachten. Ihre Verliebtheit zu einer Frau wird von der Mutter nicht toleriert.
In kurzen Abständen wurde Yasmine mit drei Schlangenträumen konfrontiert. Vor dem ersten Traum hatte sie am Abend vorher einen Film gesehen, in dem König Arthus von einer Schlange gebissen wurde.

Schwarze Schlange will Hund beißen

1. *Ich entdeckte in meinem Wohnzimmer viele Schlangen.*
2. *Eine schwarze Schlange wollte meinen Hund beißen.*
3. *Mit einem Messer, um das ich meine Mutter gebeten habe, schnitt ich der Schlange den Kopf ab.*
4. *Die anderen Schlangen habe ich in einen Kübel gegeben.*

Bei dem Gespräch wurde Yasmine klar, dass sie sich von ihrer Mutter emanzipieren muss, um die Liebe und Treue zu sich selbst (Hund) nicht zu verlieren. Die schwarze Schlange musste sterben (ihre Kindheitsängste), damit sich ihr Lebenstrieb entwickeln kann. Ihre Mutter bittet sie dabei um Unterstützung (bittet um Messer). Die anderen Schlangen versorgt Yasmine mit Wasser (Gefühle). Sie lässt sie also nicht sterben.

Schlangen bedrohen Kätzchen

Wenige Tage später der nächste Schlangentraum:

1. *Eine Schlange war im Schlafzimmer meiner Mutter.*
2. *Diese kam den Kätzchen gefährlich nah.*
3. *Um die Schlange und die Kätzchen zu schützen, wollte ich die Schlange in ein Terrarium geben.*

Hier geht es um das gleiche Thema wie im 1. Traum. Die Schlange (ihr Lebenstrieb) im Schlafzimmer der Mutter (Objektstufe) bringt Yasmine in Sicherheit. Gleichzeitig will sie die noch jungen Katzen retten, die für ihre Souveränität stehen. Die Kätzchen, es sind Anteile der Träumerin, müssen allerdings erst noch erwachsen werden, um so souverän zu werden, sich gegen die Anforderungen der Mutter klar und deutlich abgrenzen zu können, wie Katzen das tun, die nur ihrem Wohlgefühl folgen. Ein Terrarium bedeutet, dass Yasmine ihren Lebenstrieb (die Schlange) in einen geschlossenen Behälter mit etwas Wasser und Erde setzt, aus dem sie erst einmal nicht entweichen kann. Sie hat es in der Hand, die Schlange (ihren Lebenstrieb) jederzeit freizulassen.

Paarende Schlangen

1. *Ich sehe, wie große Schlangen im Wasser miteinander kämpfen.*
2. *Es sah so aus, als bewegten sie sich wie in einem Paarungsritual.*
3. *Erst als die Schlangen ans Ufer kamen, erkannte ich, dass es weibliche Tiere waren.*
4. *Die weiblichen Tiere hatten Narben.*

In diesem Traum geht es bei Yasmine um eine Sehnsucht nach Liebe und der Beziehung zu einer Frau, in die sie sich verliebt hatte. Mit ihr konnte sie sich austauschen, erlebte andererseits aber auch in verschiedenen Situationen herbe Enttäuschungen, was tiefe Verletzungen (Narben) in ihren Gefühlen (Wasser) bei ihr auslöste.

Schlange verwandelt sich in eine Maus

Eine Frau, die eine berufliche Niederlage erlitten hatte, traute sich nicht mehr unter Menschen.
Sie wurde zusehends einsamer. Sich in prekären Situationen zurückzuziehen, war ihr aus Kindheitstagen bekannt. Als dann eine Einladung kam, geriet sie zuerst in Zweifel, sagte dann aber zu. Daraufhin träumte sie:

1. *Ich entdeckte in meinem feingewebten Wollschal eine Schlange, die in allen Regenbogenfarben schimmerte.*
2. *Danach entglitt mir die farbige Schlange und verwandelte sich in eine Maus.*
3. *Eine schwarze Schlange lag tot auf dem Boden und ich hörte eine Stimme sagen: »Diese Schlange war sehr giftig.«*

Das erste Bild mit der regenbogenfarbenen Schlange signalisiert die Freude der Träumerin auf die Einladung.

Dass ihr die Schlange dann entglitt und zur Maus wurde, zeigt die Ambivalenz und den

Zweifel der Träumerin, ob sie der Einladung Folge leisten sollte. Eine Maus verkriecht sich ins nächste Loch, wohin sich auch die Träumerin in ihren Gedanken zwischendurch geflüchtet hatte.

Ihre Angst, sich zurückzuziehen, war »giftig«. Deshalb musste die schwarze Schlange sterben. Ein möglicher Anfang, sich zukünftig mutiger zu zeigen.

Ein Massai in der Wüste – umringt von Schlangen –

dramatischer Lebenskampf

Christa, eine Frau aus meinen Seminaren in Griechenland und in Frankfurt am Main, war zutiefst aufgewühlt, nachdem sie auf einer Veranstaltung in der Ev. Akademie in Hofgeismar die Biografie von Ortrud Grön aus unserer DVD »Dem Traum des Lebens auf der Spur« gesehen hatte. Im Gespräch zu ihrem Traum, den sie in der Nacht danach hatte, wurde deutlich, wie sehr Christa Ortruds Kampf, sich immer wieder neu dem Leben zu stellen, mit ihrem eigenen Leben verglich. Christa bewunderte Ortrud, dass es ihr gelungen war, sich von ihrer Nazi-Familie zu distanzieren, in jungen Jahren eine Psychose überwinden konnte und später beim Aufbau ihrer Klinik, die mit Millionenschulden belastet war, herausgearbeitet hatte, bis sie zu der geworden war, die sie zum Zeitpunkt unserer DVD verkörperte.

1. *Ich befinde mich in der Wüste von Afrika. Die Landschaft hat auch Sträucher, Bäume, gelbes Gras (alles eher trocken). Das Licht ist von einer untergehenden großen Sonne wunderschön gelb-rot gefärbt. Es ist warm. Ich genieße die Schönheit der Landschaft – wie ein Traum – so schön.*
2. *Vor mir sehe ich plötzlich ein erschreckendes Bild: Ein wunderschöner großer Massai mit einem Stab in der Hand, hütet in einem riesigen Radius um ihn herum alle möglichen Arten von Schlangen: Nattern, Kobras, Blindschleichen, Kreuzottern, große, kleine, alle möglichen Farben, auch schwarze sind dabei. Die Schlangen*

wirken aufgewühlt, aggressiv, züngeln, fauchen, gehen in die Höhe. So viele Schlangen habe ich noch nie in einem Bild gesehen.

3. *Ich denke: Da komme ich nie vorbei, gehe aber mutig weiter. Als mich die Schlangen sehen, schauen sie mich an und legen sich wie brave Hunde nieder, so als wollten sie schlafen. Sie tun mir nichts, lassen mich vorbeigehen. Ich laufe meinen Weg weiter.*

Die Wüste beschrieb Christa einerseits als karg und unwirtlich. Manchmal aber auch als blühend und aufregend. So empfand sie u.a. auch ihr Leben insgesamt, ihre Ehe mit zwei Töchtern. Sie war lange Zeit emotional durch eine Wüste gewandert. Ihr Mann, ein Alkoholiker mit einer Borderline-Störung, konnte sowohl zärtlich und liebevoll als auch aggressiv sein. Mal hasste sie das Leben mit ihm, mal genoss sie es auch (eine Landschaft, so schön wie ein Traum).

Den Massai beschrieb Christa als stolzen Mann, der im Hier und Jetzt lebt. »Das ist ein Mensch, der nur IST, der in seiner Tradition und in der Natur lebt, ohne etwas zu zerstören«, sagte sie, als sie das Traumbild beschrieb. Massai sind Halbnomaden. Der Massai verkörpert ihren Handlungsanteil. So wie dieser Mann möchte Christa gerne sein.

Die Schlangen, die den Massai umringten, stehen gleichnishaft für Christas unermüdliche Versuche und Kämpfe, sich immer wieder dem Leben zu stellen, sich zu häuten und Widerstände zu überwinden, so wie Schlangen das tun. Später erinnerte sich Christa noch an die besonders weiche und zarte Haut des Massai. Sie verglich sie mit ihren diversen »Häutungen«. Die Schlangen, die Christa im Traum nicht behelligten, sondern sich bei ihrem Anblick zurückzogen, schienen ihr Respekt zu zollen, so wie Christa sich selbst anerkennt für das, was sie schon bewältigt hat.

Womit Christa u.a. zu kämpfen hatte, erzählte sie im weiteren Verlauf des Gesprächs: Sie hatte ihren Mann angezeigt, ihre Töchter sexuell missbraucht zu haben. Damit hatte sie ihre Töchter gegen sich aufgebracht. Sie weigerten sich vor Gericht, den Missbrauch zuzugeben, obwohl alles für diese Taten sprach.
Christa versuchte mit der Alkoholkrankheit ihres Mannes und seinen psychischen Auffälligkeiten einerseits zurecht zu kommen, andererseits dagegen anzugehen. Nach der Trennung von ihrem Mann und auch später nach seinem Tod, bemühte sich Christa um eine Annäherung an ihre Töchter, was nur partiell gelang. Sie belegte verschiedene Fortbildungen, um verstehen zu lernen, warum sie selbst oder andere sich so oder so verhalten haben.

Sie konnte ihren Weg im Traum – an den Schlangen vorbei – unbehelligt fortsetzen, was aber nicht heißt, dass nicht neue Herausforderungen auf sie zukommen. Zum Beispiel muss sie noch erkennen, was die schwarzen Schlangen, die im Traum auch auftauchen, für sie bedeuten. Sie zeugen von einer alten Angst, die sie noch besiegen muss, um vollkommen mit sich im Einklang zu sein.

Nun möchte ich Ihnen noch einen Schlangentraum von Ortrud Grön vorstellen:

Eine Schlange im Siegelring des Vaters

Ortrud kämpfte jahrelang zwischen ihrem Pflichtgefühl und ihrem Wunsch, es endlich hinter sich lassen zu können und frei davon zu werden. Erst als sie das verstanden hatte, träumte sie

... vom Siegelring meines Vaters, in den eine kleine Schlange hineinschlüpfte und wie eine Made darin lebte.

Ortrud fragte sich, was in ihrer Kindheit so angstbesetzt war, dass sich ihr Lebenstrieb im Siegelring des Vaters verkroch. Ortrud sehnte sich nach der Liebe ihres Vaters. Sie lebte davon wie eine Made, weil sie die Eifersucht auf ihren jüngeren Bruder, der der Liebling ihrer Mutter war, nicht aushalten konnte. Sie rivalisierte, Vaters Liebling zu sein und musste sich deshalb mit seiner überstrengen Pflichtauffassung identifizieren, die ihr nur wenig Raum für eigene Wünsche ließ.

- *Unsere Träume und Instinkte ... machen viel weniger Wesens von sich.*
- *Sie wollen uns nichts beweisen, sie möchten nur hinweisen, aufmerksam machen.*
- *Und oft verraten sie uns – wenn auch zuweilen in Rätseln -,*
- *was wir uns selbst nicht einzugestehen wagen.*

  (Rudolf Hagelstange)

Podcast »humansarehappy« von Leonard Gabriel Heygster

Im April 2022 führte Leonard Gabriel Heygster mit mir ein Gespräch für seinen Podcast.
Er versammelt in seinem Podcast interessante Menschen, die mit dem Begriff »Wohlbefinden« eigene Erfahrungen oder die anderer zum Thema Zufriedenheit und Glück beschreiben. Sehr zu empfehlen! Ich zitiere aus seinem Vorwort zum Podcast »Träume«:

»Heide Nullmeyer, was sind Träume?« »Träume sind wunderbare Botschaften, uns weiterentwickeln zu dürfen.«
In dieser Folge spreche ich mit ihr über Persönlichkeitsentwicklung und Wohlbefinden – darüber, wie wir Anpassungsdruck, Erwartungen von außen und innen sowie Ängste hinter uns lassen können, um zufriedener zu werden. Wie Traumarbeit dabei eine sinnvolle Unterstützung sein kann, erklärt Heide Nullmeyer im Podcast.

Persönlichkeitsentwicklung – das Lösen von äußeren Umständen

Weiterentwicklung ist ein wichtiges Thema in unserem Leben. In unserer persönlichen Entwicklung sind wir dabei häufig durch äußere Einflüsse und Erwartungshaltungen anderer beeinflusst. Heide Nullmeyer plädiert dafür, sich so gut es geht von diesen äußeren Abhängigkeiten zu befreien, um zu sich selbst zu finden und sich bewusst und selbstständig weiterentwickeln zu können. Denn: durch das Anpassen an die Erwartungen anderer könne keine Auseinandersetzung mit sich und der Welt stattfinden. Aber wie löst man sich vom äußeren Druck? Die Einstellung zu sich selbst zähle. Es sei wichtig, die eigenen Fähigkeiten richtig einschätzen zu können, um sich gewisse Dinge zuzutrauen. Wenn sich dann wertvolle Chancen im Leben ergeben, können sie genutzt werden – mit dem nötigen Selbstbewusstsein und Selbstvertrauen.

Angst ade

Selbstzweifel und vor allem Angst spielen dabei oft eine große Rolle. Was passiert, wenn es nicht funktioniert? Heide Nullmeyer zeigt Möglichkeiten auf: »Man darf auch scheitern.« Und manchmal dauert es eine Weile, bis das nötige Selbstvertrauen da sei, um eine Angst zu überwinden. Um neue Erfahrungen zu machen und über sich selbst hinauswachsen zu können, sei die Angst aber ein guter Wegweiser. »Wo die Angst ist, geht's lang.« Man müsse sich trauen, über sie hinauszugehen und – so Heide Nullmeyer – »aus dem Karree zu springen.«

Träume als Wegweiser zum Wohlbefinden

Nicht nur eine positive persönliche Entwicklung kann das Wohlbefinden steigern, auch Träume können ein Wegweiser dafür sein. Heide Nullmeyer erklärt: »Traumbilder wollen uns immer auf etwas hinweisen, was in unserem Leben noch nicht ganz rund läuft.« In diesem Sinne könnten Träume auch als »Wächter des Wohlbefindens« interpretiert werden. »Wer sich mit seinen Träumen beschäftigt, wird Antworten finden, die ihn immer näher zu sich selbst bringen«, sagt die Psychologin. Träume könnten uns – bei einer intensiven Auseinandersetzung mit ihnen – gleichnishaft zu verstehen geben, was der Grund für innere Blockaden ist.

Selbstliebe durch Verzeihen

Was unser Wohlbefinden auch erhöht, so Heide Nullmeyer, sei Selbstliebe. Die Voraussetzungen dafür: sich selbst zu verzeihen. Doch wie? Hadern wir mit Dingen, die wir damals noch nicht sehen oder wissen konnten, ist es förderlich, sich dies immer wieder bewusst zu machen. Sollten wir früher etwas bewusst getan haben, wegen dem wir heute hadern, hilft der Gedanke: »Ich konnte es damals noch nicht anders. Ich musste erst noch tiefer an den Grund kommen, bevor ich etwas ändern konnte.« Die wichtigste Einsicht sei, dass wir uns verzeihen dürfen. Aber Verzeihen sei ein Prozess, dessen Ergebnis erst schrittweise zustande komme. »Wir sind ja alle auf dem Weg, immer auf dem Weg«, sagt Heide Nullmeyer. Dadurch könnten wir ein Leben lang dazulernen und uns stetig weiterentwickeln. »Wo kommen wir her und wo gehen wir hin?« sei auf unseren Wegen eine spannende Frage, die wir uns alle einmal stellen sollten. Neugierig geworden auf das Gespräch mit Heide Nullmeyer?« – humansarehappy.org

Die menschliche Seele ist doch ein wunderbares Wesen
und der Zentralpunkt aller ihrer Erkenntnisse ist der Traum.
(Friedrich Hebbel)

Träume die Entwicklungen zeigen – aus Seminaren in Österreich

»Träume sprechen in Gleichnissen.
Sie beschreiben in vielfältigen, oft verwirrenden Bildern
unsere seelisch geistigen Vorgänge.
Träume enthalten Botschaften, die uns helfen, freier
und glücklicher zu leben.
Träume können Probleme lösen,
wenn wir ihre Sprache richtig verstehen.«

Heide Nullmeyer und Ortrud Grön

Unsere Seminare auf Schloss Goldegg, einem Seminarzentrum im Salzburger Land, waren für Ortrud und für mich immer eine besondere Freude. Die Atmosphäre dort hat uns allen gutgetan. Liebevoll und professionell wurden wir vom Organisationsbüro – unter der Leitung von Barbara Tscherner – unterstützt. Die vielen unterschiedlichen

Menschen durch ihre Traumbilder zu begleiten und mit ihnen zusammen einen Erkenntnis- oder Lösungsschritt zu erarbeiten, war auch für uns als Begleiterinnen sehr oft anrührend und hat auch uns bereichert.

In den folgenden Kapiteln möchte ich Ihnen Träume vorstellen, die eine Entwicklung zeigen und an denen man ablesen kann, wie sich der Prozess der Veränderung im Alltag positiv auf die Träumer und Träumerinnen ausgewirkt haben.

Anton – durch eine Krankheit zur Traumarbeit gekommen

Anton war einer der ersten Teilnehmer in unseren Seminaren auf Schloss Goldegg. Er hat Ortrud und mich über viele Jahre überall dorthin begleitet, wo wir Traumseminare angeboten haben. Sein Interesse ging so weit, dass er sich für die Fortbildung in Traumarbeit an der »Bayerischen Akademie für Gesundheit« angemeldet hatte, die dann durch Ortruds Tod 2020 nicht mehr weitergeführt wurde.

Seine Lebensgeschichte in Verbindung mit seinen ersten beiden Träumen hat uns aufgewühlt. Anton ist in Rumänien geboren. Zu der Zeit wickelte man Neugeborene für drei Tage in ein Tuch, bevor sie ausgepackt wurden. Anfangs begriff man nicht, warum das Baby so gut wie nichts getrunken hatte, bis man feststellte, dass ihm die Kraft dazu fehlte. Um den Bauchnabel von Anton herum war alles entzündet. Ein erstes Krankenhaus konnte nicht helfen. In allerletzter Minute kratzten die Eltern ihr Erspartes zusammen, um ihren Sohn in ein weiter entfernteres Krankenhaus zu bringen. Dort konnte er erst nach zehn Tagen operiert werden, weil kein Verbandsmaterial vorhanden war, die Wunde zu schließen. Der gesamte Bauchraum war entzündet und musste aufgeschnitten werden. Die Angst der Eltern war derart groß, der kleine Anton werde die OP nicht überleben, dass sie ihn noch taufen ließen, um ihren Sohn nicht namenlos beerdigen zu müssen. Diese

Angst, meint Anton heute, habe sich schon in den ersten Kindertagen auf ihn übertragen. Bis heute begleitet ihn eine gewisse Angst, geliebten Menschen könne etwas passieren.

Anton schrieb mir, wie es dazu kam, dass er an unserem Seminar 2012 teilnahm.

»Zum Zeitpunkt der beiden ersten Träume war ich in einer schwierigen Situation. Ich war an Neurodermitis erkrankt, die in einer Klinik behandelt wurde. Eine Therapeutin hatte mir von Ortrud Grön und ihren Büchern erzählt. Ihr Büchlein »Leben ist eine Kuh, die dauernd ihre Euter füllt«, ließ ich mir noch in die Klinik schicken.«

Zu dieser Zeit war Anton Betriebsratsvorsitzender mit damals mehr als 300 Beschäftigten in einem metallverarbeitenden Betrieb. Ohne große Erfahrung war er in dieses Amt hineingeschlittert. Er hatte den Ehrgeiz, die Arbeit seines verstorbenen Vorgängers in dessen Sinn weiterzuführen, was sich als sehr schwierig erwies. Außerdem begann seine Frau ein Studium und Anton war Co-Trainer im Fußballverein seines Sohnes.

»Als ich in die Klinik kam, schaffte ich es nicht einmal, wenige Augenblicke ruhig zu sitzen und mich auf meinen Atem zu konzentrieren. In den ersten Wochen schaffte ich kaum zwei der sechs Übungen. Seitdem praktiziere ich autogenes Training bis heute jeden Tag.
Damals war alles aus dem Rhythmus geraten. Ich konnte mich kaum auf eine Sache konzentrieren, geschweige denn auf mehrere gleichzeitig. All das wollte ich aber im Griff haben. Das war mein Motto und mein Ziel. Und wenn es nicht so lief, was es ja auch nicht tat, war ich genervt, aggressiv, unzufrieden, unleidig usw. Das ging viele Jahre so, bis ich krank wurde.«

Antons Träume – Traum vom 7.3.2012

1. *Ich war in einem feuchten Gewölbekeller, etwa 20 m lang und 2–3 m breit. Der Boden war mit großen Steinen belegt, die in einem ca. 10 cm tiefen Wasser lagen. Ich hatte meinen Rucksack dabei, den ich auf einen Stein gelegt hatte.*
2. *In dem Raum waren noch zwei grau-schwarze Ratten. Die eine Ratte ist durch den Raum immer hin und her geflitzt und immer wieder ins Wasser gesprungen. Die andere Ratte wollte unter meinem Rucksack Schutz suchen, was ich, obwohl ich Ratten eklig finde, zugelassen habe. Ich stand nur da und habe die Situation beobachtet.*
3. *Plötzlich gab es so etwas wie einen Sturm, Wind kam auf. Die schutzsuchende Ratte war ganz verscheucht, die andere lief noch wilder herum. Wir wollten alle raus aus dem Raum. Ich wollte meinen Rucksack nehmen und flüchten. Da ich nichts sah, griff ich immer wieder auf die Ratte. Nach dem zweiten bzw. dritten Griff fühlte ich, dass die Ratte auf meinem Rucksack saß.*
4. *Einige Augenblicke später gab es einen heftigen Orkan um mich, der von unten, von den Füßen hoch, entlang dem Körper über meinen Kopf hinwegraste. Das habe ich auch genauso gefühlt/gespürt. Nachdem der Okan meinen Kopf durchstreift hatte, war sofort Stille.*

Der feuchte Gewölbekeller steht für die schrecklichen Erfahrungen der frühen Lebenstage von Anton. Der Keller ist das Fundament unseres Lebenshauses. Dorthin führt ihn der Traum zurück. Damals schon wurden ihm die großen Steine in den Weg gelegt, die sein Leben begleitet haben und die ihn gefühlsmäßig tief geprägt haben. Anton erlebt noch einmal den Orkan, der seine ersten Lebenstage begleitet hat. Das 20 m lange Kellergewölbe deutet durch die Zahl 20 an, dass im Unbewussten bereits »Freiheit« und »schöpferische Kraft« angelegt sind, die in seinem späteren Leben zum Ausdruck kommen (siehe Zahlensymbolik).

Ratten sind Tiere mit einer hochentwickelten Intuition – im Volksmund sagt man: »Ratten verlassen das sinkende Schiff«. Es sind soziale Tiere, die noch im Schatten des Triebhaften leben. Sie stehen für eine emotionale Verhaltensweise, die noch entwickelt werden muss. Ihr Hauptziel ist: »Egal wie, ich will leben.«, so wie Anton um sein Leben gekämpft hat. Die beiden Ratten zeigen die Ambivalenz im Triebhaften. In stürmischen Situationen – unter Druck – zeigt sich Anton einerseits hilflos, unkonzentriert, kann sich nicht auf eine, geschweige denn auf mehrere Sachen konzentrieren – alles ist aus dem Rhythmus (schutzsuchende Ratte) – andererseits will er genau dieses alles im Griff haben, reagiert dann aber genervt, aggressiv, unzufrieden (noch wilder herumlaufende Ratte).

Die eine Ratte, die unter seinem Rucksack Schutz sucht, nimmt er erst einmal als Bürde mit (Rucksack = Altlasten, die er mit sich herumträgt).

Orkan: Luft ist das Gleichnis der gedanklichen Bewusstwerdung. Die Dynamik von Sturm und Wind will Anton provozieren, mit gedanklicher Kraft aus diesem Kellergewölbe (Kindheit) rauszukommen. Gleichzeitig können auch die stürmischen Situationen in Antons damaligem Leben eine Rolle spielen. Anton wird ganzheitlich angegriffen, von den Füßen über den Kopf, von unten nach oben – dabei geht es sowohl um einen inneren wie äußeren Orkan. Die Subjektebene bedeutet, werde dir bewusst, was bei dir los ist. Auf der Objektebene zeigt sich, dass Anton an Neurodermitis erkrankt ist.

Brief von Anton:
»Nach der Besprechung mit Heide und Ortrud wollte ich erst nicht so recht wahrhaben, dass der Traum mit meiner Kindheit zu tun haben sollte. Ich kam mir so unbeholfen vor, alle in der Gruppe stellten Fragen, äußerten Vermutungen, gaben Tipps. Mich vor fremden Menschen zu offenbaren und womöglich auch noch Schwächen zu zeigen, hatte ich bis dahin nie gelernt und auch nicht zugelassen. Ich wollte immer alles im Griff haben. Ich saß da und wusste nicht, was ich sagen sollte. Ortrud arbeitete noch in der Pause mit mir an meinem Traum weiter, was mir ein schlechtes Gewissen machte.
Einige Wochen nach dem »Gewölbetraum« war ich zur Kur an der Nordsee wegen meiner stressbedingten Neurodermitis. Dort ließ mich der Therapeut vor der Gruppe im Raum im Kreis laufen. Eine Mitpatientin sollte meinen Gang nachmachen. Ich konnte kaum glauben, was ich sah: Mein Gang sah hochnäsig aus. Der Therapeut, der meine Geschichte nicht kannte, meinte, aufgrund seiner Erfahrung, dass ich in den ersten beiden Lebensjahren eine schlimme Erfahrung gemacht habe. Mein Gang deute darauf hin, dass ich noch Ängste aus dieser Zeit mit mir herumtrage. Danach habe ich ihm meine ersten Lebenstage geschildert.«

Traum 8.3.2012 – (ein Tag nach dem ersten Traum)

1. *Ich stand mit meinem Rucksack an einem Uferstrand.*
2. *Im Wasser lagen zwei unbekannte Gegenstände, die ich herausholen wollte. Ich hatte aber Angst, weil ich angezogen war.*
3. *Eine Frau war im Wasser (meine Frau?). Ich habe die Person herbeigerufen, um die Gegenstände aus dem Wasser zu holen.*
4. *Im gleichen Atemzug spürte ich, wie der Wind, Sturm und Orkan meinen Körper ergriff.*

Anton ist nicht mehr im Keller, er steht an einem Uferstrand. Das heißt, dass sich für Anton ein neues kreatives Lebensufer durch die Kur eröffnet, wenn er auch noch belastet ist (Rucksack).

Dieser Traum zeigt Anton, dass er sich durch eine Frau (sie steht für einen Erkenntnisanteil in ihm) helfen lässt, zwei ihm noch unbekannte Gegenstände zu bergen. Die Zahl zwei sagt, dass es dabei noch um eine Ambivalenz geht, die er noch erkennen muss.

Noch erlaubt ihm der Orkan nicht, zu erkennen, um was es sich dabei handelt.

Traum 15.4.2013 – (ca. ein Jahr später)

1. *Ich bin unterwegs mit dem Fahrrad, um auf einem Weingut Wein zu kaufen. Es empfängt mich eine Frau.*
2. *Eigentlich ist der Eingang für Kunden auf der anderen Seite des Gutes. Ich müsste um das Haus herum. Sie ließ mich aber durch. Ich schob das Fahrrad, es war sehr eng. Es standen viele Sachen herum.*
3. *Wir gingen durch einen Garten. Dann kam eine genial angelegte Auberginen-Plantage, durch die wir gehen mussten. Die Auberginen hingen von überall herab, der ganze Raum war voll damit. Der Kontrast mit den grünen Blättern und der Frucht war sehr schön und voluminös anzusehen. Dazwischen die vielen Rohre, die der Versorgung der Pflanzen dienten. Dann gingen wir weiter.*

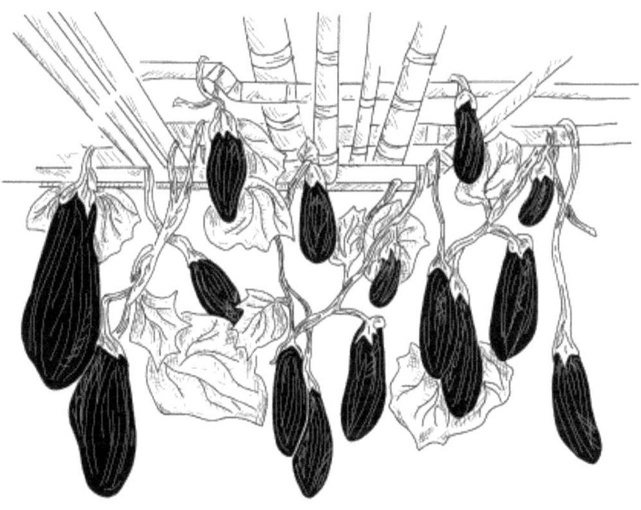

Anton ist unterwegs mit dem Fahrrad (Ein Fahrrad steht für Gleichgewicht – Fühlen und Denken sind im Einklang). Er will Wein kaufen. Wein ist das Ergebnis eines Gärungsprozesses. Es ist die höchste Verwandlungsstufe der Gefühle, wenn Wasser, das für Gefühle steht, über die Reifung von Früchten zu Wein wird.

Empfangen wird Anton von einer Frau (Frau= Erkenntnis), die ihn für würdig hält, ihn direkt ins Haus zu lassen. Er muss keinen Umweg mehr machen, um an den Wein zu kommen, wenn auch der Weg dorthin beschwerlich ist (Enge usw.).

Auberginen sind Früchte des Südens. Der Süden bringt in Träumen neue emotionale Bedürfnisse ins Spiel. Die Auberginen zeigen Anton, auch durch die Farbe violett, was er ein Jahr nach seinem Gewölbekeller-Traum schon für sich geschafft hat. Die Farbe violett setzt sich zusammen aus rot (= Die Farbe des Blutes, die assoziiert ist mit Lebendigkeit) und blau (die Farbe des Himmels für Klarheit). Der Farbe Violett wird der höchste Energiewert zugestanden, was bedeutet, Fühlen und Denken sind in Harmonie.
Die Rohre zeigen, dass Anton sich selbst versorgen kann mit geklärten Gefühlen, um in seiner Lebensgestaltung die Früchte zu ernten, die er durch die vielen Erkenntnisse inzwischen gewonnen hat.

Traum vom 26.4.2018 (sechs Jahre nach dem ersten Traum)

Diesen Traum träumte Anton ca. einen Monat nach seiner erneuten Wahl zum Betriebsratsvorsitzenden. Inzwischen war die Zahl der Kollegen auf elf angestiegen, die Zahl der Beschäftigten auf mehr als 400. In dieser Zeit beobachtete er an sich, dass er sehr oft anderer Meinung war als seine Kollegen. Er musste oft persönliche Angriffe, Vorwürfe und Beschuldigungen einstecken. Er musste Meinungen bei der Geschäftsleitung durchsetzen, die weit weg waren von seiner grundsätzlichen Einstellung zu den Themen. Dieses Verhalten hat ihn

belastet. Dennoch blieb er kämpferisch. Er wollte das, was er sich in den Jahren aufgebaut hatte, nicht so ohne Weiteres aufgeben.
Kurz vor dem Traum hatte er seine Heimatstadt in Rumänien besucht, in der es eine 150 Jahresfeier gab. Dieses Wiedersehen hat ihm gezeigt, wieviel er für sich erreicht hatte seit seiner Geburt. Und der nachfolgende Traum bestätigt es.

Der Borzdorfer Fussballclub ordert 50.000 oder 5.000 Würste, anstatt 500 oder 1.000 Würste.

Der Ort Borzdorf erinnerte Anton an ein Fußballturnier, das in einem Ort namens Borsdorf in der Nähe von Leipzig vom Betrieb aus organisiert worden war. Der Traum hat also auch etwas mit der Firma zu tun (Würste bedeuten Nahrung = Energie).

Die Zahl 50.000 ist eine sehr hohe Zahl (vierstellige Zahlen von 1.001 – 9.999 sind zu verstehen als Prozess des Gestaltens der Kreativität. Bei 10.000 ist dieser Prozess abgeschlossen und steht für reine Lebensfreude). Dies scheint mir nicht mit den Schwierigkeiten Antons in Bezug auf seine Arbeit im Betriebsrat kompatibel. Vielleicht stellt sich Anton selbst die Frage, ob sein Ehrgeiz als Betriebsratsvorsitzender nicht zu übertrieben ist, seine Vorstellungen im Team durchzusetzen. Der Fußballclub zeigt ihm, dass Teamgeist, auch bei den Kollegen in der Firma, gefragt ist.

Die Zahl 5.000 ist ebenfalls hoch. Die Zahl 1.000 ist mit dem Lotos assoziiert. Der Lotos kommt aus dem Sumpf an die Oberfläche und entfaltet dort eine Blüte. Sie bestätigt Anton, dass er mit seinen Gedanken richtig liegt. Im Gleichnis heißt das:
Anton hat sich aus der Tiefe seines Kellergewölbes herausgearbeitet und sein jetziges Leben zur Entfaltung (Blüte) gebracht. Jetzt will er mit allen 5 Sinnen (5.000) seine Arbeit kreativ so einsetzen, dass er sich damit identifizieren kann, was eine Etappe auf dem Weg in die pure Lebensfreude ist.

Die 100er Zahlen besagen, dass er sich bereits aus den Ängsten der Kindheit befreit hat und seine Kraft kreativ umsetzt (anstatt 500 oder 1000), das heißt: Diese Phase hat er bereits hinter sich gelassen.

Anton schrieb mir zu seinem Traum:
»Ich erkenne, was ich wirklich will. Ich weiß, was zu mir passt. Ich denke, auch das Gremium hat gespürt, dass ich meine kreative Kraft weiter einsetzen möchte … Mein Sinn für Gerechtigkeit, mit dem ich in meiner Funktion als Betriebsratsvorsitzender immer seltener mit meiner Meinung durchkam, hat mich belastet. Ich bin sehr froh, bei euch im Seminar gewesen zu sein. Ich habe sehr viel über mich gelernt. Meine darauffolgenden Träume haben mir immer sehr schön gezeigt, wo ich mich seelisch gerade befinde. Ich schreibe seit nunmehr knapp zehn Jahren meine Träume auf. Es gibt Phasen, in denen ich wochenlang keinen Traum erinnere, dann wiederum einige Tage hintereinander.

Meine Träume haben mir gezeigt, dass ich zumindest eine Pause von der Betriebsratsarbeit brauche. Ich bin meinem Gefühl gefolgt und habe mein Mandat niedergelegt. Von der Belegschaft hatte ich so viele überwältigende Reaktionen des Bedauerns, was mir sehr gutgetan hat. Heute geht es mir gut. Ich bin sehr zufrieden mit meinem Leben.«

Inge – Wohin führt mein Weg?

Inge, eine Therapeutin, die – trotz beruflicher Erfolge – Angst hatte, ohne finanzielle Unterstützung ihres Mannes nicht überleben zu können, stellte folgenden Traum vor:

1. *Ich bin unterwegs und weiß nicht genau wohin.*
2. *Ich komme zu einem Holzhaus mit einer alten Veranda und steinernen Stufen. Es sind vielleicht drei oder vier Stufen. Dahinter ist der Eingang, aber den sehe ich nicht.*

3. *Eine Frau – sie ist mir nicht bekannt – mit dunklen Locken und einem freudestrahlenden Lächeln – begrüßt mich. »Dein Wunsch wird dir erfüllt, du kannst sterben.« Ich freue mich darüber und lege mich in Embryohaltung auf den Boden.*
4. *Der Rasen vor dem Haus verwandelt sich in einen Parkettboden. Ich bin in einem Seminarraum und es sind viele Leute aus meinen Ausbildungskursen um mich.*
5. *Die freundliche Frau sagt: »Du kannst stehenbleiben!« Und in mir taucht der Gedanke auf: Aha, dann sterbe ich wohl an einem Herzinfarkt.*
6. *Ich sage zu dieser Frau, dass ich sehr gerne meine Nichte Angelika bei mir hätte. Sofort ist Angelika da.*

Noch ist die Teilnehmerin auf der Suche, noch weiß sie nicht, wie ihr Weg weitergeht.

Inge wünschte sich so sehr die Geborgenheit, die sie als Kind von ihrem Großvater bekam. Doch noch sieht sie nicht den Zugang zu diesem inneren geborgenheitsgebenden Haus (Holzhaus mit Veranda – sie sieht den Eingang nicht). Damals konnte sie ihren Wünschen nachgehen (drei und oder vier Stufen). Das bedeutet, dass sie längst erkannt hat (3. Stufe = ich erkenne – 4. Stufe ich überlege), wie sie ihr Leben unabhängig gestalten möchte.

Bei der Erarbeitung berichtet sie, dass sie seit Pfingsten eine Kraft in sich spürt, endlich die Unabhängigkeit von ihrem Mann zu erreichen, indem sie auf jegliche materielle Absicherung verzichtet hat. Die Frau, die Inge freudestrahlend empfängt, zeigt, dass in ihr unbewusst (dunkel) eine emotionale Lockerheit (Locken) vorhanden ist. Jetzt war sie so weit, sich selbst diese Geborgenheit zu geben. Jetzt kann sie die Trennung von ihrem Mann vollziehen und ihre Abhängigkeit sterben lassen. Die Embryohaltung zeigt ihr, dass sie noch einmal anfangen kann, ihr Leben frei zu gestalten.

Ihre therapeutische Arbeit gibt ihr große Befriedigung. Die Wachstumsprozesse (Gras) sind inzwischen zu festem Boden geworden (Parkett) und sie bekam von vielen ihrer Teilnehmer und Teilnehmerinnen Anerkennung für ihre Arbeit.

Noch fühlt sie in sich eine Ambivalenz zwischen Standfestigkeit (du kannst stehenbleiben) und der Angst, dass die Belastung für sie, ohne ihren Mann, zu groß werden könnte (Herzinfarkt).

Die Eigenschaften ihrer Nichte Angelika, die sie auch in sich selbst verwirklichen möchte, beschreibt sie mit Hilfsbereitschaft und Humor. Ihr gelingt es, auch schwierige Dinge anzusprechen ohne zu verletzen.

Wenig später übermittelt die Träumerin uns noch einen Traum, der ihre Weiterentwicklung zeigt:

1. *Ich stehe am Ufer eines Sees. Ein wunderbares klares Wasser, sehr warm und einladend.*
2. *Um in den See hineinzusteigen, muss ich über eine steinerne Stufe – einen anderen Weg in den See gibt es nicht.*
3. *Beim Schwimmen begleitet mich ein Regenbogen in meinem Rücken.*

Das erste Bild zeigt, wie klar die Gefühle (See) der Träumerin inzwischen sind.

Noch muss sie eine steinerne Stufe, wie im ersten Traum, überwinden, was aber gelingt.

Die Farben des Regenbogens zeigen, dass sie die Fähigkeit entwickelt hat, Gefühle (rot) und Gedanken (blau) harmonisch (gelb) in Einklang zu bringen. Ein Regenbogen entsteht nach Gewittern, wenn der Himmel wieder klarer wird. Dass der Regenbogen hinter ihrem Rücken auftaucht, heißt, wie gut ihr der Prozess mit ihrer schwierigen Situation fertig zu werden, gefühlsmäßig gelungen ist (schwimmen im Wasser = in Gefühlen baden – und Rücken = Vergangenheit).

Um diese beiden gerade beschriebenen Träume in mein Buch aufnehmen zu dürfen, nahm ich, nach 13 Jahren, Kontakt zu Inge auf. Sie leitete damals das Tiroler Institut für Logotherapie nach Viktor E. Frankl in Innsbruck. Inge war hocherfreut von mir zu hören, rief mich an und berichtete mir von zwei weiteren Träumen, die den erfreulichen Fortgang ihres Lebensweges schildern. Sie schickte mir die beiden Träume, die ich Ihnen jetzt vorstellen möchte, mit Anmerkungen. Sie hängen bei Inge an einem Ast in ihrem Wohnzimmer. Sie schrieb dazu: »Damit ich die Stimmung nicht vergesse, wenn die Sorgen-Geister auftauchen, und damit ich mich erinnere, dass mein Leben wesentlich ärmer wäre ohne diese geheimnisvollen Kräfte oder ohne ›die zentrale Ordnung‹, wie Werner Heisenberg dies nannte.«

Das Erbe des Großvaters

Inge träumte diesen Traum, nachdem sie die letzte Rate der Schulden ihres Mannes in Höhe von 230.000 € überwiesen hatte. Anfangs, so schrieb sie mir, konnte sie sich nicht vorstellen, jemals dazu in der Lage zu sein. In dieser schweren Zeit der Entbehrungen gönnte sie sich als einzige Erholung, morgens um 7 Uhr schwimmen zu gehen, um gleich danach weiterzuarbeiten. Urlaub war in all den Jahren nicht möglich. Wenn sie frühmorgens ihre Runden drehte, dachte sie an ihren Großvater, von dem sie sich geliebt und verwöhnt fühlte. Er hatte ihr als Kind das Schwimmen beigebracht und sie, obwohl er kein Geld hatte, als 8-Jährige in die »Zauberflöte« eingeladen. Ihm verdankt sie auch ihre Freude an der Kultur.

1. *Ich bin auf der Tagung, die ich organisiert habe. Das Geschehen ist bereits voll im Gang. Ich begegne vielen Menschen und ich nehme*

mir für jeden Zeit, obwohl ich mich eigentlich um die Organisation kümmern sollte. Ich bin von einem Vertrauen beseelt, dass die Referenten ihre Sache gut machen und ich dadurch viel Freiraum habe.

2. *So gehe ich mit dem Begleiter vom Dalai Lama spazieren. Dieser hatte mich gebeten, seinem Begleiter einen bestimmten Ort zu zeigen. Ich gehe mit ihm nach Hötting, jenen Stadtteil, in dem meine Großeltern gewohnt haben. Das Haus, zu dem der Mann muss, liegt oberhalb vom Friedhof, auf dem meine Großeltern begraben sind.*
3. *Ich gehe zurück zur Tagung ins Kongresszentrum nach Innsbruck. Da begegne ich meinem Großvater. Ich freue mich unglaublich, ihn zu sehen und erzähle ihm mein ganzes Leben und dass ich froh bin, dass ich sein Erbe gut verwaltet habe. Ich möchte es ihm zeigen und auf einmal sind wir in Reith bei Seefeld, wo mein Großvater eine Zeit gelebt hat.*
4. *Ich sperre ein verwittertes dunkles Holzgatter auf und achte, dass Opi auf den alten Stufen nicht fällt. Erst nachdem ich das Holzgatter aufsperre, wird das Anwesen sichtbar. Ich zeige ihm, was aus seinem Grundstück geworden ist. Eine Art Hotel an einem See, die Sonne scheint, es ist warm und rundherum sind grüne Wiesen. Das Hotel hat viele Balkone und alle haben rote Blumen. Das Besondere ist, dass man von den Zimmern im Erdgeschoss direkt in den See kann. Die Farbe des Sees ist erneut jenes türkisblau, von dem ich schon öfter geträumt habe.*
5. *Ich stehe neben meinem Großvater und schaue auf den See und das Haus. Er sieht mich lange an. Dieser Blick von ihm ist ein Staunen, für das es keine Worte gibt. Dann fällt mir ein, dass ich eigentlich zum Kongress wollte. Auf einmal ist es nicht mehr wichtig. Ich bleibe bei meinem Großvater. Ein intensives Gefühl von Heimat und Dankbarkeit und mir wird bewusst, dass ich nichts mehr tun muss.*

Inge begegnet auf der Tagung vielen Menschen (ihren verschiedenen Anteilen). Sie nimmt sich Zeit, gut mit ihnen in Kontakt zu sein. Die Tagung ist das Symbol für Inges inneren Arbeitskreis. Hier werden noch einmal alle Schritte ihrer Entwicklung auf den Tisch gebracht. Den Referenten (tatkräftige und ihr bekannte Anteile – Männer und Frauen) vertraut sie, dass diese ihre Sache gut machen und sie dadurch Zeit gewinnt.

Die nutzt sie, um mit dem Begleiter des Dalai Lama (auch ein Anteil von Inge) spazieren zu gehen (Der Dalai Lama gilt als Papst für die Buddhisten in Tibet. 1989 erhielt er den Friedensnobelpreis. Als buddhistischer Mönch versinnbildlicht er unsere Fähigkeit, das eigene Leid überwinden zu können).
Da es der Auftrag des Dalai Lama ist, dem Begleiter einen bestimmten Ort zu zeigen, ist der spirituelle Anteil von Inge gemeint, der auch ein Anteil von ihr ist, und da der Begleiter das Vertrauen des Geistlichen genießt, ist Inge mit diesen Anteilen unterwegs.
Der Stadtteil und später auch der Friedhof, auf dem die Großeltern beerdigt sind, weist auf das innere Haus von Inge hin (ihre Befindlichkeit, wenn sie an die Großeltern denkt).
Mit diesem Bewusstsein kehrt sie nach Innsbruck zurück ins Kongresshaus. Dort begegnet sie ihrem Großvater. Ihm offenbart sie ihr Leben und freut sich darüber, dass sie sein Erbe so gut verwaltet hat (Es sind die Anteile, die der Großvater ihr mitgegeben hat: trotz Schwierigkeiten, nicht zu verzweifeln und sich dem Leben immer wieder neu zu stellen). Der Großvater hatte schon im Ersten Weltkrieg gekämpft und war besonders vom Zweiten Weltkrieg gezeichnet. Aufgrund körperlicher Einschränkungen musste er das Haus, das er Anfang der 1930er Jahre gebaut hatte, verkaufen.

Das alte Holzgatter zeigt, dass Inge stolz auf ihre gewachsenen Erkenntnisse sein darf (dafür steht das Holz, das von Bäumen stammt). Sie hat das Erbe des Großvaters in ein Kleinod verwandelt.

Es ist ihr Kleinod, das sie sich über die Jahre (altes Holzgatter) erarbeitet hat. Die Art Hotel, in dem viele Menschen vorübergehend wohnen, weist auf Inges Tätigkeit hin, in dem sie vielen Menschen vorübergehend Schutz und Hilfe gewährt hat, als Leiterin des Tiroler Instituts für Logotherapie und Existenzanalyse.
See (ruhige Gefühle), Sonne, Wärme (Harmonie), Balkone mit roten Blumen (lebendige aufgeblühte Wünsche) – Türkis ist die Farbe, mit der die Alten Ägypter auf die gelungene Selbsterlösung hinweisen. Im Traum erscheint TÜRKIS nur, wenn eine aus der Kindheit übernommene Schutzhaltung aufgelöst wurde, die einen wichtigen Lebensbereich des Erwachsenen, wie ein ›böser Geist‹ beeinflusste. Der türkisfarbene See zeigt also, wie sehr Inge mit ihren Gefühlen im Reinen ist. Die Farbe Türkis tauchte bei Inge auch schon in anderen Träumen auf.

Und das Gefühl »Ich habe alles gegeben, ich muss nichts mehr tun« spiegelt auch der Blick des Großvaters (es ist auch ihr Blick auf ihre Lebenssituation), was ein tiefes Gefühl der Dankbarkeit ausdrückt, wie sie auf ihr bisheriges Leben blicken kann und dass es ihr gelungen ist, die große Hürde zu bewältigen, nämlich die enormen Schulden ihres Mannes zurückgezahlt zu haben.

Unterschenkel, umhüllt von wunderschönem Bleiglas

Zum zweiten Traum, den Inge mir nach unserem Telefonat zugesandt hatte, schrieb sie mir: »Ich weiß noch genau, dass ich am Tag danach gerade in Vorbereitung für eine Tagung im Bildungshaus Schloss Puchberg zum Thema »Hoffnung« begriffen war. Kurzfristig hatten mir zwei Leute, die mir vor Ort helfen wollten, abgesagt und ich war ziemlich verzweifelt.

Der Traum gab ihr die Antwort.

1. *Ich bin in einem hellen Raum und entdecke, dass meine beiden Unterschenkel von wunderschönem Bleiglas umhüllt sind. Das Glas ähnelt modernen Kirchenfenstern. Ich sehe, dass die Bleifassung von Hand gemacht ist und kann nur staunen. Ich weiß, es ist ein kostbares Geschenk.*
2. *In der Mitte des Raumes steht ein alter einfacher Holztisch, ohne Tischdecke. Sonst ist der Raum leer. Der Tisch hat offensichtlich Einiges erlebt, er ist von Arbeit gezeichnet.*
3. *Auf einmal steht ein Mann neben mir. Der Mann hat weißes Haar und ein fröhliches Lächeln, es ist Tiziano Terzani. Er bedankt sich bei mir für die gute Abwicklung des Erbes. Ein zweiter Mann ist auch da. Er ist jünger und kleiner und spricht nicht. Dennoch schaut er freundlich und ich habe das Gefühl, er ist mit allem, was der alte Mann sagt, einverstanden.*
4. *Auf mich wirken die beiden, als ob sie vieles miteinander erlebt haben. Dann sagt Tiziano Terzani: »Sie haben uns außerordentlich gut beraten und die Umhüllung Ihrer Unterschenkel ist unser Geschenk an Sie.«*
5. *Ich schaue noch einmal auf meine Beine und denke, dass es doch unangenehm sein müsste, diese Bleiverglasung auf der Haut. Ich berühre mit der Hand den Rand der Umhüllung und entdecke, dass er vollkommen weich und anschmiegsam ist, wie Seide.*
   Die beiden Männer lächeln und Tiziano Terzani sagt: »Es ist gut so und Sie werden noch Einiges erleben, worüber Sie sich wundern.«

Bevor ich auf die Auflösung des Traumes komme, möchte ich Ihnen eine kleine Einführung in die Gleichnisebene des Unter- und Oberkörpers nahebringen.
Der Unterkörper gehört zum sog. »schöpferischen Raum«, im Gegensatz zum Oberkörper, der dem »Freiheitsraum« zugeordnet wird.

Oberkörper	**Freiheitsraum**
Arme/Hände	Handeln in Bezug auf meine Freiheit
Oberarm =	Vitalität zum Handeln aktivieren
Unterarm =	Ambivalenzen überwinden, Widerspruch auflösen
Handgelenk =	weiterführende Entscheidung
Handfläche =	tragfähigen Handlungsspielraum entwickeln
Finger =	Impuls ins Leben bringen, Sensibilität beim Handeln entwickeln

Unterkörper	**Schöpferischer Raum**
Beine/Füße	Schritte in Bezug auf meine schöpferischen Kräfte
Oberschenkel =	Triebbedürfnis wahrnehmen
Unterschenkel =	Widerspruch auflösen
Fußgelenk =	Achillesferse beachten! Sprungkraft der Entscheidung
Fußgewölbe =	Trittfestigkeit aufbauen
Zehen =	Sensibilität für den nächsten Schritt entwickeln

(Fragmente aus einem Seminar zum Thema »Körper« in der »Lauterbacher Mühle«)

Zurück zum Unterschenkeltraum, umhüllt von wunderschönem Bleiglas

Die beiden Unterschenkel bedeuten, dass Inge den Widerspruch zwischen Angst und Hoffnung, die Tagung könnte nicht gelingen, auflösen muss (Schienbein = Schmerzseite und Wadenbein = Fülle des Lebens, im Gleichgewicht zwischen Fühlen, linker Unterschenkel, und Denken, rechter Unterschenkel). Was bedeutet Blei? Es wird im Gleichnis so übersetzt: »Alte Umklammerungen aus der Kindheit müssen aufgelöst werden, die unsere Gefühle nach außen abschotten.« Das bunte Glas der Unterschenkel erinnert Inge an

Kirchenfenster (Die Kirche symbolisiert den Glauben in den eigenen geistigen Weg, Glaube und Vertrauen an sich selbst).
Im Falle von Inges Traums waren es genau die Farben, die sie als ersten Eindruck vom Tagungsraum hatte und sie schickte ein wunderbares Bild mit. Dazu schrieb sie mir, dass sie immer als Erstes allein in den Tagungsraum ginge, um zu spüren, dass die mühevolle Arbeit kurz vor der Vollendung stehe. Genau die Farben – rot, blau, weiß und gelb spiegelten sich auch in ihren bleiverglasten Unterschenkeln. Aus der Schwere der in ihrer Kindheit gefühlten Umklammerung, die wie Blei auf ihrer Seele hingen, hat Inge nun schon eine wunderschöne Entwicklung durchlebt.

Der alte Holztisch zeigt ihr, wieviel Arbeit sie schon geleistet hat (zum Beispiel 16 Tagungen allein zu organisieren. Da blieb wenig Zeit für anderes). Der leere Raum wartet, noch gestaltet zu werden.

Tiziano Terzani, italienischer Journalist und Autor, war 30 Jahre lang Ost-Asien Korrespondent des Magazins der »Spiegel«. Er hat die Welt bereist und zog sich später zum Meditieren nach Italien zurück. Inge hat fast alle seiner Bücher gelesen und bewundert ihn sehr. Dieser Anteil, einzutauchen in die Spiritualität, ist das Erbe des Autors. Der zweite Mann (ein junger Handlungsanteil von Inge) ist noch stumm, scheint aber mit allem, was Tiziano Terzani sagt, einverstanden.

Das Geschenk, das Inge erhält, ist die Aufforderung, ihre Kindheits-Umklammerungen (Blei) und den Widerspruch zwischen Angst und Hoffnung (Unterschenkel) aufzulösen, die ihre Gefühle offenbar in ihrer Kindheit abgeschottet haben.

Inge ist bereits im Prozess der Auflösung ihrer Kindheitsproblematik. Das zeigt die Berührung der Bleiverglasung, die sich wie Seide anfühlt. Die Seide zeigt Inge, dass sie schon sehr viele Erfahrungen

verarbeitet hat und die Reife erreicht hat, sich aus der Enge des Kokons, der Angst, etwas nicht zu schaffen, zu befreien, um als schillernder Schmetterling durchzustarten.
(Seide wird aus dem Schmetterlingskokon gewonnen. – Der Kokon ist das Puppenstadium in der Metamorphose von der Larve über Raupe und Kokon bis zum fertigen Schmetterling und symbolisiert eine Zeit, in der wir das, was wir in der gefräßigen Raupenzeit an Erfahrungen dazu gewonnen haben, bereits verarbeiten oder verarbeitet haben. Es gilt, sich aus diesem Kokon zu befreien, Erkennen und Tun zusammenzubringen, um als funkelnder Schmetterling unsere geistige Freiheit zu erleben. Dann können wir von Blüte zu Blüte, von Wunsch zu Wunsch fliegen und neues Leben kennenlernen (aus Ortruds Lehrbuch »Pflück dir den Traum … S. 116, 341).

Zum letzten Bild scheint der Text die Antwort zu geben. Zur Erinnerung nochmal das letzte Bild des Traumes:

Die beiden Männer lächeln und Tiziano Terzani sagt: Es ist gut so und Sie werden noch Einiges erleben, worüber Sie sich wundern.«

Inge hatte mir zu ihrem Traum einen Text aus Tiziano Terzanis Buch geschickt »Noch eine Runde auf dem Karussell«: »Was hatte uns hierhergeführt? Vordergründig die übliche Kette kleiner Schritte, Zufälle, Entscheidungen, die erst im Nachhinein von jemandem gelenkt scheinen, auf den wir wenig Einfluss haben.«

Inge Patsch leitet inzwischen zusammen mit ihrer Tochter einen gemeinnützigen Verein, in dem sie ihre langjährigen Erfahrungen als Therapeutin an andere Menschen weitergibt.
Bei Interesse: https:/logovision-sinnlehre.at

Initialtraum eines Arztes

Ein Landarzt, 54 Jahre alt, beliebt bei seinen Patienten und Patientinnen, die er über Generationen hinweg betreut hatte, geriet noch während seiner aktiven Zeit in eine bedrohliche Lebenskrise.

Obwohl er in seiner Arbeit große Anerkennung erfuhr, beschlich ihn manchmal das Gefühl, nicht zu genügen und sich dem Vertrauensvorschuss seiner Patienten und Patientinnen nicht würdig genug zu erweisen. Er meinte, immer mehr Zeit aufwenden zu müssen, um allen Anforderungen gerecht zu werden. Dadurch geriet er in einen großen inneren Druck, der ihn völlig aus der Bahn warf.

In dieser Zeit fiel ihm das Buch von Ortrud Grön »Ich habe einen Traum« in die Hände. Es war ein Geburtstagsgeschenk von Freunden an seine Frau. Der Inhalt hat ihn derart fasziniert, dass er das Buch an einem Tag durchgelesen hat. Danach hatte er diesen Traum:

1. *An einem sonnigen Sonntag mache ich mit meiner Frau, die seit 35 Jahren meine treueste, liebevollste und unterstützende Begleiterin ist, einen gemütlichen Spaziergang an einem Fluss entlang. Flussaufwärts am Ufer stehen in unregelmäßiger Reihenfolge verschiedene Obstbäume (vorwiegend Apfelbäume), gelegentlich eine Trauerweide.*
2. *Zunächst vereinzelt, dann immer häufiger, kommen uns vornehm gekleidete Menschen entgegen, die, wie sich allmählich herausstellt, alle aus einem museumsähnlichen Haus herauskommen. Sie sind alle sehr ernst und wirken zum Teil traurig, manche weinen sogar und schnäuzen sich ins Taschentuch.*
3. *Aus Neugier entschließen wir uns, das Haus zu betreten, aus dem immer mehr traurige Menschen herauskommen. Wir steigen die Holztreppe hinauf und betreten einen gemütlichen Raum mit schönen alten, dunkelbraunen Holzmöbeln, in der Mitte steht ein großes Bett. Links neben dem Bett am Kopfende sehe ich eine wunderschöne Frau in aufrechter Haltung und würdevoll in einem bis zu den Füßen reichenden, weinroten Rock auf einem*

Stuhl sitzen. Sie gehört eindeutig zu dem Mann, der im Bett liegt, betreut diesen und steht voll zu ihm.

4. *Bei näherer Betrachtung des Mannes sehe ich, dass er schwer krank ist und ein ekelhaftes Aussehen hat, viele Narben im Gesicht, eine hässliche Erscheinung, ein sardonischer Gesichtsausdruck. Ich stehe vor ihm, wie bei meinen Hausbesuchen, und merke, dass ich aus Ekel vor ihm keinen Kontakt herstellen kann. Ich erkenne, dass die Frau auf dem Stuhl meine Frau ist, sie lächelt mich an. Plötzlich erkenne ich, dass der Mann im Bett ich bin. Er will mit mir Kontakt aufnehmen und streckt mir deswegen seine rechte Hand entgegen, die keine Hand, sondern eine Klaue wie von einer Ziege oder von einer Kuh ist. Mich ekelt's immer mehr. Durch seinen sehnsüchtigen Gesichtsausdruck und vor allem durch sein gütiges Lächeln in seinen Augen kann ich meinen Ekel überwinden und gebe ihm meine Hand.*
   Ich wache auf und bin erschöpft glücklich.

Mit dem Lesen von Ortruds Buch erkennt der Träumer die Möglichkeit, sich liebevoll und unterstützend aus seinem Problem begleiten zu lassen (seine Frau). Er bewegt sich entlang seiner Gefühle (flussaufwärts). Trotz der Früchte seiner getanen Lebensarbeit (Obstbäume), die ihm attestieren, dass er unterscheiden kann zwischen dem, was gut ist und was nicht gut ist, muss er sich nun mit dieser gelegentlichen Traurigkeit auseinandersetzen, dem Gefühl, seinen Patienten und Patientinnen nicht zu genügen (Trauerweide). Die Weide fordert ihn auf, die Nähe zu seinen Gefühlen zu suchen, dabei aber biegsam und gleichzeitig robust zu sein.

Die vielen traurigen und weinenden Menschen, die aus dem museumsähnlichen Haus kommen, signalisieren, wie traurig der Arzt darüber ist, was aus ihm geworden war.

Als das Bild der Frau am Bett besprochen wird, erläutert er, dass er die Eigenschaften seiner Frau auch als seine eigene Kraft versteht. Sie hatte sich seinem Problem längst zugewandt, wodurch er die Kraft findet, seinen Widerstand/Widerwillen (Ekel) zu überwinden und sich letztlich anzunehmen.

Die Klaue, die ihm entgegengestreckt wird, erklärt sich so: Kühe und Ziegen sind Wiederkäuer und Paarhufer, d.h., sie verdauen in vier Mägen sehr langsam und gründlich. Die »Paarhufigkeit« (Zahl zwei) deutete darauf hin, dass der Träumer aufgefordert wird, seine Ambivalenz aufzulösen, d.h., sich zu entscheiden, so weiterzumachen wie bisher oder einen Kontakt mit sich aufzunehmen, um weiterzukommen (gibt sich die Hand).

Der Arzt konnte erkennen, dass es ihm gelungen war, die Verbindung mit sich selbst aufzunehmen. Sich mit sich selbst zu versöhnen, die sogenannte »Versöhnungsarbeit«, war ein weiterer, sehr anspruchsvoller Prozess.

Bei der Besprechung mit uns sei die entscheidende Frage gewesen: »Wie gehst du mit dir um?« Er schrieb mir, wie er die Botschaft seines Traumes damals verstanden hatte:

»Ich möchte auch an mich denken, meine Bedürfnisse ernst nehmen und darf nicht verzweifeln, wenn ich nicht für alles eine Lösung habe. Im Rückblick nach fast 15 Jahren bin ich über den dadurch eingeleiteten inneren Veränderungsprozess sehr glücklich.
Es tut so unendlich gut, seine Sehnsucht nach Kontakt und Verbindung mit sich selbst zu spüren und ihr nachzugehen! Ich als erwachsener Mensch mit all meiner Erfahrung und Kompetenz als mein eigener Hausarzt kann meine alten Verletzungen versorgen, um sie zum Abheilen zu bringen. Dass dabei Narben als Spuren zurückbleiben, das ist okay! Der Ekel konnte als krankhafte Introjektion identifiziert und überwunden werden.«

Der Arzt hat inzwischen zwei therapeutische Ausbildungen (tiefenpsychologisch fundierte PT und Hypnotherapie) erfolgreich beendet.

Dabei konnte er erkennen, dass es nicht immer in seiner Macht liegt, ob eine Therapie vorangeht oder nicht. Manchmal liegt die Schwierigkeit auch im Patientensystem. Er ist immer mehr dabei, sich mit seiner Begrenztheit befriedigend zu arrangieren. Er bezeichnet diesen Traum als seinen »Initialtraum«, den er nicht vergessen kann. Immer wenn er dabei ist, sich wieder zu verausgaben, mahne ihn dieser Traum. Er eröffne ihm den Weg zu einem freieren Leben mit individuierter Bezogenheit. Immer mal wieder aufkommende Gefühle von Druck und Überforderung werden als Erinnerungshilfen für mehr Selbstfürsorge, Selbstliebe und Klärung von Verantwortlichkeiten utilisiert.

Volare, cantare ...

Traum von Ludwina, einer Münchener Ärztin – bearbeitet in einer Großgruppe 2004 – der ebenfalls eine erfreuliche Entwicklung zeigt. Ludwina schickte ihn mir mit der Bearbeitung.

Die Vortage
Ich hatte in der Gruppe Schwierigkeiten, da ich mich nicht integriert fühlte und den Eindruck hatte, meine Bedürfnisse hätten keinen Platz.

1. *Satz: Ich muss den Weg des Traumes durchs Wasser suchen.*
2. *Ein Duschkopf, den ich in der Hand halte, dazu die Augen meiner Mutter.*
3. *Satz: Ich habe mich nicht durch die Familie, aber durch die Sonne gewärmt.*
4. *Ich liege auf einem Holzbrett, ganz flach, die Beine müssen soweit angezogen sein, dass sie darauf passen.*
5. *Wie bewältigt man ein Hochkostüm? oder Wie geht man damit um?*
6. *Eine Vorstellung: Cicero hält eine ganz freundschaftliche Rede. Er sagt: »… und im Übrigen denke ich, Carthago muss zerstört werden.« (geträumt in Latein)*

7. *Ich fliege in einer Schaukel o.ä. durch die Luft, die Arme ganz frei. Ich habe das Gefühl, dass ich darin sterben und leben kann.*
8. *Mir fällt das Lied ein: »Alle Vögel sind schon da, alle Vögel alle …« Und ich sehe Blau, auch der Gedanke: ich male mein Gesicht blau. Mir fällt das Lied ein »Volare …«*

Um diesen Traum zu verstehen, muss ich ganz in die Gefühle gehen, die dabei hochkommen.

Ich muss mich immer wieder reinigen von den vorwurfsvollen Augen meiner internalisierten Mutter, mit denen ich mich selbst anschaue und die mir die lustvolle Körper-Reinigungspflege verbieten, die bei der Mutter absolut verboten war.

Ich erkenne, dass ich keine Wärme durch meine Familie bekam – aber ich habe die Wärme aus mir selbst gewinnen können, dadurch, dass ich mich intensiv mit einer jenseitigen besseren und vor allem gerechteren Welt beschäftigte und mich häufig in diese hinein versenkte. Es war eine Art meditative Haltung, was ich damals aber noch nicht wusste, weil ich noch nie etwas über Meditation gehört hatte.

Ich musste die Gestalt des 4. Bildes einnehmen, um meinen Wunsch nach innerer Harmonie zu verwirklichen und dabei weitgehend von der Mutter in Ruhe gelassen zu werden (Sie sah es gerne, dass ich religiös war). Ich musste meinen Körper abhärten und mich ganz klein und flach machen, um ja keine weiblichen Formen zu entwickeln (Rücken heißt: Die Erfahrungen und Erkenntnisse ihrer Kindheit wurden zu einer gewachsenen Struktur in Ludwina).

Ich musste mich einer sehr konventionellen Strenge unterwerfen, wo es absolut darauf ankam, Haltung zu bewahren und nach außen »eine gute Figur« abzugeben. Zum Beispiel musste ich schon als kleines Kind mit Büchern in den Achselhöhlen eingeklemmt essen und ständig im Auge behalten, »dass ich etwas Besseres bin« (adelige Abstammung mütterlicherseits). Ich – und nicht ganz so starr auch die Brüder – wurden in eine Art Zwangskorsett hineingepresst, um dem kritischen Mutterblick »Wie wirkst du auf andere?« zu bestehen.

Um mich den Widerständen von außen anzupassen, musste ich eine ambivalente Haltung einnehmen – offensichtlich hatte ich doch »Carthago« entwickeln können (eine jüngere aufblühende Weltmacht, die aber die Rivalität Roms, das seine alte Vorrechtsstellung angegriffen fühlte, hervorrief). Ich übernahm die unterdrückende und zerstörerische Haltung der Mutter, musste mir aber vormachen, es sei eine ganz »freundschaftliche« Haltung (sonst hätte ich zu viel Protest dagegen entwickelt).

Ich erkenne, dass ich noch einmal (ohne mich festzuhalten, »mit freien Armen«) ins Kindheitsgrab, wo ich meine Freiheit begraben habe, zurücksteigen und die mich hindernden Teile der Mutter in mir (also die negativen Introjekte der Mutter) sterben lassen muss, um mich von den Fesseln zu befreien und mich frei wie ein Vogel bewegen und leben zu können. Es geht darin um den Kampf zwischen Leben oder dem geistig seelischen Tod.

Mit neuer Kraft gehe ich jetzt durch einen geistigen Bewusstwerdungsprozess, in dem ich erkenne, dass ich alle Freiheitskräfte wiedergefunden und zur Verfügung habe (Blau = die Kraft befreiender Gedanken) und mit ihnen eine fruchtbare und lustvolle Verbindung von Fühlen und Denken eingehen kann.
(Ich male mein Gesicht blau).
Das steckt symbolisch im Inhalt des Liedes: »Volare …« – übersetzt »fliegen«.

Ein Jahr später – 2005 – ein weiterer Traum von Ludwina – erarbeitet auf einem Seminar in der »Lauterbacher Mühle«.

Vortag
Ich hatte einen vollen, aber guten Arbeitstag. Abends gab es dann mit meinem Partner beim selbst zubereiteten Essen schöne harmonische Stunden.

»Augen zu und durch«

1. *Ich gehe eine Straße entlang, auf der rechten Seite von mir eine Häuserzeile.*
2. *Ein Haus ist vorne offen wie ein Schuppen, darin ist eine Art Rutsche, die sehr tief nach hinten runtergeht, unten ist Wasser. Um auf die Rutsche zu kommen, muss man aber einen Sprung machen. Eine Bekannte (I.), die ich plötzlich sehe, macht diesen Sprung auf die Rutsche. Ich denke mir: Nein, das will ich nicht. Das ist mir zu gefährlich.*
3. *Ich gehe weiter und entdecke einige Häuser weiter wieder einen Schuppen mit einer Rutsche drin, die diesmal aber bis vorne geht, sodass der Einstieg ungefährlicher und leichter ist. Ich sehe, dass die Rutsche ebenfalls sehr tief runtergeht, unten aber in einem Holzboot endet, das in dem Wasser liegt. Das Wasser ist wie ein See – oder ist es das Meer? Kann ich nicht entscheiden von oben.*
4. *Ich denke erfreut: Ja, hier will ich runterrutschen. Hinter mir fragt eine weibliche Stimme: »Willst du da wirklich runterrutschen?« Ich sage laut: »Ja, das will ich!«*
5. *Und schon bin ich drauf und rutsche runter.*
6. *Als ich unten im Boot ankomme, taucht von der rechten Seite plötzlich ein Mann mit sehr angenehmem Äußeren auf. Ich hatte ihn von oben nicht gesehen. Er lächelt mich sehr liebevoll an und sagt mit warmer Stimme: »Wie schön, dass du da bist.« Mir wird warm ums Herz.*

Ich bin unterwegs, um mir bewusst zu machen (rechte Seite), in welches innere Haus ich einziehen möchte (Häuserzeile).

Ich entdecke einen Raum, bei dem es um die Bewältigung meiner Kindheitsgefühle geht (Schuppen, Rutsche, Wasser). Es geht sehr tief runter, also um Gefühle aus meiner frühen Kindheit. Mein altes Muster wird mir gezeigt durch I., die ähnlich wie ich, impulsiv und unüberlegt handelt, nach dem Motto »Augen zu und durch«. Ich will das aber nicht mehr.

Durch diese Entscheidung kann ich weitergehen und entdecke eine sicherere Alternative. Mit vertrauensvoller Spontanität kann ich mich in meine früheren Gefühle begeben (Rutsche).

Bevor ich mich aufs Runterrutschen einlasse, überlege ich die Chancen und Risiken. Dann bekenne ich mich deutlich zu meiner Absicht (Ja, das will ich).

Mit allen 5 Sinnen lasse ich mich auf meine alten Gefühle (Spontanität) ein und rutsche runter. Ich setze meinen Wunsch mit allen 5 Sinnen im Einklang mit anderen Menschen um.

Dieser Mut wird belohnt – ich begegne einem liebevollen handelnden Anteil in mir (Mann mit angenehmem Äußeren), mit dem ich mich sicher mit meinen gewachsenen Erkenntnissen (Holzboot) steuern kann.
(Ludwina berichtete von Misstrauen, von dem Gefühl benutzt worden zu sein im Kontakt, Entwürdigung durch Männer, von Gewalttätigkeit).

Als Kernaussage schrieb mir Ludwina: »Wichtig für mich ist, vom Gefühl her zu unterscheiden zwischen einer unüberlegten Impulsivität (Augen zu und durch) und der kindlich vertrauensvollen, auch unbekümmerten Spontanität. Dann finde ich in mir die Liebe und Stimmigkeit wieder, die mich von innen wärmt.«

Traum von mir im August 2023 – Fahrt nach Wittenberge

Um die in diesem Buch beschriebenen Träume veröffentlichen zu dürfen, nahm ich Kontakt zu vielen der Träumerinnen und Träumern auf. Die Reaktionen waren überwältigend. In herzlichen Worten dankten sie dafür, wie sehr ihnen die Erarbeitung der Träume geholfen hat, ihrem Leben eine neue Richtung zu geben.

Danach träumte ich:

1. *Ich warte in Bremen auf den Zug nach Wittenberge.*
2. *Als er ankommt, steige ich in ein Abteil, das nur an den Seiten Klappstühle hat. Ansonsten ist es leer. Eine Frau tanzt. Ich geselle mich dazu und tanze mit.*
3. *Angekommen in Wittenberge laufe ich eine steile Straße bergauf. Wohin ich wollte, weiß ich nicht.*
4. *Oben angekommen, rutsche ich voller Vergnügen auf meinem Hosenboden in rasanter Fahrt nach unten.*
5. *Am Bahnhof besteige ich den Zug zurück nach Bremen.*

Als ich aufwachte, war ich verwirrt. Als erstes war mir zu Wittenberge Martin Luther und seine 95 Thesen eingefallen. Was soll das denn heißen? Was hatte ich mit Wittenberg zu tun?
Erst langsam erschloss sich mir die Bedeutung.

> Zielgerichtet (Zug) fahre ich von Bremen, der Hansestadt des Bundeslandes Bremen los. Dort lebte ich viele Jahre. Von dort startete ich meine erfolgreiche Fernseharbeit.
> Für Martin Luther war die Aktion der 95 Thesen, die er an die Schlosskirche in Wittenberg nagelte, der Beginn der späteren Reformation. Um welche Glaubens-Reformation geht es bei mir?
>
> Im zweiten Bild tanze ich mit einer Frau (das heißt: mit einer neuen Erkenntnis).

Hier handelt es sich bei dem zweiten Bild nicht um eine Ambivalenz, sondern um ein Paar, was sich gegenseitig bedingt: Freiheit und Schöpfungsdrang.

Die steile Straße nach oben in Wittenberge heißt: ich gehe in mein Bewusstsein, um zu erkennen, wie sehr die Menschen meinen Anteil in den vielen Seminaren bei der Erarbeitung der Träume wertschätzen. Und wie sehr auch unsere DVD »Dem Traum des Lebens auf der Spur« zu dieser Wertschätzung beigetragen hat. Lange Zeit stellte ich mein Licht unter den Scheffel, was mein Verdienst dabei war. Diesen Gedanken muss ich reformieren. Das ist meine »Glaubens-Reformation«.

Mit dieser Erkenntnis rutsche ich voller Vergnügen zurück zum Bahnhof.

Zielgerichtet fahre ich mit guten Gefühlen zurück zu meinem Ausgangspunkt nach Bremen.

Ein ungelesener Traum gleicht einem ungelesenen Brief.
(Der Talmud Berachot 55a)

Verlustängste – 5 Träume zum gleichen Thema

Die jetzt folgenden Träume wurden von Elke Prieser, einer Heilpraktikerin für Psychotherapie und psychologischen Beraterin, erarbeitet. Sie war lange Zeit Teilnehmerin, später Assistentin in einer meiner Hellweger Traumgruppen. Ich bin mit ihr die ersten Schritte gegangen, ehe sie die Traumausbildung bei Ortrud Grön abschloss.
Der erste Traum stammt von 2015. Er beschreibt die dramatische Situation, sich von ihrem Ehemann trennen zu müssen. Dazu schrieb sie mir folgendes, was ich verkürzt wiedergebe:

»Dieser Traum hatte mir so brutal die Wahrheit um die Ohren gehauen, dass ich nur noch schrie: ›Ich will diesen Traum nicht!!!‹ Doch das Leben hat seine eigenen Gesetze. Ich hatte vieles verdrängt, was der Traum mir nun unverblümt zeigte und was mich damals in Angst und Schrecken versetzte.«

Elkes Gedanken am Morgen nach dem Traum von 2015

Gespräch mit der Psychologin. Ich schildere ihr, wie ich mich verhalten werde. Schon morgens hatte ich mir meinen »Schlamm«-Traum übersetzt, der mir gezeigt hat, dass ich nur aus meinem gegenwärtigen Gefühls-Durcheinander rauskomme, wenn ich mich nicht wie meine Mutter verhalte und in Hörigkeit und Abhängigkeit verfalle.
Ich merke, wie sehr ich meinem Mann verfallen bin. Aber ich muss den Müll aus alten Tagen, der mein Leben blockiert, loswerden. Denn die Sexualität mit seiner Geliebten ist ungebrochen und das ist keine Basis, eine Ehekrise zu bewältigen. Ich muss mich trennen!
Noch hänge ich durch, ich weiß nicht, wohin mit mir. Nachmittags heule ich P. und S. im Auto vor, dass ich nicht ein noch aus weiß vor lauter Sehnsucht nach ihm. Dann schreibt er mir eine Mail, in der er sich nach mir erkundigt, wie es mir geht. Er will helfen, wenn ich ihn brauche, aber mit Abstand zu mir. Es tut so weh, als sei aus unserer Ehe eine Kameradschaft geworden.
Ich will das so nicht. Ich will meinen Mann zurück, weiß aber nicht wie. Ich halte diesen Zustand kaum aus.

»Kultfigur«

1. *Ich bin mit meinem Mann irgendwo am Meer auf Dienstreise. Ich habe ihn dorthin begleitet. Vor uns steht ein Mann, der mit ihm in irgendeiner Weise zu tun hat. Es ist Abend und alle lassen den Tag ausklingen.*

2. *Doch dieser Mann vor uns scheint allein zu sein, einsam, weil er keinen Anschluss hat. Er tut mir leid und ich frage ihn, ob er nicht mit uns ein Bier trinken gehen will. Ich denke dabei, an die Promenade zu gehen, wo alle Lokale sind. Er willigt dankbar ein.*
3. *Dann sehe ich, dass ich bloß meine helle cremefarbene Strickjacke anhabe. Das könnte etwas kühl sein. Doch in einem weißen Maschencontainer vor mir sind Kleidungsstücke und dort wähle ich mir eine rosa-farbige Windjacke aus, die ich überziehen kann. Ich bin zufrieden.*

Ein zweiter Teil in der gleichen Nacht

1. *Nun stehe ich an der Weser in der Stadtmitte und sehe auf dem Wasser einen Trauerzug, der an dem gegenüberliegenden Ufer begonnen hatte und auf mich zukommt.*
2. *Die bremische Kultfigur, ein Mann im schwarzen Frack mit schwarzem Zylinder und schwarzen Schuhen liegt aufgebahrt auf einer schwimmenden Trage. Mir ist dieser Mann bekannt. Vor ihm viele Trauerbegleiter, die ihn durchs Wasser führen.*
3. *Der Tote ist eine Kultfigur, eine große Persönlichkeit der Stadt Bremen, außergewöhnlich wegen seiner Größe, die wohl 2,30 m sein könnte. Mit seinem Tod geht eine Ära zu Ende. Nun schaue ich noch mal auf den Toten und sehe, dass er jetzt auf seiner linken Schulter liegt mit etwas angezogenen Beinen. Wenn der Trauerzug an dem Ufer, wo ich stehe, angekommen ist, wird er von hier aus durch die Stadt fortgesetzt. Viele Menschen werden ihn auf seinem letzten Weg begleiten.*

Erster Traumteil
Ich muss mich mit meinem Unbewussten (Meer) auseinandersetzen und klären, warum ich meinem Mann Folge leiste und mich noch so sehr an ihn anlehne. Mein Handeln (Mann) steht in seinen Diensten, er bestimmt den Kurs und für mich geht die Sonne mehr und mehr unter (Abend).

In meinem Handeln, ihm hinterherzulaufen, vereinsame ich zusehends (Mann), weil ich bei ihm keinen Anschluss finde. Ich tue mir selbst leid, will mich gefühlsmäßig auftanken, sehne mich nach Gemütlichkeit und Behaglichkeit. Hierfür wäre ich so sehr dankbar.

Doch meine gewobenen Erfahrungen und Erkenntnisse (Strickjacke) reichen nicht aus, mich vor der untergehenden Harmonie zu schützen. Ich fühle die Kühle zwischen uns und mir ist klar, dass ich mich schützen muss vor meinen mich erkaltenden Gedanken, noch eine Chance zu haben, ihn zurückzubekommen. Nur wenn ich mich von diesen Gedanken abwende, kehrt wieder Zufriedenheit bei mir ein (rosa-farbige Windjacke).

Zweiter Traumteil
In meinem Seelenzentrum muss ich mich auf Trauerzug begeben. Es ist der Abschied von meinem Mann, der auf mich zukommt, dem ich nicht mehr ausweichen kann. Dies ist mir gefühlsmäßig bewusst (Weser), entspricht aber nicht meinem Gefühlsstrom.

Mein Mann ist »meine Kultfigur«, die nun aus meinem Leben verschwinden soll, einfach sterben muss. Mit diesem Verlust sind aber viele Ängste verbunden (schwarze Kleidung), Verlustängste, Versagensängste, Panik des Alleinseins, Abhängigkeit, Geborgenheitsverlust. Viele Anteile von mir sind damit beschäftigt, diesen Tod zu begleiten und gefühlsmäßig zu tragen.

Mein Mann hat in meinem Seelenzentrum einen sehr großen Platz eingenommen, einen Platz von außergewöhnlicher Größe, einer überdimensionierten Größe, die unnatürlich ist (kein Mensch ist 2,30 m groß). Ich habe ihm eine Größe beigemessen, die er nicht verdient hat. Obwohl ich all seine mich schädigenden charakterlichen Schwächen kenne, hänge ich an ihm, will ihn nicht hergeben, wenngleich eine Trennung für mich ein Neubeginn bedeuten würde (2,30 m

= die 2 zeigt die vielfältigen Ängste, die 30 weist aber schon auf eine Erneuerungskraft hin). Der Traum sagt deutlich, dass die Ära meiner Ehe nun zu Ende geht, was mich in meinen Gefühlen und meiner Sehnsucht nach Geborgenheit umbringt (linke Schulter, angezogene Beine). Dieser Trauerzug des Loslassens kommt auf mich zu, ob ich will oder nicht. Ich bin gezwungen, mich damit auseinanderzusetzen, mich in meinem Seelenzentrum von ihm zu verabschieden, ihn zu Grabe zu tragen und dies mit vielen Anteilen. Diesen Weg der Endgültigkeit muss ich nun gehen.

Elke wachte mit einem großen Angstgefühl, fast Panik auf, ihren Ehemann für immer zu verlieren.

Inzwischen ist Elke längst geschieden. Sie hat einen neuen Lebensgefährten, mit dem sie inzwischen zusammenlebt. Sechs Jahre nach der Trennung ereilten Elke erneut Verlustängste. Ihr altes Trauma, das sie schon in der Kindheit und Jugend bewegt hatte, war wieder aufgeflammt und verlangte nach einer Lösung. Elke hat die Träume selbst bearbeitet.

2021: Sechs Jahre nach dem ersten Traum vier weitere Träume

Erster Traum: – »Bahnübergang«

Die Tage vor dem Traum
Mich treiben gegenwärtig Verlustängste um. Aufgeflammt sind diese dadurch, dass mein Sohn in der Firma meines Ex-Mannes angefangen hat zu arbeiten und ich Angst habe, ihn unter dem Einfluss seines Vaters zu verlieren. Bezugspersonen zu verlieren begleitet mein Leben. 1994 brachen meine Eltern den Kontakt zu mir von einem auf den anderen Tag ab. 2015 wiederholte sich eine ähnliche Situation in meiner Ehe. Nach 37 Ehejahren verließ mich mein Mann von heute auf morgen wegen einer anderen Frau auf sehr unfaire Weise, was mich

zutiefst verletzte. Inzwischen lebe ich in einer neuen Beziehung und mich beschleicht die Angst, ohne dass es dafür ein Anzeichen gibt, dass sich dieses Schicksal mit meinem Lebensgefährten wiederholen könnte. Meine wieder aufgeflammten Verlustängste verlangen nach Auseinandersetzung mit meiner Kindheit.

1. *Ich stehe im Dunkeln vor dem Bahnübergang meines Kindheitsortes Uphusen, und zwar auf der Seite meines Elternhauses. Die Schranken schließen sich gerade und ich muss mit vielen anderen Leuten warten. Ich sehe mit Entsetzen eine Gruppe Menschen mitten auf dem Bahnübergang zwischen den geschlossenen Schranken stehen, obschon gleich ein Zug kommen muss. Da geht die Schrankenseite vor mir auf und ich denke, ich kann noch mal eben rüberlaufen.*
2. *Nun greift mich ein unbekannter Mann aus dieser Gruppe, die auf den Schienen stehen und zieht mich zu sich und hält mich fest, sodass ich nun auch zwischen den geschlossenen Schranken stehen muss. Ich habe Angst, weil gleich der Zug kommen wird und uns bestimmt*

überfährt. Der Mann lässt mir aber keine Chance mich zu bewegen. Der Zug rast auf uns zu und ich habe eine wahnsinnige Angst.

3. *Ich sehe die drei Lichter des Zuges immer näherkommen. Als der Zug sehr nah ist, traue ich aber meinen Augen nicht. Dieser Zug nimmt ein anderes Gleis, ein Nebengleis – und zwar auf der Seite meines Elternhauses. Dieser Zug fährt nun sehr langsam und sichtbar rücksichtsvoll an uns vorbei, damit wir nicht zu Schaden kommen. Ich begreife, dass der Mann, der mich festgehalten hat, gewusst hat, dass der Zug ausweicht und um uns herumfährt. Er hatte mich festgehalten, um mir das zu zeigen. Ich begreife, dass er mir eine Lektion erteilen wollte. Es bestand zu keiner Zeit Gefahr, obschon es sehr gefährlich aussah.*
4. *Doch nun sehe ich einen neuen Zug mit drei Lichtern aus der Ferne auf uns zukommen und ich bin misstrauisch und ängstlich, ob der Mann wieder Recht hat und wir ungeschoren davonkommen.*

Meine gegenwärtigen Verlustängste (im Dunkeln) bremsen mich mit vielen Anteilen (viele Menschen) aus (geschlossene Schranke) und verlangen nach Auseinandersetzung mit meiner Kindheit in Uphusen.
So intensiv die Angst auch ist, immer wieder Bezugspersonen zu verlieren (Menschen auf den Schienen), versuche ich aber immer wieder aufs Neue, mich mit den Ängsten irgendwie durchs Leben zu mogeln (mal eben rüberlaufen). Doch der Traum verweist mich in meine Schranken und zwingt mich zur endgültigen Auseinandersetzung mit meiner leidvollen Vergangenheit.

Es kann nur mein Ziel sein, mich von diesen Ängsten, die mich lähmen (keine Chance sich zu bewegen), abzulassen. Und die Dringlichkeit dessen (Zug kommt immer näher) muss ich mir bewusst machen.

Rettung aus diesem Dilemma ergibt sich durch ein Nebengleis. Denn so real die Gefahr auch erscheint, es wird mir nichts passieren, wenn ich dieses Nebengleis nehme. Dies ist die Lektion, die der Traum mir erteilt. Ich muss ein anderes Gleis fahren und darf mich nicht immer nur hilflos von diesen Ängsten umrennen lassen. So neu und ungewohnt dieses andere Gleis auch ist (ich traue meinen Augen nicht), es führt aber kein anderer Weg daran vorbei, dieses zu nutzen, das heißt, eine rücksichtsvolle Aufarbeitung meiner Kindheit und Vergangenheit zu wagen, um endgültig angstfrei und mutig das Ziel eines unbelasteten Lebens zu erreichen.

Nur leider fehlt mir noch das Vertrauen in einen neuen Weg. Denn wenn ich der Gefahr wieder erneut gegenüberstehe (neuer Zug), siegt noch das Misstrauen und meine alte Verlustangst.

Die Botschaft, die ich aus meinem Traum mitnehme, heißt:
»Immer dann, wenn sich die Verlustangst wieder gefährlich nähert, muss ich diesem Zustand mutig begegnen und mir bewusst machen, dass ich auf ein anderes Gleis fahren muss, um keinen Schaden zu nehmen. Darauf soll ich vertrauen. Welches dieses andere Gleis ist, weiß ich noch nicht.«

Zweiter Traum – »Universität«

Vortag – gegenwärtige Situation

Noch immer grübele ich über meine Vergangenheit. Die schmerzlichen Bilder zum Ende meiner Ehe dominieren mich und spielen sich wie ein Film in mir ab. Sie dominieren meinen Alltag. Mir geht der Traum mit dem anderen Gleis nicht aus dem Kopf. Verstanden habe ich, dass ich ein anderes Gleis nehmen muss, um aus meiner Situation herauszukommen. Nur welches?

1. *Ich befinde mich in einer Universität, bei der Anmeldung. Es ist wohl die Universität Oldenburg (Meine jüngste Tochter studierte dort im 2. Semester Sonderpädagogik). Ich möchte mich zu einem Studium der Wirtschaft anmelden und begegne einem Dozenten,*

der für Anmeldungen zuständig ist. Eine Freundin ist bei mir. Sie will mit mir zusammen studieren.

2. *Mir fällt auf, dass der Dozent recht streng ist, was mich ein bisschen einschüchtert und ich frage mich, ob ich eine Chance auf einen Studienplatz wegen meines Alters überhaupt habe. Er fragt mich nach meinem Alter und ich sage ihm, dass ich 61 Jahre alt bin. Ich habe ein komisches Gefühl, dass mein Alter hinderlich sein könnte.*
3. *Der Dozent erklärt mir, dass er 40 Bewerber hat, aber nur 20 Studienplätze. Er fragt mich, ob ich ein Studium überhaupt durchhalten würde, wenn ich einen Platz bekäme. Da fühle ich mich ertappt. Ich bin zwar überzeugt, ein Studium zu beginnen, weiß aber selbst nicht, ob ich es durchhalte. Ich sage ihm aber, dass ich es durchhalten werde, um erst einmal die Chance für einen Beginn zu bekommen.*

Mein Gefühl beim Aufwachen war: Ich sehe ein, dass ich mich wieder mehr geistigen Inhalten zuwenden muss.

Um den plagenden Gedanken zu entfliehen, fordert mich der Traum auf, mein Problem zu studieren, um es auf dem geistigen Weg zu ergründen und zu lösen. Die Universität Oldenburg (die jüngste Tochter studierte dort Sonderpädagogik) ist der Hinweis auf meinem Weg der Selbstfindung, meine Ängste sonderpädagogisch zu betrachten. Es geht um ein Studium der Wirtschaft, das heißt: wie kann ich es lernen, meine Energien optimal und ökonomisch einzusetzen (Wirtschaft = Geldwirtschaft = Energiewirtschaft), zwischen Soll und Haben zu unterscheiden und meine Energiebilanz nicht durch Ängste ins Minus abrutschen zu lassen. Wie kann ich mein Seelenleben für mich gewinnbringend umgestalten? Der Dozent steht für meine Tatkraft, dieses Vorhaben umsetzen zu wollen, damit ich diesen tiefliegenden Schmerz nicht mehr unter einer Fassade tragen muss (dafür steht meine Freundin).

So streng ich bei der Umsetzung dieses Eigenstudiums mit mir verfahren muss (Dozent), so sehr schüchtert mich dieses Muss an Strenge auch ein, weil ich nicht sicher bin, ob ich diesem Studium überhaupt einen Platz in meinem Leben einräumen kann (weiß nicht, ob ich einen Platz bekomme). Ich muss mich nämlich mit meinem Wunsch nach angstfreier Eigenständigkeit mit aller Kraft gegen mein soziales Umfeld durchsetzen, stehe dabei aber noch ganz am Anfang, der Ablenkung von außen zu widerstehen (61 Jahre).

Tatsache ist, dass ich mich zwar um einen Platz bemühe und bewerbe, aber für diesen Schritt ist es noch zu früh (40 Bewerber, aber nur jeder zweite bekommt einen Platz) – heißt, ich stecke noch zu sehr in der Ambivalenz. Vorrangig ist, dass ich meine alte, in der Kindheit verlorengegangene schöpferische Kraft wiederfinde (20 Studienplätze). Das ist die Voraussetzung, ein Selbststudium zu beginnen. Nur aus innerer Kraft heraus kann ich in die Umsetzung gehen. Aber reicht die Kraft für das Durchhalten des Studiums? Hier bringt meine selbstkritische Tatkraft mein Problem auf den Punkt (Der Dozent hat mich ertappt). Ich frage mich, ob ich wieder durch Ablenkung von außen einbreche, weil ich glaube, mich anpassen zu müssen, um niemanden zu verlieren. Ich weiß noch nicht, ob ich das Studium durchhalte, im Traum und in der Wirklichkeit. Ich weiß auch noch nicht, ob ich das konsequente »Zu-mir-selbst-Stehen« schaffe. Der Beginn ist aber schon der erste Erfolg. Die große Herausforderung ist es, meinem strengen inneren Dozenten zu beweisen, dass ich, wenn ich etwas angefangen habe, es auch durchziehe. Obwohl ich noch Zweifel habe, will ich aber auf alle Fälle erst einmal anfangen.

Die Botschaft des Traumes
Um aus den plagenden Verlustängsten herauszukommen, muss ich lernen (studieren), wie ich mein Seelenleben ökonomisch für mich gewinnbringend umgestalten kann, um meine Seelenbilanz ins Plus zu bringen. Mein innerer strenger Lehrer mahnt mich dabei zum Durchhalten. Leider habe ich noch Zweifel, werte aber das Anfangen des Studiums als ersten Erfolg, auch wenn dann mal wieder ein Einbruch drohen sollte.

Dritter Traum – wenige Wochen später – »Stark sein«

Vortag – gegenwärtige Situation

Ich wurde durch eine Kollegin erneut mit Trennungsschmerz konfrontiert. Sie erzählte mir, dass ihr Sohn von seiner Freundin verlassen wurde und sehr leiden würde. Dabei ging ich noch einmal durch meine eigene Geschichte und sagte ihr, dass ich manchmal nachts schreie, aufgeschreckt durch schlimme Träume. Dazu kommt gegenwärtig, dass mein Lebenspartner in einer schwierigen Situation mit seinen Kindern steckt und den Unterschied zwischen seinen und meinen Kindern kaum aushält. Um dieses Problem für sich zu klären, erwägt er einen Rückzug von mir mit einem eventuellen Auszug aus meinem Haus, was mich wieder verunsichert und in Unruhe versetzt. Es folgt ein Traumsatz:

Jemand sagt zu mir: »Seien Sie stark!«
Ich antworte: »Ja, ich bin stark!«

Beim Aufwachen hatte ich das Gefühl, dass ich stark sein muss, egal was auf mich zukommt. Der Traum fordert mich zu innerer Stärke auf und ich soll mir bewusst sein, dass ich diese Stärke schon besitze. Dass ich im Traum »gesiezt« werde, hat mich verwundert. Ich interpretiere das so, dass ich mir mit Respekt, Achtung und Distanz begegnen soll, um diese Stärke nicht zu verlieren.

Vierter Traum – »Wie-für-mich-gemacht-App«

Vortag – gegenwärtige Situation

Meine jüngste Tochter kommt kurz zu Besuch, was mich sehr freut. Danach genieße ich mit meinem Lebensgefährten den letzten Wintertag mit Schnee und Sonne und gehe mit ihm am Mahndorfer See spazieren. Abends häkele ich die niedliche Handtasche für mein jüngstes Enkelkind fertig. »Echt süß«, sage ich dazu. Ich bin stolz, wieder einmal etwas fertiggestellt zu haben.

1. *Ich bin unter mehreren Menschen in einem unbekannten Haus. Ich zeige meine neue Errungenschaft auf meinem Handy herum, die »Wie-für-mich-gemacht-App« und möchte stolz diesen freudigen Zugewinn den anderen präsentieren.*
2. *Nun wollen mehrere Menschen sich an einen Tisch setzen und rechts am Tischende sitzt nun ein mies gelaunter Mann, den ich nicht kenne.*
3. *Ich gebe ihm jetzt etwas Leckeres, das ich gekocht habe, zu essen und seine Stimmung erhellt sich, was mich sehr freut.*

Vertraut und heimisch bin ich in meinem Seelenhaus mit vielen Anteilen (mehrere Menschen) noch nicht. Aber im Kontakt mit mir selbst (Handy) erfahre ich durch die App im Traum, dass es um das seelische Gleichgewicht geht (ähnlich wie bei der Lifesum-App, bei der ich im Gleichgewicht zwischen gesundem Essen und Bewegung sehr viel Erfolg beim Abnehmen hatte). So stolz ich im wahren Leben auf meinen Erfolg bei der Lifesum-App bin, so stolz bin ich im Traum auf die »Wie-für-mich-gemacht-App«. Der Traum stößt damit an: Je mehr ich kreative Eigenbewegung für mich habe, umso resistenter bin ich gegen innere und äußere Belastungen.

Was nun auf den Tisch kommt, ist die Suche nach kreativer Beschäftigung, die »Wie-für-mich-gemacht« ist, die ich tracken kann, um sie festzuhalten und um mit diesem seelischen Gewinn nicht mehr so angreifbar zu sein. Leider ist mein Tatanteil (unbekannter Mann) in dieser Sache oft mies gelaunt und untätig. Aber wie die »Lifesum-App« zur körperlichen Gesundheit führt, so führt die »Wie-für-mich-gemacht-App« mich zu seelischer Gesundheit. Hier muss ich viele Anteile von mir an einen Tisch bringen.

Und mit dieser seelischen Nahrung des Handarbeitens am Vortag konnte ich meine Stimmung tatkräftig aufhellen, im Traum wie in Wirklichkeit (der Mann wurde besser gestimmt). Ich muss mit meiner gedanklichen Seite (rechts) weiter schmackhafte Seelennahrung kreativer Natur für mich zubereiten und auftischen. Dann geht es mir besser.

Der Traum hat mir ein Geschenk mit dieser »Wie-für-mich-gemacht-App« gemacht. Es geht darum, das zu tun, was mir guttut und mein Herz erfüllt. Umso belastbarer bin ich. Mit dieser App muss ich nach dem Vorbild der »Lifesum-App« genügend positive erfreuliche Tätigkeiten aufnehmen, um in Balance zu bleiben bei all den Einflüssen von außen, die mein Innenleben aufwühlen. Diese Balance ist die Voraussetzung für seelische Gesundheit.

Das Leben und die Träume sind Blätter eines und des nämlichen Buches.
Das Lesen im Zusammenhang heißt wirkliches Leben.
(Arthur Schopenhauer)

»Der Sündenfall« – Auszug aus Interview von Heide Nullmeyer mit Ortrud Grön

H.N.
Du sprichst sehr oft von der »Liebe zum Leben«. Was ist das für dich?

O.G.
Für mich ist das, wenn ich in die Natur schaue: diese ungeheure Vielfalt von Blumen, von Gräsern, von Insekten, von Bäumen und Landschaften, von Tieren in der Wildnis und in der Umgebung von Menschen, die Vielfalt der Vogelwelt, alles Ausdruck einer schöpferischen Fülle, so lebendig ist das Leben, bis in die letzte Zelle hinein. Ich erfahre die Natur als einen lebensvollen Prozess, der auch mich erfüllen soll. Der Traum kommt mit den Bildern der Natur auf mich zu. Wenn ich von einem blühenden Apfelbaum träume, dann muss ich

mir Gedanken machen, wovon der Apfelbaum die Blütenfülle trägt, und denke über die Bienen nach, die die Blüten bestäuben, damit daraus Früchte werden können. Ich denke über die Prozesse in der Natur nach und erkenne sie als Gleichnisse für die Prozesse, die ich für mein Leben brauche. Wenn ich einen Wunsch in mir aufblühen fühle, dann muss ich eben auch die Biene sein, die diesen Wunsch befruchtet. Ich muss also weiterdenken, wie kann ich kreativ werden und in die Umsetzung kommen.
Ich möchte einen kleinen Ausschnitt aus einem meiner schönsten Texte zitieren, den ich vor Jahren geträumt habe:

> »Ich bin die Wünsche, die ich verwirkliche.
> Es gibt keinen Wunsch im Herzen des Menschen,
> der nicht den Weg weist in das Glück.
> Glück ist die Liebe zum Leben, ist das befreite Leben …
> Ich bin der Wunsch, den ich verwirkliche –
> Wünsche sind Leben, sie sind der Samen,
> ich bin der Gärtner.
> Ich bin der Gärtner meiner Wünsche.
> Meine Wünsche sind Blüten, die mit ihrem Duft werben,
> von einem anderen wahrgenommen zu werden.«

H.N.
Nenn doch mal einen Wunsch, der in dir so gewirkt hat, dass du ihn umgesetzt hast.

O.G.
Als ich mir, trotz der schwierigen Aufbauarbeit in meiner Klinik, meine Sehnsucht erfüllen wollte, mich mit Mythen, besonders mit denen der Alten Ägypter, zu befassen, bekam ich einen Traum, der mir die Entscheidung leichter machte.

Ich sah im Traum ein Kamel, das durch die Wüste ging.
Dabei öffnete sich sein Maul zu einer großen Blüte.

Das heißt, ich war lange Zeit in meiner Lebenswirklichkeit durch Trockenheit gegangen. Jetzt öffnete ich mich meinen Wünschen. Das hieß für mich: steh zu deinem Wunsch und befruchte ihn auch.
Die Sehnsucht, Mythen verstehen zu wollen, hatte ich schon als Jugendliche in mir, konnte sie aber bis dahin nicht verwirklichen. Bei vielen Menschen wacht zwischen dem vierzigsten und fünfzigsten Lebensjahr eine alte Kindheits-Sehnsucht wieder auf und drängt ans Licht. Wenn man ihr nachgeht und versteht, dass diese Sehnsucht nach Erfüllung drängt, dann kommt man mit einem Wunsch wieder so tief in Berührung, dass er auch verwirklicht werden kann. Das habe ich dann sehr intensiv getan. (Ende des Interviews)

Traum von mir – geträumt auf der griechischen Insel Thassos 2006 – Meeresschildkröte

Die Aussagen von Ortrud spiegeln durch nur ein Traumbild auch meine eigene Entwicklung wider.

Eine sehr große Meeresschildkröte liegt ruhig am Ufer eines Meeresstrandes. Offensichtlich legt sie dort ihre Eier ab.

Dieses Bild erinnerte mich sofort an eine Situation in den 1980er Jahren in Malaysia. Ich hatte meinen späteren Mann Frankie, Günther Wedekind, in Kuala Lumpur besucht, der beim Asian Pacific Institute of Broadcasting Development angehende Kameraleute ausbildete. Während er arbeitete, verbrachte ich die Wochentage damit, mich im Land umzuschauen. Als ich hörte, dass in den Tagen meines Aufenthaltes die Meeresschildkröten zurück an ihren Geburtsort kommen, um dort ihre Eier abzulegen, wollte ich dieses besondere Ereignis unbedingt aus nächster Nähe erleben.
Es war gar nicht so einfach dorthin zu kommen. Ich musste mich in überfüllte Busse zwängen, stieg erst einmal an der falschen Stelle aus und verpasste die Fähre, die mich in die Nähe des erwarteten

Naturphänomens bringen sollte. Es dämmerte, als ich endlich am richtigen Ort eintraf. Dort mietete ich eine Hütte, die so schmutzig war, dass ich es nicht wagte, mich auszuziehen. Einem einheimischen Jungen hatte ich ein paar Münzen in die Hand gedrückt, er soll frühzeitig an die Tür klopfen und mir die Richtung zu den Schildkröten zeigen.
Es war noch dunkel und ich orientierte mich entlang des Meeressaumes. Nach etwa einer halben Stunde erreichte ich den Platz. Schon von weitem hörte ich Stimmen und Musik. Als ich ankam, sah ich eine Gruppe von Einheimischen, Männer, Frauen und Kinder, die sich rings um eine sehr große Meeresschildkröte versammelt hatten. Ein Mann stand mitten auf dem Panzer des Tieres, in der Hand ein grölendes Radiogerät. Ich war entsetzt, weil ich mit einem solchen Spektakel nicht gerechnet hatte. Im Gegenteil. Ich hatte mich gefreut, in der freien Natur in aller Stille diesem Schauspiel beiwohnen zu können. Ohne nachzudenken, drängelte ich mich an den Menschen vorbei, die um das Tier herumstanden, und brüllte, so laut ich konnte: »Stopp it, stopp it!« Als keine Reaktion erfolgte, riss ich den Mann am Ärmel, damit er von dem Tier abließ. Dass es eine europäische Frau wagte, einen Mann in die Schranken zu weisen, verblüffte ihn offenbar so sehr, dass er von der Schildkröte heruntersprang. Diesen Moment nutzte das Tier, langsam und behäbig zurück ins Meer zu kriechen. Ich weiß noch, dass ich mit Tränen in den Augen die Schildkröte verfolgte, bis sie in ihrem Element verschwunden war.
Wenn man bei Schildkröten von einer Sehnsucht in der Jugendzeit spricht, die unter einem Panzer verborgen liegt, was könnte das bei mir bedeuten?

Bei mir hieß diese Sehnsucht seit meiner Jugend: Ich möchte mich weiterentwickeln und darf mich auch durch Hindernisse nicht entmutigen lassen. Durch Fleiß, manchmal auch durch glückliche Umstände, habe ich mich meinen Wünschen genähert und sie umgesetzt. Zum Zeitpunkt des Traumes hatten mich Gedanken schon länger in freudige Unruhe versetzt, meine gestalttherapeutischen Seminare durch die Arbeit mit Träumen zu erweitern. Träume können uns bis ins hohe Alter ermahnen, verdrängte,

lange zurückliegende Wünsche, endlich in Angriff zu nehmen. Warum tauchte gerade das Traumbild mit der Schildkröte zu diesem Zeitpunkt auf? Ich vergegenwärtigte mir die achtziger Jahre. Was hatte sich bei mir in dieser Zeit ereignet? Damals studierte ich Psychologie, durchlief eine dreijährige Gestalt-Weiterbildung, machte viele Selbsterfahrungen und vertiefte mich immer mehr in psychologische Zusammenhänge.
Mit all diesen Aktivitäten hatte ich mir lang ersehnte Wünsche erfüllt. Da es sich bei meinem Traumbild um eine Meeresschildkröte handelte, – das Meer steht für die noch unbewussten Gefühle – könnte es darum gehen, so begriff ich das Bild, dass mir durch die Tiefe der Traumarbeit, die ich als große Hilfe für jeden Menschen erlebte, ein weiterer therapeutischer Weg aufgezeigt würde. Und so kam es dann ja auch. Ich wurde Traumtherapeutin.

Natur und Traumbilder in Einklang bringen

Als ich im Juni 1990 zum ersten Mal nach Thassos kam, um mein Seminar »Lebensfreude neu entdecken« vorzubereiten, begegnete ich gleich am ersten Tag der Holländerin Roos. Sie begleitete als Biologin Menschen in die Natur, um ihnen ihr Wissen über Pflanzen und Blumen nahezubringen. Wir verstanden uns auf Anhieb und sind seitdem eng befreundet. Als ich Ortrud sechs Jahre später nach Thassos lockte, um meinen Seminarteilnehmern ihre Traumerkenntnisse zu vermitteln, war Roos eine der ersten, die dabei waren.
Später machte sie die Fortbildung bei Ortrud und stellte Jahre später folgenden Traum in einer Gruppe vor:

1. *Ich bin in einem Bus und möchte im Zentrum von Limenas aussteigen.*
2. *Dann gibt es eine Baustelle. Ich kann nicht bis ins Zentrum fahren. Frage, ob der Bus halten kann, steige aus und gehe zu Fuß.*
3. *Unterwegs begegne ich einem Mann, den ich Lakritze nenne. Ich sage ihm »Guten Tag«.*

4. *Dann kommt mir Jenny entgegen, unerwartet ist sie mit ihrem Mann Peter nach Thassos gekommen. Sie trägt ein rotes Kleid.*
5. *Ich erzähle, dass Lakritze im Dorf ist. Sie geht weg, um das Peter zu erzählen. Wir werden uns später treffen bei der Agrotiri-Bank. Ich mache meine Einkäufe, gehe zur Post, schicke 3 Postkarten weg, kaufe ein sehr großes Tuch aus dicker Baumwolle, Farbe beige. Mit Peter und Jenny trinke ich etwas.*

Es folgt ein zweiter Traumteil in der gleichen Nacht – er beginnt wieder mit der 1.

1. *Dann bin ich in einem Hochhaus, 20 Stockwerke, wo ich beschließe, dass das Dach weggenommen werden soll, damit die Menschen die Sterne sehen können.*
2. *Jetzt ist sehr viel Mondlicht, aber wenn es Neumond ist, wird man so viel sehen können.*
3. *Ich sehe in der Ferne eine Schlange von Sternen, die sich bewegen.*
4. *Ich bin im Garten und ein Mann steht auf einer Leiter und pflückt Pfirsiche.*
5. *Er überreicht sie mir. Ich lege sie in ein Tuch, das ich gekauft habe. Die farbigen Früchte, orange, gelb und rot entfachen in mir eine große Freude und Glück. Ich kann mich nicht erinnern, wann ich das letzte Mal so ein Gefühl hatte.*

Was sagt der erste Traumteil?

Roos steuert sich mit aller Kraft (*Bus*) in ihr Zentrum (Limenas ist die Hauptstadt von Thassos).

Doch in ihr ist noch eine Baustelle, die sie behindert. Sie geht Schritt für Schritt in ihr Inneres, um sich bewusst zu machen, was sie verunsichert.

Dabei begegnet sie einem Mann, den sie »Lakritze« nennt. Lakritze ist ihr Spitzname für einen Mann, der ihr und ihren Freunden in Griechenland immer zum Kaffee Lakritze servierte, weil Holländer Lakritze gerne mögen. Kaffee macht wach – Lakritze aber lehnen die Griechen wegen der schwarzen Farbe ab. Schwarz ist die Farbe des Unbewussten. Der Mann »Lakritze« (Tatkraft) meint die Handlungskraft von Roos, die sich ambivalent zwischen dem begeisterten Erlernen der Bedeutung von Träumen bewegt und der Angst, dieses Wissen, die Bedeutung von Träumen, anderen Menschen nicht vermitteln zu können.

Peter und Jenny sind Freunde aus Europa, die immer wieder zu Roos nach Griechenland kommen, um in Gesprächen mit ihr aufzutanken. Peter sagt oft zu Roos, sie zeige ihm den Weg ins Leben. Er und auch Jenny konnten sich dadurch neue Lebensfreude weben (rotes Kleid). Dasselbe erlebt Roos, wenn sie an einem Traumseminar teilnimmt – auch da findet sie neue Wege für ihr Leben und webt sich neue Lebensfreude.

Roos erzählt Jenny von ihrer neuen Lebensfreude, der Traumarbeit, dass sie aber Angst hat, abgelehnt zu werden (dafür steht »Lakritze«), wenn sie als Biologin die Natur als Gleichnis der menschlichen Psyche in Träumen öffentlich zu erklären versucht. Sie muss immer bereit sein, neue Wege zu entdecken (dafür steht Peter als Tatkraft), dann wird sie fähig sein, anderen Menschen auch diese Nahrung zu bringen (Agrotiri-Bank = Bauernbank).
Roos weiß, was sie dazu tun muss: Erkennen, wie sie andere erreicht (das zeigen ihr die 3 Postkarten), und genügend Erkenntnisse in der Traumarbeit weben, die sie schützen werden (großes Tuch aus Baumwolle). Dazu will sie Gefühle in sich aufnehmen (Getränke), die immer wieder neue Wege in das Leben zeigen und neue Lebensfreude bringen (Peter und Jenny).

Zweiter Traumteil

Roos ist nunmehr durch diese Klärungsprozesse in sich so weit gekommen, dass sie bereit ist, ihren Wunsch, Menschen durch ein neues Verstehen der Natur helfen zu wollen, zu verwirklichen (Hochhaus mit 20 Stockwerken). Sie sollen im Unbewussten sehen lernen, dass jeder Mensch seine eigene Welt gestalten kann (Sterne).

Im Moment verdeckt ihr das volle Licht des Mondes noch den Blick auf die Sterne der anderen Menschen. Aber langsam erhellt sich eine alte verdrängte Kreativität. Das ist für Roos die Wiederbelebung ihres Selbstvertrauens. Das zeigt ihr der Neumond. Noch ist sie im Prozess, etwas Neues zu beginnen und das auch mit Sicherheit zu vermitteln.

Aber in der Ferne sieht Roos schon, wie der Lebenstrieb (Schlangenform) viele verschiedene Menschen und ihre Welten miteinander verbindet und in Bewegung bringen wird.

Sie sieht sich im Garten ihres Lebens. Ihre neue Tatkraft erntet dort mit neuem Bewusstsein (Leiter) aromatische herrliche Früchte.

Sie sammelt sie in dem selbstgewebten Tuch. Es sind Früchte aus dem gereiften Prozess ihres Lebenswunsches, ihre Erfahrungen als Biologin mit den Erkenntnissen der Traumarbeit weitergeben zu können. Sie schenken ihr neue Gefühle (orange – aus rot und gelb, die Farbe des Aufbruchs), neue Harmonie (gelb) und Freude aus Liebe zum Leben (rot). Roos fühlt große Freude und Glück. Sie kann sich nicht erinnern, wann sie das letzte Mal so ein Gefühl hatte.

»Gestalte dein Leben«

Verstärkung für ihren Wunsch erhielt Roos durch eine klare Traumbotschaft:

1. *unbewusst und bewusst*
   Fühlen und Denken
   Erkennen und Handeln
2. *Und dann sehe ich, wie zwei Türen sich nach außen öffnen.*
3. *Ich schaue auf eine Terrasse mit silbernen, viereckigen Fliesen, die Sonne scheint mir entgegen. Etwas weiter steht ein Wald mit Laubbäumen, deren Blätter sich gerade entfalten. Es ist Frühling.*
4. *Ich denke: »Gestalte dein Leben!«*

Die beiden Türen zeigen, dass Roos bereit ist, ihre Gedanken nach außen dringen zu lassen.

Die silbernen viereckigen Fliesen sind bereits gestaltet, darauf deutet auch die Zahl 4 hin (Silber wird aus der Erde geborgen, muss gereinigt werden, bevor es benutzt werden kann). Bäume heißt: Gestalt annehmen auf dem Weg zum Baum des Lebens. Noch ist Frühling, ihr Wunsch beginnt erst, Gestalt anzunehmen (Zahl 4).

Aber Roos ist schon entschieden – sie hört in sich die Aufforderung: »Gestalte dein Leben!«
Und das hat sie auch getan. Nachdem ihre Lebenspartnerin verstorben war, entschied sich Roos für einige Jahre als Biologie-Lehrerin an einer holländischen Schule zu arbeiten. Dort hat sie ihre Kenntnisse der »Traumarbeit nach Ortrud Grön« in die Schule hineingebracht und damit großes Interesse bei Schülern und Schülerinnen geweckt.

Begeisterung für die Alten Ägypter

Roos großes Interesse galt den Mythen der alten ägyptischen Kultur. Darüber tauschte sie sich intensiv mit Ortrud aus. Nachdem sie zu diesem Thema in einem Museum einen Vortrag gehört hatte, träumte sie in der darauffolgenden Nacht:

1. *Ich bin eine weiße Katze, renne übers Feld und gerate in eine so hohe Geschwindigkeit, dass ich abhebe.*
2. *Dabei werde ich zu einem Vogel, mittelgroß mit weißen Flügeln. Ich fliege hoch und sehe unter mir Felder. Dann entdecke ich eine Insel und beschließe, dort zu landen.*
3. *Als ich auf die Insel komme, werde ich zu einer Kuh, die anfängt zu fressen. Dabei fühle ich mich sehr glücklich.*

Roos erzählte zu diesem Traum – ähnlich wie bei ihrem ersten Traum –, dass sie sich danach sehr glücklich gefühlt habe.

Katzen stehen für Souveränität. Sie zeigen immer, was sie möchten, womit sie sich wohlfühlen und was sie nicht wollen. Die weiße Farbe sagt, dass Roos mit sich im Reinen ist, was ihren Wunsch angeht, sich der Bild- und Schriftsprache der Alten Ägypter zu widmen.
Der Vortrag hatte sie mit großer Begeisterung erfüllt und sie die Freiheit (dafür steht der Vogel) spüren lassen, sich ein privates Studium über das Alte Ägypten vorzustellen.

In Gedanken fliegt sie über die Felder ihrer schöpferischen Möglichkeiten. Dabei entdeckt sie ihre Insel für die neue Kreativität. Gedanken durchweben sie, evtl. die bilderreiche Hieroglyphenschrift zu lernen.

Dass sie nach der Landung auf ihrer Insel zur Kuh wird, bedeutet, dass sie ihren Wunsch gründlich wiederkäuen muss (Kühe haben 4 Mägen), um sich danach in aller Sorgfalt mit dem Thema auseinandersetzen zu können.

Mittlerweile ist Roos dabei, die Traumarbeit von Ortrud mit den Gleichnissen der Bildersprache der Alten Ägypter zu verbinden und in einem Buch zu dokumentieren.

Im Felsen brennt eine Flamme

Ich möchte Ihnen jetzt noch einige Träume aus der Thassos-Zeit vorstellen.

Der erste Traum handelt von Lore, einer 65-jährigen Frau, die 1994 und 1995 an meinem gestalttherapeutischen Seminar »Lebensfreude neu entdecken« auf Thassos teilgenommen hatte. Damals hatte sie unter Tränen erzählt, dass sie sich keine eigenen Bedürfnisse erlauben durfte, ohne dafür beschimpft oder bestraft zu werden. Wenn Lore dagegen opponierte, schämte sie sich.

Aufgewachsen war sie in einer Bauernfamilie mit einer arbeits- und putzsüchtigen Mutter, die sie schon als Kind verpflichtet hatte, hart mitzuarbeiten. Egal was sie tat, sie konnte es ihrer Mutter nicht recht machen. Ständig fühlte sie sich unter Zeitdruck. Sie bekam nichts mehr auf die Reihe, das Chaos wurde immer größer, sie entwickelte sich zu einer »Messi«, was sie dann wütend auf sich selbst machte (Als »Messi« – das Wort kommt aus dem engl. mess – bezeichnet man Menschen, die ein zwanghaftes Verhalten beim Horten von Gegenständen in der eigenen Wohnung zeigen. Sie können sich von nichts trennen, was bis zur Vermüllung der eigenen Wohnung führen kann).

In meinen Seminaren hatten wir daran gearbeitet, dass es für Lore darum gehe, sich in einem ersten Schritt zu erlauben, eigene Bedürfnisse zuzulassen und in einem zweiten Schritt, sich nicht mehr zu verurteilen und schrittweise zu lernen, sich selbst wertzuschätzen.

Als Lore 1996 das Traumseminar mit mir und Ortrud auf Thassos besuchte, hegte sie die Hoffnung, ihr »chaotisches Leben« noch besser in den Griff zu bekommen. Sie freute sich auf die Natur und die Begegnung mit Menschen. Ihre Angst, etwas falsch zu machen und dann von niemanden mehr gemocht zu werden, überschattete ihre Freude. Dass ich – Heide – als Person in ihrem Traum vorkam, hatte sie erstaunt.

1. *Wir machen eine Wanderung mit Heide. Sie zeigt uns einen Felsen, in dem eine Flamme brennt. Sie erklärt uns, dass das ein heiliger Berg ist, den niemand betreten oder beschmutzen darf.*
2. *Etwas später ist Heide wütend. Sie stellt fest, dass dieser Felsen beschmutzt wurde.*
3. *Ich gestehe ihr, dass ich Milch an der Flamme gewärmt hatte, was mir leidtut. Sie sagt zu mir: »Das nächste Mal pass bitte auf, dass das nicht noch einmal vorkommt« – Heide geht und macht den Fleck weg. Ich schäme mich.*

Wenn wir von Personen träumen müssen wir uns immer fragen, welcher Anteil dieser Person steckt auch in mir. Das nennt man den subjektiven Anteil. Es kann aber auch sein, dass es um die Person selbst geht, das ist dann die Objektstufe. In diesem Traum bin ich – Heide – ein subjektiver Anteil der Träumerin. Lore beschrieb mich als einfühlsam, vertrauenswürdig, liebenswert, als wichtige Helferin auf ihrem Weg, sich aus Verstrickungen zu befreien.

Felsen und Steine im Traum stehen für »versteinertes Leben«. Lore hatte durch die Erfahrungen in ihrer Kindheit und Jugend vieles in sich »versteinern« lassen. Das Licht im Felsen zeigt ihr, dass Lore – ausgelöst durch das Seminar des Vorjahres – erkannt hatte, woher ihre Versteinerungen kommen, es aber noch nicht geschafft hatte, sie aufzulösen.

Was bedeutet Milch im Traum? Die 4 Mägen der Kuh haben wir mehrfach erwähnt. Durch sorgfältiges Wiederkäuen erzeugen sie Milch, um ihren Nachwuchs aufziehen zu können. Übersetzt heißt das: Auch Lore hatte schon neues Leben in sich erzeugt, konnte aber das alte Verhalten noch nicht loslassen. Noch muss sie sich verurteilen

– Milch verschütten. Die Heide in ihr erkennt, dass sie noch mit ihren alten Anteilen hadert und nicht darauf vertrauen kann, dass sie schon Licht in ihre Versteinerung gebracht hat. Lore muss sich noch beschimpfen, wie sie es immer gewohnt war. Gleichzeitig machen die Heide-Anteile in ihr den Schmutz weg, was heißt, dass Lore auf dem Weg ist, ihre übertriebene Scham-Angst zu reinigen.

Ein Jahr später ein weiterer Traum von Lore auf Thassos:

Eine weinende Kuh

1. *Ich sah eine Kuh, die aus einer Felswand heraustrat.*
2. *Es sah so aus, als ob sie weint.*
3. *Doch dann fing ihr Auge an zu leuchten*

Lore hatte begonnen, ihre versteinerte Situation »wiederzukäuen. Sie wagte sich aus der Versteinerung ans Licht und beweint ihre unbefriedigende Lebenssituation.

Im dritten Bild schöpft sie Hoffnung auf ein besseres Leben, raus aus ihren alten Abhängigkeiten. Das Kuhauge leuchtet.

Ein beschwerlicher Weg

Hannelore hatte, wie Lore, an einigen meiner gestalttherapeutischen Seminare auf Thassos teilgenommen. Dort hatte sie zum ersten Mal in vertrauensvoller Atmosphäre über ihre Nöte sprechen können. Seit ihrer Kindheit hatte sie das Gefühl, unerwünscht zu sein. Lebenslang litt sie unter den Abwertungen ihrer Mutter, später auch von anderen Menschen. Um den Schmerz nicht zu spüren, hatte sie als Lebensmotto die Vorstellung verinnerlicht: »Wenn ich nicht genug für Andere tue, habe ich keine Existenzberechtigung und werde schuldig.«

Im ersten Traum-Seminar auf Thassos war Hannelore auch mit dabei. Sie war damals 66 Jahre alt, unverheiratet und pensionierte Bankangestellte, die sich ehrenamtlich beim »Technischen Hilfswerk« engagierte. Die Träume, die Hannelore auf Thassos erzählte, zeigen im ersten Traum, welch beschwerlichen Weg sie all die Jahre gegangen war, und im zweiten Traum, den sie ein Jahr später vorstellte, ihre schrittweise Befreiung aus ihrer lebenslangen Haltung.

Am Vortag des ersten Traumes hatte sich Hannelore vorgenommen, am nächsten Tag ein Auto zu mieten, um die Insel zu erkunden. Sie freute sich auf diesen Ausflug. In der Nacht träumte sie:

Tunnel – Nebelwände – Ameisen

1. *Ich fahre mit einem 500er Fiat durchs Gebirge. Die Serpentinen gehen ständig rauf und runter.*
2. *Die Straßenränder bestehen aus unergründlich tiefen Spalten und Abschnitten von steilen Abhängen, die in die Tiefe der Schluchten führen.*
3. *Ich konzentriere mich auf die Straßenmitte, da sind etliche Schlaglöcher, die mich zum Fahren im Zickzack zwingen.*
4. *Ein ständiger Wechsel zwischen Sonne und Nebelwänden macht mir alles noch schwerer.*
5. *Nun fahre ich in einen Tunnel hinein, der nicht enden will. Plötzlich bemerke ich eine weiche Wand. Ich halte an, steige aus und merke, die Wand besteht aus Ameisen und Insekten, die ihre Eier ablegen. Ich kann mich nicht mehr bewegen, weil die Insekten mich voll in die Wand ziehen und ich ein Teil des Ganzen werde.*

Bei der Erarbeitung des Traumes erzählte Hannelore, dass der Fiat 500, von dem sie geträumt hatte, ihr erstes Auto war, mit dem sie sich einen ersten Urlaub gönnte, was ein langersehnter Wunsch war. Mit dieser Erinnerung thematisierte der Traum ihre Versuche, sich aus alten Abhängigkeiten zu befreien, durch die sie sich jahrelang bewegt hatte.

Wieviel Angst ihre Befreiungsversuche in ihr auslösten, zeigen die Schlaglöcher, die steilen Abhänge und Schluchten entlang ihrer Fahrt. Ihre Gefühle wechseln zwischen Sonne und Nebelwänden. Noch konnte sie ihre Angst nicht vollends besiegen.

Der Tunnel, in dem sie durch Ameisen und Insekten nicht mehr herauskam, zeigte ihr den Grad ihrer Verstrickung. Ameisen sind Tiere mit hohem Sozialgefüge, sie sind pflichtbewusst und kollektiv unterwegs. Sie leben nur für ihren Staat, ohne eigene Bedürfnisse. So wie Hannelore auf ihre eigenen Wünsche von Kindheit an keine Rücksicht genommen hatte. Im Gegenteil, sie konzentrierte sich darauf, jedem in ihrem Umfeld zu helfen.

Diese Haltung hatte Hannelore als Ausweg gewählt, den Schmerz, abgelehnt worden zu sein, zumindest dadurch abzumildern, wenn sie für ihre Unterstützung gelobt wurde.

Wir alle sind gefordert, uns auch für andere Menschen zu interessieren, müssen gegebenenfalls auch Opfer bringen, dürfen uns selbst dabei aber nicht aus den Augen verlieren. Unser persönliches Leben, unsere Wünsche und Bedürfnisse sind ebenso wichtig wie die anderer.

Hannelore gab nicht auf. Nach und nach versuchte sie, auch an sich zu denken und ihren Bedürfnissen nachzugehen.

Der zweite Traum, den Hannelore im Sommer darauf vorstellte, zeigte den Fortschritt ihrer mühsamen Suche nach sich selbst.

Das Leben neugestalten

1. *An einem Berghang bereite ich einen Bauplatz vor, rode den Boden.*
2. *Ich räume Marmorblöcke aus dem Weg und ordne diese rund um den Grundriss an.*
3. *Nach einigen Tagen schwerer Arbeit ist der Fußboden gegossen.*
4. *In den frischen Beton setze ich untereinander die Worte ein:*
   ***L**achen*
   ***E**go*
   ***B**escheiden*
   ***E**ros*
   ***N**otwendig*
   Darüber kommt eine Marmorplatte, die Worte sind aber trotzdem zu lesen, weil die Platte durchsichtig ist. Das Dach ist aus einer Holzkonstruktion hergestellt und mit einer Grünfläche bepflanzt.
5. *Aus dem Grün wachsen weiße Sternblüten.*

Dieser Traum war für uns alle eine kostbare Antwort auf den Prozess, den Hannelore über lange Zeit gegangen war. Schritt für Schritt hin zu ihren eigenen Bedürfnissen und dem Wunsch, sich annehmen zu lernen.

> Hannelore war dabei, sich ein neues Lebenshaus zu gestalten. Sie räumt Marmorblöcke aus dem Weg. Marmor symbolisiert den ungeheuren Druck, dem Hannelore durch die Anschuldigungen ihrer Mutter lebenslang ausgesetzt war. Marmor entstand einst unter hohem Druck aus Muschelkalk. Muscheln leben im Meer, dem Gleichnis unserer unbewussten Gefühle. Hannelore arbeitete sich Schritt für Schritt aus den Muschelschalen, in die sie sich verzogen hatte. Der Fußboden ihres neuen Lebenshauses ist bereits gegossen.
>
> Das Dach ist aus einer Holzkonstruktion. Holz steht für »gewachsene Erkenntnisse«, das im Gleichnis mit dem Wachstum von Bäumen verstanden wird.

Das vierte Bild des Traumes, dessen Anfangsbuchstaben das Wort **LEBEN** ergeben, zeigt Hannelores Weg in eine neue Freiheit:

Lachen – Im 1. Schritt wird sie aufgefordert, sich auf den Weg zu machen, um ein Leben zu finden, das ein »lachendes Leben« ist.
Ego – Im 2. Schritt, der Ambivalenz, muss sie sich entscheiden: will ich ein Leben in Freiheit oder in Abhängigkeit.
Bescheiden – Diese Haltung kann sie hinter sich lassen, nun geht es darum, ihre jahrelang nicht gelebten Wünsche zu erkennen. Nach der Erkenntnis im 3. Bild kommt die Frage auf: »Wie mache ich das?« – und gibt ihr im 4. Bild eine Antwort.
Eros – darunter versteht man die sinnliche und geistige Liebe, die sie durchdringen muss, um ihr Leben neu zu gestalten.
Notwendig – Im 5. Schritt kann sie beginnen, das, was sie wirklich möchte, mit allen fünf Sinnen umzusetzen. Sollte bei diesem Prozess ihre alte Kinderangst wieder auftauchen, ist es notwendig, die Not der Angst in ihre Gegenkraft zu wenden, damit »lachendes Leben« für Hannelore entstehen kann.

Das 5. Bild zeigt die Grünfläche und die weißen Sternblüten, was bedeutet, dass Hannelore begonnen hat, sich mit geistiger Klarheit ihr Lebenshaus nach ihren Bedürfnissen zu gestalten. Blumen stehen für aufblühende Wünsche.

Für mich ist Hannelore ein wunderbares Beispiel, wie sehr Träume unserer Spur nachgehen und uns durch die Bilder auch belohnen, wenn es gelungen ist, schwierige Situationen zu überwinden.

Unsere Träume sind … viel mehr unsere Erlebnisse
als man glaubt – über Träume muss man umlernen.
(Friedrich Nietzsche)

Wer bin ich? Eine Antwort gibt mir mein Traum

Der folgende Traum, den ich kurz vor Abschluss dieses Buches geträumt habe, erscheint mir wie eine Antwort auf das, was meine Entwicklung bis heute ausmacht. Beim Zurückblicken gewann ich jedenfalls den Eindruck, in meinem Leben nicht an der falschen Kreuzung abgebogen zu sein, obwohl ich manchmal staunte, dass ich in drei Berufen: Fernsehjournalistin, Psychologin und Traumtherapeutin Fuß fassen konnte. Meine berufliche Entwicklung begann mit einem Rausschmiss aus dem Gymnasium, einer Lehre als Großhandelskaufmann, wie man das damals noch nannte, meiner Arbeit als Filmemacherin beim Fernsehen, einem Psychologiestudium mit 40 Jahren, ergänzt mit der Ausbildung zur Gestalttherapeutin. Dass sich danach noch eine Weiterbildung in Traumarbeit anschloss, die mich bis heute in meinen Seminaren erfüllt, empfinde ich wie eine Ernte meines bewegten Lebens, für die ich demütig und dankbar bin. Obwohl im Laufe der Jahre immer mal wieder Zweifel am Gelingen der unterschiedlichen Stadien auftauchten, wuchs mein Vertrauen zu mir mit jeder bestandenen Herausforderung.

1. *Ich beobachte, wie Klaus J. (neben meinem Mann Frankie mein liebster Kameramann) mit großer Sorgfalt ein Pferd sattelt. Er will die ganze Nacht damit ausreiten.*
2. *Er besteigt das Pferd und ich sehe, dass er keine Reitstiefel anhat. Ich mache ihn darauf aufmerksam.*
3. *Er meint, »das macht nichts«, seine Schuhe seien ausreichend.*
4. *Dann schlage ich vor, ihm ein Hotelzimmer zu buchen, falls er doch früher zurückkommt. Er stimmt zu.*

Zweiter Traumteil

1. *Ich sitze mit mehreren Leuten auf einem Podium und halte mit großer Leidenschaft vor vielen Menschen einen Vortrag über Ortruds Traumarbeit.*

2. *Als nach dem Vortrag als erster aus dem Publikum mein Freund Uwe aufsteht, befürchte ich, er würde meinen Vortrag kritisieren.*
3. *Das Gegenteil ist der Fall. Er lobt meinen Vortrag und berichtet, ans Publikum gewandt, dass ich in der Handelskammer vor Spitzen der Wirtschaft, Ortruds Traumarbeit sowohl als Hilfe für die persönliche Entwicklung als auch für ihr Unternehmen vorgestellt habe, was auf großes Interesse gestoßen sei.*
4. *Zu Beginn hätte ich eine Übung aus der Gestalttherapie eingebracht, mit der Bitte, jeder und jede solle einen Baum zeichnen, auf dessen Ästen alle Talente und Gelungenes des bisherigen Lebens stehen sollten.*

Erster Traumteil

Klaus J. kompetent, sorgfältig, zugewandt, fähig zur Teamarbeit, ausgestattet mit Eigenschaften, die ich auch mir zugestehe. Im Gegensatz zu mir kommt er aus einem wohlhabenden und bildungsnahen Elternhaus. Ich musste meinen Weg ohne elterliche Unterstützung suchen. Wir haben mit großer Freude und Erfolg viele Filme gemeinsam gestaltet. Ein Pferd kann, je nach Temperament, geführt werden. Es steht für die vielen vitalen emotionalen Verhaltensweisen. Die Nacht deutet das noch Unbewusste an. Möglicherweise sind die positiven Handlungsanteile, die ich mit Klaus verbinde, schon in mir abgespeichert, sozusagen im »Kasten«, wie man das beim Film sagt, so dass sie auch im »Unbewussten« zum Tragen kommen. Dennoch zeigt sich im 2. Bild eine Unsicherheit.

Die »falschen« Schuhe bedeuten, dass in mir noch ein Zweifel besteht, ob die Art und Weise, wie ich in vielen Bereichen durch mein Leben gegangen bin, die »richtige« war.

Im nächsten Schritt erkenne ich, dass ich mir ohne Angst zutraue, ans Ziel zu kommen, obwohl ich die günstigen Voraussetzungen von Klaus (die falschen Schuhe: Klaus: »Das macht nichts«) nicht hatte.

Ich gestehe mir zu, eine Lösung zu finden, auch ohne das richtige Rüstzeug, mutig die nächsten Schritte zu gehen. Und sollte der vitale Pferde-Ritt (aus dem ersten Bild) mal infrage stehen, hilft eine kurzfristige Ruhepause, siehe nächstes Bild.

In einem Hotel hält man sich temporär auf. Eine Vorsichtsmaßnahme, evtl. eine Pause einzulegen, um mich nicht zu überfordern.

Zweiter Traumteil

Mit vielen Menschen (mit meinen verschiedenen Anteilen) bin ich in der Öffentlichkeit unterwegs, um u.a. auf Ortruds Traumarbeit aufmerksam zu machen.

Im zweiten Traumbild holt mich wieder die Frage ein, »Genüge ich den Zielen und Anforderungen, die ich an mich selbst stelle?« Ein Rückfall in alte Zweifel holt mich ein, obwohl die Handlungsanteile meines Freundes Uwe – ehrgeizig, fleißig, zugewandt, erfolgreich, überaus beliebt – auch in mir vorhanden sind.

Nachdem die Ambivalenz im zweiten Bild erkannt ist, wird im dritten Bild deutlich, dass meine Angst unbegründet ist. Ich ernte Lob dafür, wieviel ich schon für Ortruds Traumarbeit geleistet habe. Bis in Wirtschaftskreise hinein, in denen man die Beschäftigung mit Träumen nicht unbedingt vermutet, sind meine Beiträge und Bemühungen, Ortruds Forschungen bekannt zu machen, vorgedrungen.

Durch die Übung aus der Gestalttherapie, die ich in meinen Seminaren »Lebensfreude neu entdecken« oft angewendet habe, soll ich auch mir selbst noch einmal vor Augen führen, wie viele Erkenntnisse, Erfolge und auch Gelungenes ich schon auf meinem Lebensbaum festhalten kann.

Supervision

Die jetzt folgenden drei sehr ausführlich beschriebenen Träume habe ich als Supervisorin begleitet. Elke Prieser hat sich mit den Träumerinnen, dem Träumer in mehreren Gesprächen auf eine Spurensuche begeben. Ich stand beratend zur Seite.

Biber – Fuchs – und sprechender Delphin

»Ich werde nicht wahrgenommen.«

Martina litt seit Kindheitstagen unter dem Gefühl, nicht anerkannt zu werden. »Ich werde nicht wahrgenommen, niemand hört und versteht mich« hatte sie als frühe Botschaften in sich aufgenommen.

Zum Zeitpunkt des Traumes machte sich Martina Sorgen, wie ihr Leben weitergehen soll. Sie hatte ihren Job als Chefsekretärin nach 20 Jahren gekündigt, weil das Betriebsklima immer unerfreulicher wurde. Ihre Gefühle schwankten hin und her, ob ihre Entscheidung richtig war. Sie war traurig, fühlte sich auch verletzt, weil sie keine Anerkennung spürte nach den vielen Jahren ihrer bisherigen beruflichen Tätigkeit. Da sie schon immer an psychologischen Themen interessiert war, schwebte ihr eine Ausbildung in der Telefonseelsorge vor. Damit wollte sich Martina endlich ihren sehnlichsten Wunsch erfüllen, mit Menschen zu arbeiten. Da sie eine Abfindung erhalten hatte, konnte sie sich eine gewisse Auszeit ohne Bezahlung leisten, bevor sie erneut auf Jobsuche gehen würde.

Der Traum von Martina noch ungegliedert:

Ich bin in unserer alten Wohnung (Zeitraum 1993–2002). Ich gehe bei den Nachbargärten vorbei. Ein Ehepaar O. und S. grillen. Ich bleibe an einem Nachbargarten stehen vor einem kleinen Teich und sehe, wie ein großer Biber in den Teich gleitet. Ich schaue genauer hin und sehe auch einen Fuchs im Teich schwimmen, der versucht, den Biber anzugreifen, beißt ihm in den Kopf und verletzt ihn. Ich versuche, den Fuchs zu verscheuchen, was mir gelingt durch Lärm machen und Klatschen. Der Fuchs verschwindet und aus dem Biber wird ein kleiner Delphin, der jetzt auftaucht und zu mir spricht. Erst bin ich ungläubig und verstehe nichts. Dann höre ich klar ein »Danke«. Ein sprechender Delphin! Ich ziehe den Delphin heraus und er verwandelt sich in ein kleines, zartes Mädchen, blond, dünn, ca. 5 Jahre alt. Ich möchte das Mädchen beschützen, suche in der Nachbarschaft eine Frau zur Beratung auf. Ich will das Kind adoptieren. Die Frau präsentiert mir daraufhin einen Überweisungsträger für das kurze Gespräch über 240,00 €. Erst will ich gleich bezahlen, dann stecke ich den Beleg erst einmal ein. Ich gehe mit dem Kind nach Hause, um Sarah zu sagen, dass sie jetzt ein Geschwisterchen hat.

Die Entschlüsselung der Traumbilder erfolgte durch Fragen und Antworten, bzw. Assoziationen der Träumerin zu den einzelnen Traum-Bildern und deren Bedeutung als Gleichnis.

Alte Wohnung (Zeitraum 1993–2002): Die Wohnung spiegelt dir deine innere Wohnung, dein Seelenhaus, in dem du dich eingerichtet hast – es ist ein Seelenzustand, der dir aus den Zeiten von 1993–2002 bekannt ist. Damals warst du auch in einer Neuorientierung von einem alten Job in einen neuen.
Nachbargärten: Es ist der Ort der Lebensgestaltung, der gewachsenen Erfahrungen und Erkenntnisse – hier gestaltest und pflegst du deine Wünsche (dafür stehen die Blumen) und deine Erkenntnisse (das sind die Bäume und Büsche). Diese Lebensgestaltung ist dir schon sehr nah. Dafür steht der Begriff des Nachbarn.
Das Ehepaar: Es führt eine sehr problembeladene Partnerschaft. Sie zeigen dir als Paar, dass du zwar Erkanntes (dafür steht die Frau) in die Tat (dafür steht die Handlungskraft = Mann) umgesetzt hast, dies aber für dich noch sehr problembeladen ist. Auf deine Situation bezogen heißt das, du hast erkannt, dass dich dein Job belastet. Du hast ihn aufgegeben, obwohl die Zukunft noch unklar ist.

Grillen: Beim Grillen wird Fleisch schmackhaft zubereitet. Es ist also der Hinweis auf Fleisch, das für unsere Energie steht. Deine Energie ist der starke Wille nach Neuorientierung, bei der du nun schauen musst, was für dich schmackhaft ist.
Frau: So wie in der Sexualität die Frau neues Leben in ihrem Inneren empfängt, versinnbildlicht sie im Traum eine neue Erkenntnis. Es ist eine dich unterstützende Erkenntnis, die dir rät, die neue Entwicklung in dir anzunehmen (Kind adoptieren), was heißt, zu dir und deinen Wünschen zu stehen (Der Mann wird nach Ortrud Grön so verstanden: Er zeugt aus seinem Inneren nach außen, er steht für die Tat, die das Erkannte verwirklichen will).
5-jähriges, blondes, zartes Mädchen: Das ist eine noch zarte Entwicklung in dir, welcher Wunsch dir Sinnesfreude bereitet und das ist bei dir wohl die Ausbildung in der Telefonseelsorge. Bewusste emotionale Kräfte stützen dich und verbinden sich mit deinen Gedanken (blondes Kind), wenngleich auch die Traurigkeit deiner eigenen 5-Jährigkeit noch nicht gänzlich überwunden ist. Die 5 ist auch ein Hinweis auf deine 5-jährige Entwicklung zu dir selbst durch die Traumarbeit bei Heide.
Sarah – deine Tochter: hat gelernt, Grenzen zu ziehen und für sich selbst einzustehen. Sie ist urteilssicher für sich selbst ohne Kompromisse. Sie ist ein Erkenntnisanteil in dir, mit dem auch du gelernt hast, für dich selbst einzustehen und urteilssicher Grenzen zu ziehen.
Teich: Ein Teich ist ein Gewässer ohne Zu- und Ablauf. Es ist ein Bild deiner bewussten Gefühle (Süßwasser), die aber noch nicht in Fluss gekommen sind – im Gegensatz zum Salzwasser, das mit dem Meer assoziiert wird und für noch Unbewusstes steht.
Biber: Der Eingang zur Biberburg liegt unter Wasser, damit sich der Biber vor Angriffen schützen kann. Dies gleicht unserem Verhalten, anderen keinen Einblick in das eigene Innere zu geben. Wir wohnen dort so lange zwischen alten Erkenntnissen (Bäumen) und neuen Erkenntnisprozessen (Blätter und Zweige), bis wir unseren Schutz-

raum verlassen können und die in dieser Zeit erworbenen Erkenntnisse nutzen, um uns den Beziehungen zu anderen befreit zu öffnen.

Fuchs: Der Fuchs spiegelt uns die noch kindliche Überlebenskraft, die Schutzhaltung, die jedes Kind gegen seine Ängste entwickelt. Wie der Fuchs auf der Flucht vor dem Jäger listig den Ausweg durch verschiedene Fluchtröhren sucht, so sucht sich das Kind über die Schutzhaltung den Ausweg vor den Angriffen der Bezugspersonen. Doch als Erwachsene brauchen wir diese Notausgänge nicht mehr, die über wahres Leben hinwegtäuschen. Deshalb fordert dich der Fuchs auf, das Gefühl deiner Kindheit »nicht gehört zu werden«, das dich traurig gemacht hat, aufzulösen.

Kopf: Der Kopf ist ein Bild deiner gedanklichen Kraft.

Delphin: Der Delphin ist ein kleiner Wal. Mit ihm taucht eine in der Kindheit verdrängte vitale Lebenskraft wieder auf. Der Name »Delphin« kommt aus dem Griechischen »Delphys« und bedeutet »Gebärmutter«. Dieses einst ins Meer zurückgekehrte Säugetier kann als Schoß neuen Lebens verstanden werden. Delphine sind sehr intelligente, soziale Tiere mit einem hochentwickelten Sonarorgan, das sie befähigt, sich ganz individuell auf andere Lebewesen einzustellen. Sie sind fähig mit Menschen zu kommunizieren, mit ihnen spielerisch in Kontakt zu treten und dadurch seelische Blockaden im Menschen zu lösen. Diese Heilungskraft steckt auch in dir – angstfrei, heiter und liebend im Umgang mit dir selbst und anderen Menschen sollst auch du dich spielend kreativ auf neue Wünsche einlassen. Dabei ist es wichtig, die Heiterkeit bewusst zu halten.

Die Rechnung über 240,00 €. Die Zahl 40 zeigt dir, wie du deinen kreativen Wunsch gestalten kannst. Die Rechnung fordert dich auf, Energie (Geld) zu investieren für die Suche nach einem alten verdrängten Wunsch (Hunderterzahlen), mit dem du Freiheit und Schöpfungsdrang vereinen kannst (200). Die Ambivalenz durch die Zahl Zwei schwingt noch mit – d.h. du musst dich entscheiden.

Die Struktur des Traumes und die Umsetzung auf die persönliche Lebenssituation

1. *Ich bin in unserer alten Wohnung (Zeitraum 1993–2002) und gehe bei den Nachbargärten vorbei.*

Du befindest dich in einer Umbruchsituation wie damals und betrachtest, was das Leben dir nun an Gestaltungsmöglichkeiten nahebringt.

2. *Das Ehepaar O. und S. grillt. Ich bleibe an einem Nachbargarten stehen vor einem kleinen Teich und sehe, wie ein großer Biber in den Teich gleitet.*

Durch das Aufgeben deines Jobs bist du noch problembeladen (O. und S.), du hast aber die Energie (Fleisch) zur Neugestaltung deines Lebens (Garten). Noch hält die Traurigkeit deine Gefühle fest (*Teich*), die du versuchst, ganz allein im Verborgenen zu bearbeiten (Biber).

3. *Ich schaue genauer hin und sehe auch einen Fuchs im Teich schwimmen, der versucht, den Biber anzugreifen, beißt ihm in den Kopf und verletzt ihn. Ich versuche, den Fuchs zu verscheuchen, was mir gelingt durch Lärm machen und Klatschen.*

Dadurch gesellt sich wieder deine alte Angst- und Schutzhaltung (Fuchs) »nicht gehört zu werden« zu dir – denn dein Chef hat dich nicht verstanden und beeinträchtigt deine gedankliche Kraft (Biss in den Biberkopf), die du aber brauchst, um dich mit neuen Erkenntnissen, wie es nun weitergeht, nach außen öffnen zu können. Mit Recht machst du im Traum Lärm, weil du genau weißt, dass dir die alte Schutzhaltung nur schadet, du sie also verjagen musst.

4. *Der Fuchs verschwindet und aus dem Biber wird ein kleiner Delphin, der jetzt auftaucht und zu mir spricht. Erst bin ich ungläubig und verstehe nichts.*

Indem es dir gelingt, den Fuchs in dir verschwinden zu lassen, erwacht in dir eine alte Lebenskraft (Delphin), die dich zu heilen vermag, weil sie dir die Fähigkeit gibt, dich in spielerischer Heiterkeit auf neue kreative Wünsche einzulassen und dies im liebevollen Umgang mit dir selbst und anderen Menschen. Diese Kraft nimmt zu dir Kontakt auf und will deine ganze Aufmerksamkeit (Delphin spricht).

5. *Dann höre ich klar ein »Danke«. Ein sprechender Delphin! Ich ziehe den Delphin heraus und er verwandelt sich in ein kleines, zartes Mädchen, blond, dünn, ca. 5 Jahre alt. Ich möchte das Mädchen beschützen, suche in der Nachbarschaft eine Frau zur Beratung auf. Ich will das Kind adoptieren. Die Frau präsentiert mir daraufhin eine Rechnung für das kurze Gespräch über 240,00 € (Überweisungsträger). Erst will ich gleich bezahlen, dann stecke ich den Beleg erst mal ein. Ich gehe mit dem Kind nach Hause, um Sarah zu sagen, dass sie jetzt ein Geschwisterchen hat.*

Mit der Verabschiedung deines Jobs hast du einen heilsamen Schritt getan – das Wort »Danke« des Delphins ist der Beweis dafür. Damit hast du die Heilung eingeleitet. Dies ist der Anbeginn einer noch zarten Entwicklung in dir, in der du nun mit allen 5 Sinnen erspürst, was deine Sinnenfreude weckt. In dem Mädchen hast du schon die Telefonseelsorge als neue Herausforderung für dich erkannt. Dies ist dein Kind, das du schützen und annehmen möchtest. Deshalb suchst du in dir nach Rat und erkennst (Frau), dass du hier noch Energie investieren musst (Rechnung) für deinen alten Wunsch nach psychologischem Wissen (Hunderterzahlen), um Freiheit und Schöpfungsdrang vereinen zu können (200), und so deine kreative Freiheit zu gestalten. Die 40 zeigt dir schon, wie du deinen kreativen Wunsch gestalten kannst. Am liebsten würdest du gleich loslegen, gleich aktiv werden (gleich bezahlen), doch du musst dieses Kind erst einmal in dein Seelenhaus einziehen lassen (nach Hause), damit es sich dort mit deiner Fähigkeit, für dich selbst einzustehen und Grenzen abzustecken (Sarah), verbinden kann (Geschwister). Nur so kann dieses Kind, diese Entwicklung in dir auch angenommen werden und in dir ein Zuhause finden.

Traumbotschaft

In dieser Umbruchsituation – Abschied vom Job – Neuorientierung in psychologischen Aufgaben – weißt du, dass die alte Schutzhaltung (»Ich werde nicht gehört«) verjagt werden muss, so dass sich deine Delphinkraft entfalten kann und du dich im liebevollen Umgang mit dir selbst und anderen Menschen der neuen kreativen Herausforderung spielerisch und voller Heiterkeit zuwenden kannst. Diese dich mit Sinnesfreude erfüllende Entwicklung fordert in dir aber noch den Energieaufwand, hier für dich einzustehen und Grenzen abzustecken, damit dieses Kind in dir auch ein Zuhause findet.

Martina hat erfolgreich die Ausbildung als Beraterin in der Telefonseelsorge absolviert und lange Zeit dort gearbeitet.

Lust an Grenzüberschreitungen

Der zweite Traum, auch von mir als Coach begleitet, stammt von einem Mann. Den Vortag beschreibt er so: Der Oldtimer springt nicht an, nach Reparatur läuft er wieder. Geschenke zum Geburtstag für Freundin gekauft.

Der Traum – noch ungegliedert

Meine Freundin und ich ziehen durch eine schöne, grüne Landschaft mit Wiesen und Bäumen, es ist ein schönes Gefühl. Dann fahren wir mit dem Zug und gehen von Wagon zu Wagon ohne Fahrschein. Danach sehe ich mich mit meiner Freundin auf einem Kreuzfahrtschiff, mit dem ich auf einem Fluss durch eine schöne Landschaft fahre, aber ohne Geld. Wir werden entdeckt, weil wir blinde Passagiere sind. Wir klettern an der Schiffsaußenwand von Balkon zu Balkon runter in ein Zimmer hinein und wollen uns dort einschließen. Wir haben den Schlüssel für die Zimmertür, doch in der Tür ist kein Schloss. Ein älterer Mann (65–70 Jahre alt) und eine jüngere Frau (25 Jahre alt) entdecken uns dann.

Assoziationen und Gleichnisaussagen zu den Bildern im Traum

Die Freundin: liebevoll, einfühlsam und treu. So wie in der Sexualität die Frau neues Leben in ihrem Inneren empfängt, versinnbildlicht sie im Traum eine neue Erkenntnis in dir. Nämlich, dass auch du die Eigenschaften deiner Freundin, wie Treue, Liebe und Einfühlsamkeit, in dir vereint findest.
Landschaft: Es ist ein Bild deiner Seelenlandschaft, in der du dich wohlfühlst.
Wiesen: Eine grüne Wiese zeugt von vielen kleinen Erkenntnisprozessen (Pflanzen), durch die du schon gegangen bist. Denn so, wie jeder Grashalm und jede Wiesenblume das Licht benötigt, um wachsen zu können (siehe Fotosynthese/Baum), so hast du auf der Suche nach Harmonie in kleinen Schritten erkannt, wie du dein Leben gestalten willst.

Bäume: Der Laubbaum ist der Baum der Erkenntnis. Er zeigt im Traum deine gewachsenen Erfahrungen und Erkenntnisse, die du durch Auflösung von Ambivalenzen/Widersprüchen und damit auch durch das Fällen von Entscheidungen erworben hast.
Die Natur verdeutlicht in der Fotosynthese, wie dieses Wachstum geschieht. Süßwasser steigt durch die Wurzeln des Baumes bis in die Blätter auf. Das Blattgrün fängt das Sonnenlicht ein, welches aber nur eindringen kann, wenn es ein Wassermolekül in seine atomaren Bestandteile zerlegt. Bei der Spaltung des Wassermoleküls H_2O durch das Sonnenlicht, entstehen dann zwei Wasserstoffatome H_2 und ein Sauerstoffatom. Der Sauerstoff entweicht in die Atmosphäre und die zwei Wasserstoffatome nähren den Baum. Und so, wie sich die Wasserstoffatome gegenseitig abstoßen, wenn sie sich zu nahekommen, so tun dies gleichnishaft auch zwei widerstreitende Gefühle in uns, wenn wir sie nicht klären. Der Augenblick, in dem das Sonnenlicht das Wassermolekül in seine Bestandteile zerlegt, gleicht dem Moment, in dem wir den Widerspruch in unseren Gefühlen auflösen, uns entspannen und die dadurch freiwerdende Energie für neue Wachstumsprozesse nutzen können. Denn Ambivalenzen müssen aufgelöst und nicht verinnerlicht werden. Dadurch entwickeln wir unsere ureigene Gestalt, so wie der Baum im weiteren Prozess seine eigene Gestalt entwickelt durch die Umwandlung von Kohlendioxyd in Zucker und Stärke.
Zug: Er zeigt dir, dass du dich zielbewusst auf deinem Lebensweg orientierst, denn der Zug, den du mit den richtigen Gefühlen und Gedanken besteigst, bringt dich an dein Ziel. Dein Ziel ist es, deine Freiheitsliebe und Abenteuerlust zu leben und dies mit dem Reiz, Grenzen zu überschreiten, wie mit deinem alten Mercedes (Oldtimer). Nur musst du hier deine Gefühle und Gedanken noch einmal überprüfen, ob es die richtigen sind, denn die Angst, entdeckt zu werden, hält dich in Bewegung (von Wagon zu Wagon).

Ohne Fahrschein: Mit dem Fahrschein akzeptieren wir Regeln. Du hast im Traum keinen Fahrschein, was bedeutet, dass du auf deiner Zielverfolgung Regeln durchbrichst.
Kreuzfahrtschiff/Fluss: Ein Schiff befährt Gewässer aus Salzwasser oder Süßwasser. Mit dem Schiff im Traum sind wir deshalb entweder der Steuermann unserer unbewussten Gefühle (Meer) oder bewussten Gefühle (Fluss, See). In deinem Traum fährt das Kreuzfahrtschiff auf einem Fluss, was dir zeigt, dass du dich im Fahrwasser deiner fließenden bewussten Gefühle steuerst und dies auf einer hohen Qualitätsstufe mit vielen Anteilen, denn das Schiff hat Platz für viele Menschen.
Ohne Geld: Geld ist das Symbol für Energie, die wir investieren müssen, um unser Ziel zu erreichen. Doch ohne Geld – als blinder Passagier – heißt, dass du dir den Energieaufwand ersparst, dich an die Regeln zu halten.
Blinder Passagier: So wie ein blinder Passagier versuchst auch du, bei deinen Grenzüberschreitungen unentdeckt zu bleiben, bist aber einer ständigen Angst ausgesetzt, erwischt zu werden.
Balkon: Den Balkon betreten wir, indem wir aus einem Zimmer durch die Balkontür nach draußen treten. Er liegt hoch und bietet wenig Raum. Mit dem Balkon in deinem Traum bewegst du dich mit deinem Inneren, deiner Freiheits- und Abenteuerliebe, nach außen. Dir ist bewusst (hoch), dass du dabei etwas Verbotenes tust, du hast dennoch den Überblick. Doch deine Freiheit ist eingeschränkt (wenig Raum), weil du Angst hast, bei deinen Grenzüberschreitungen entdeckt zu werden. Dir fehlt der Boden der Realität.
Runter: Die Bewegung nach unten fordert dich auf, dich nach unten in deine Seele zu begeben, in deine Kindheit, um dort die Ursache für dein Problem zu finden.
Und in dieser Phase des Gesprächs sprichst du über die fehlende Wärme deiner Mutter, ihre Ausrichtung nach Äußerlichkeiten, ohne Tiefe, ihre

Doktrin, gegen die du als Kind rebelliert hast. Die Schutzhaltung aus auf-diktierten Mustern ausbrechen zu wollen, hast du also in deiner Kindheit entwickelt, um den Geborgenheits- und Selbstwertverlust zu kompensieren. Diese Schutzhaltung besteht heute noch und zeigt sich in deiner Neigung zu Grenzüberschreitungen. Es ist eine Ambivalenz, die es nun aufzulösen gilt.

Schlüssel: Der Schlüssel im Traum ist der Zugang zum Problem. In ihm erschließen sich Grund und Ursache deines Auflehnens gegen Autoritäten. Der Schlüssel ist deine Mutter.

Ohne Türschloss: Schlüssel und Türschloss gehören zusammen. Nur mit dem Schlüssel allein, der Erkenntnis, dass hier ein Kindheitsproblem herrscht, kannst du dich vor der Angst, erwischt zu werden, nicht versperren. Du musst in dem fehlenden Türschloss erst noch die Gegenkraft zu deinem Problem entwickeln. Hier geht es um Kreativität, um neue Ideen, um Vorstellungen, wie du den Grenzüberschreitungen entgegenwirken kannst. Was kannst du stattdessen tun, was dich begeistert?

Mann, 65–70 Jahre: In der Sexualität zeugt der Mann neues Leben von innen nach außen. Er steht für unsere Tatkraft, dem notwendigen Handeln, das bereits Erkannte zu realisieren. Der Mann im Traum ist dir unbekannt, er ist deshalb ein noch unbekannter Tatkraftanteil, den du noch kennenlernen musst. Mit den Zahlen 65–70 steckst du in einem Prozess. Du versuchst, deine Wünsche gegen äußere Widerstände mit Sinnesfreude durchzusetzen (65), schaffst dies aber nicht und musst dich deshalb noch einmal mit deiner Kindheit beschäftigen, um zu schauen, welche Ängste dir noch anlasten (70).

Frau, 25 Jahre: Sie ist die Assoziation zu deiner eigenen 25-Jährigkeit. In ihr sollst du erkennen (Frau), dass du, wie damals, noch dazu neigst, ein wildes Leben zu führen, gerne aus Regeln ausbrichst. Es war aber auch eine Zeit der Umschulung. Deshalb sollst du auch erkennen, dass du dich »umschulen« kannst, du kannst dazu lernen, um dieses wilde Leben mit deinen Grenzüberschreitungen hinter dir zu lassen.

Struktur des Traumes und Umsetzung auf die persönliche Lebenssituation

1. *Petra und ich ziehen durch eine schöne, grüne Landschaft mit Wiesen und Bäumen, es ist ein schönes Gefühl.*
2. *Dann fahren wir mit dem Zug und gehen von Wagon zu Wagon, ohne Fahrschein.*
   Danach sehe ich mich mit meiner Freundin auf einem Kreuzfahrtschiff, mit dem ich auf einem Fluss durch eine schöne Landschaft fahre, aber ohne Geld. Wir werden entdeckt, weil wir blinde Passagiere sind. Wir klettern an der Schiffsaußenwand von Balkon zu Balkon runter in ein Zimmer und wollen uns dort einschließen.
3. *Wir haben den Schlüssel für die Zimmertür, doch in der Tür ist kein Schloss. Ein älterer Mann (65–70 Jahre alt) und eine jüngere Frau (25 Jahre alt) entdecken uns dann.*

Du bewegst dich liebevoll und treu dir selbst gegenüber (die Freundin) mit Wohlgefühl durch deine Seelenlandschaft, die schon von vielen Erkenntnisprozessen geprägt ist (Wiesen und Bäume).

Zielbewusst (Zug) verfolgst du deine ausgeprägte Freiheitsliebe. Doch Grenzüberschreitungen (ohne Fahrschein) halten dich in Bewegung (von Wagon zu Wagon), weil du immer auf der Hut sein musst, entdeckt zu werden. In tiefer Freundschaft zu dir selbst bist du stolzer Steuermann deiner fließenden bewussten Gefühle (Kreuzfahrtschiff auf dem Fluss). Du könntest diese schöne Seelenlandschaft, diese innere Zufriedenheit eigentlich genießen, wäre da nicht die »Pleite« (ohne Geld), dass du keine Energie dafür aufwendest, dich an Regeln zu halten. Mit deinen Grenzüberschreitungen versuchst du, dich durchzumogeln (blinder Passagier), immer in der Hoffnung, nicht entdeckt zu werden. Diese Angst holt dich aber immer wieder ein (ihr werdet entdeckt).

Mit diesen inneren Einsichten sollst du nun nach außen treten, sehen, dass durch die Angst, entdeckt zu werden, deine Freiheit zu klein geblieben ist. Es fehlt dir der Boden der Realität (Balkon), der dir sagt, dass dieses Verhalten auf Dauer nicht gutgehen kann. Deshalb musst du in deine Kindheit »herunterklettern« (runter in den unteren Raum), um den Grund für deine Grenzüberschreitungen aufzudecken, zu schauen, welche tiefe Angst damals entstand, die du noch heute versuchst, durch Nervenkitzel im Gleichgewicht zu halten. Denn eines ist klar, du musst dich immer davor in Sicherheit bringen, erwischt zu werden (einschließen).

Der Schlüssel zu deinem Problem ist deine Mutter. Ihre fehlende Wärme, ihre Doktrin haben in dir als Kind die Schutzhaltung hervorgerufen, dich gegen Regeln aufzulehnen. Schon als 13-Jähriger versuchtest du, mit deinem frisierten Mofa aus diktierten Mustern auszubrechen und damit dem Geborgenheits- und Selbstwertverlust entgegenzuwirken.
In dem älteren Mann verfügst du aber über genügend Reife zum Handeln, aus diesem Zwang herauszukommen, denn deinen Wunsch nach Freiheit kannst du nicht gegen alle Widerstände von außen mit Sinnesfreude durchsetzen (65). Du weißt, dass, wenn du erwischt wirst, auch zur Verantwortung gezogen wirst. Es bleibt dir nicht erspart, dich mit deiner Kindheit auseinandersetzen zu müssen (70).
Die junge Frau zeigt dir, dass du es schaffen kannst, dich umschulen kannst, dazulernen kannst, um dieses wilde Leben und die Angst, erwischt zu werden, hinter dir zu lassen.
Denn diese Angst setzt sich immer wieder durch (ihr werdet entdeckt). Du hast keinen Schutz, wenn du Regeln durchbrichst (kein Türschloss).
Nur der Schlüssel allein hilft nicht, die Angst auszuschließen. Da fehlt noch das Türschloss. Und hier musst du noch eine Gegenkraft zu deinem Kindheitsproblem, deiner Schutzhaltung entwickeln, damit du dich wirklich von den angstbereitenden Regelverstößen

befreien kannst. In dieser Gegenkraft geht es um Kreativität, um neue Ideen, um Vorstellungen, was du tun kannst, um Grenzüberschreitungen entgegenzuwirken, sie loszulassen. Es sind höhere Ziele, die du dir stecken musst, die diese schlechten Gewohnheiten ersetzen. Frag dich, was du stattdessen tun kannst, was dich begeistert? Nur so kannst du die Schutzhaltung auflösen und damit die Angst verlässlich ausschließen und dich selbst befreien. So bekommt die Tür im Traum ein Schloss.

Die Traumbotschaft heißt:
Obwohl du dich sehr wohlfühlst mit dem Reiz an Grenzüberschreitungen, holt dich dennoch immer wieder die Angst ein, erwischt zu werden. Mit der Erkenntnis, dass diese schlechte Gewohnheit eine Schutzhaltung aus der Kindheit ist, entstanden aus der fehlenden Wärme deiner Mutter und ihrer Doktrin, musst du nun in die Gegenkraft gehen und mit neuer Kreativität an höher gesteckten Zielen arbeiten, um Erfüllung zu finden. Nur so verlieren die Grenzüberschreitungen ihren Reiz, du kannst sie loslassen und die damit verbundene Angst stirbt.

Suche nach Zärtlichkeit und Sexualität

Ein Jahr vor diesem Traum starb Hildegards alkoholkranker Ehemann E. an Krebs, von dem sie die letzten 6 Jahre getrennt gelebt hatte. Dennoch hatte sie ihn während seiner einjährigen Krebserkrankung begleitet und versorgt. Nachdem sie sich erholt hatte, wandte sie sich Jo (64 Jahre) zu, mit dem sie sich glücklich fühlt. Trotzdem traut sie dem Glück nicht über den Weg. Sie hat Angst, dass dieses Glück durch irgendetwas wieder gestört wird. Und dieses Irgendetwas ist ihre immer wiederkehrende Sehnsucht nach partnerschaftlicher Zärtlichkeit und Sexualität, die in dieser Beziehung noch unerfüllt bleibt. Sie verspürt eine Unruhe, weil der Vergleich zu einer früheren Liebschaft sie in dem Verlangen festhält, diese Erfüllung auch in ihrer jetzigen Beziehung zu erleben.

Der Traum als Ganzes, noch ungegliedert:

Ich stehe in irgendeinem Haus und sehe meinen Mann E. schräg links vor mir erhöht auf einer Treppe stehen, etwa auf der 5. Stufe. Die Treppe geht noch höher nach rechts oben und endet im Dunkeln. E. sieht nicht schlecht aus, ist schlank und jünger, etwa 40–50 Jahre alt, sieht nicht krank aus. Ich sage zu ihm, dass man das Alkoholproblem als Außenstehender gar nicht richtig ermessen kann, weil man es nicht selbst erlebt hat. Daraufhin sagt E.: »Da hast du Recht. Aber jetzt ist ja alles für mich zu spät!« Und er fängt an zu weinen. Ich bin erschrocken, ihn weinen zu sehen, und wache auf.

Gefühl beim Aufwachen: Hildegard wachte mit dem Gedanken auf: Was war das denn für ein seltsamer Traum? Sie meinte, E. habe recht mit seiner Bestätigung, dass man die Alkoholkrankheit nicht nachvollziehen kann.

Assoziationen und Gleichnisaussagen zu den Bildern im Traum

Haus: Das Haus im Traum spiegelt die innere Wohnung der Träumerin. Es ist Hildegards Seelenhaus, das ihr zeigt, was sich in ihr abspielt, wie es in ihr aussieht. Eigentlich geht es ihr gut, auch finanziell, in ihr Leben ist Ruhe eingetreten, sie hat einen Lebenspartner, mit dem sie aber eine Partnerschaft führt, der es an Leidenschaft fehlt.
Zu E.: Hildegards Ehemann war Alkoholiker, ein lieber Kerl (auch unter Alkoholeinfluss), konnte aber über Probleme schlecht reden, zog sich zurück, war schüchtern, anpassend, wollte nicht böse sein, wollte es jedem recht machen.
Er ist ein Handlungsanteil von Hildegard, der ihr zeigt, dass auch sie über ihr Partnerschaftsproblem mit Jo schlecht reden kann, weil sie zu schüchtern ist, sich nicht traut, sich lieber anpasst, weil sie nicht die Böse sein will, die eventuell von ihm zu viel verlangt. Insgesamt geht es ihr aber besser als in der Vergangenheit – sie hat sich erholt (E. sieht im Traum nicht schlecht aus, nicht krank).
Alkoholproblem: Hinter jeder Sucht steckt eine Sehnsucht. Das Alkoholproblem im Traum symbolisiert Hildegards starke Sehnsucht nach

partnerschaftlicher Zärtlichkeit und Sexualität. Sie möchte von ihrem Partner Jo wie eine Frau geliebt werden und nicht nur eine Kameradin sein. Diese Sehnsucht ist bis jetzt jedoch unerfüllt geblieben. Sie versucht, sich mit dem Istzustand zu arrangieren, sich sogar mit anderen glücklichen Momenten in ihrem Leben abzulenken, zu betäuben, auch wenn diese nicht über ihr wahres Bedürfnis hinwegtäuschen können.

40–50 Jahre: Es ist für Hildegard der Hinweis auf ihre Lebensphase zwischen 40 und 50. Mit 40 Jahren war sie noch eine glückliche Ehefrau. In den darauffolgenden Jahren musste sie sich mehr und mehr mit dem zunehmenden Alkoholismus ihres Ehemannes auseinandersetzen, so dass diese Lebensdekade von einer zunehmenden Disharmonie geprägt war.

Die Zahlen 40–50 zeigen zudem, dass sie von der Vorstellung, wie sie ihren Wunsch nach einer erfüllten Partnerschaft gestalten kann, noch durch einen Prozess der Prüfung (41–49) laufen muss, um dann mit Sinnesfreude – mit allen 5 Sinnen – an der Umsetzung ihres Wunsches arbeiten zu können und ihrem Partner offenherzig und einfühlsam ihre Bedürfnisse unterbreitet, um an ihr Ziel zu kommen. In diesem Prüfungsprozess der Stationen 41 bis 49 geht es um das Gespür, dass sich etwas Neues auftut (41), die Auflösung von Ängsten (42), das klare Erkennen ihres Wunsches (43), die Vorstellung, wie sie den Wunsch gestalten kann (44), mit allen 5 Sinnen an der Umsetzung arbeitet (45), gegen äußere Widerstände den Wunsch versucht durchzusetzen (46), falls das nicht gelingt, noch einmal die Ängste aus der Kindheit anschaut (47), um dann selbsterlösend handeln zu können (48), was zur erstrebten Harmonie führt (49). So kann in der 50 die Umsetzung ihres Wunsches voller Sinnesfreude geschehen.

Treppe nach oben: Mit der Treppe nach oben befindet sich Hildegard in einem Bewusstwerdungsprozess. Sie erkennt immer deutlicher, dass sie wohl nicht drumherum kommt, ihr Anliegen und ihr Bedürfnis ihrem Partner mitzuteilen.

5. Stufe: In diesem Bewusstwerdungsprozess steht sie auf der 5. Stufe. Es ist die Stufe, auf der sie mit allen 5 Sinnen versucht zu erspüren, wie sie ihren Partner erreichen kann, um ihm ihr Bedürfnis verständlich zu machen, damit ihr Wunsch nach einer erfüllten Partnerschaft in Erfüllung geht. Es geht um den richtigen Blick, den guten Riecher, das Hineinhorchen, das Schmecken und das Erfühlen für den richtigen Moment eines Gespräches, für die richtigen Worte, für die richtige Stimmung, die richtige Situation.

Im Dunkeln: Im Dunkeln steckt die Schattenseite der Träumerin. Es ist das Unbewusste, in dem sich Ängste tummeln. Hier steckt Hildegards Angst, Jo zu überfordern, ihn zu verlieren, wenn sie ihm ihre Bedürfnisse unterbreitet.

links: Mit dem Hinweis »links« ist die Gefühlsseite gemeint. Hier sind Hildegards Gefühle angesprochen und gefordert.

rechts: Mit »rechts« ist die gedankliche Seite angesprochen. Es ist für Hildegard der Hinweis, sich mit ihren Gedanken auseinanderzusetzen.

Außenstehender: Hildegard sieht sich als Außenstehende, weil sie nicht weiß, wie Jo fühlt und was er denkt, ob er sie als Frau mag. Sie ist aber auch sich selbst gegenüber eine Außenstehende, ist nicht in ihrer Mitte, solange sie nicht weiß, wo sie bei Jo dran ist.

Durch die neutrale Bezeichnung »man« (dass man das Alkoholproblem als Außenstehender gar nicht richtig ermessen kann, weil man es nicht selbst erlebt hat), ist aber auch Jo als Außenstehender zu sehen, der Hildegards Bedürfnisse gar nicht richtig ermessen kann, weil er diese Bedürfnisse so nicht selbst erlebt hat. Jo hatte zwar vor Hildegard eine Beziehung in seinem Leben, aus der ein Sohn entstand, der inzwischen 28 Jahre alt ist. Seit 20 Jahren hatte er keine sexuelle Beziehung mehr mit einer Frau. Hildegard und Jo sind sich also gegenseitig Außenstehende.

zu spät: das heißt, dass Hildegard dazu neigt, sich ihrer Situation zu ergeben. Sie empfindet es als »zu spät«, Forderungen zu stellen aus Mangel an Chancen in ihrem Alter, nochmals jemanden kennenzulernen. Aus Angst, Jo zu verlieren, weil er aufgrund seiner wenigen Erfahrung mit Frauen vielleicht gar nicht anders reagieren kann, als er es gegenwärtig tut, hält sie die Füße still (Hildegards Worte). Sie resigniert vor der Angst, wieder allein zu sein und vielleicht sogar zu bleiben.

Struktur des Traumes und Umsetzung auf die persönliche Lebenssituation

1. *Ich stehe in irgendeinem Haus und sehe meinen Mann E. schräg links vor mir erhöht auf einer Treppe stehen, etwa auf der 5. Stufe.*
2. *Die Treppe geht noch höher nach rechts oben und endet im Dunkeln.*
3. *E. sieht nicht schlecht aus, ist schlank und jünger, etwa 40–50 Jahre alt, sieht nicht krank aus.*
4. *Ich sage zu ihm, dass man das Alkoholproblem als Außenstehender gar nicht richtig ermessen kann, weil man es nicht selbst erlebt hat.*
5. *Daraufhin sagt mein Mann: «Da hast du Recht. Aber jetzt ist ja alles für mich zu spät!« Und er fängt an zu weinen. Ich bin erschrocken, ihn weinen zu sehen, und wache auf.*

Das Haus im Traum ist Hildegards Seelenhaus, in dem sie aufgefordert ist, sich mit E. auseinanderzusetzen (links). Sie ist sich dem Problem ihrer großen Sehnsucht nach einer erfüllten Partnerschaft bewusst (E. steht erhöht auf der Treppe). Noch ist sie zu schüchtern und zu zurückhaltend und mag dieses sensible Thema bei Jo nicht ansprechen, obwohl sie schon dabei ist, mit allen 5 Sinnen zu erspüren, wie, wo und wann ein Gespräch möglich sein könnte (5. Stufe).

Doch je bewusster (höher) sie darüber nachdenkt (rechts), dieses Thema anzusprechen, umso tiefer ergreifen sie Ängste (im Dunkeln), ihren jetzigen Partner zu überfordern, ihn sogar zu verlieren, sodass sie ihr Vorhaben wieder aufgibt.

Eigentlich geht es Hildegard viel besser als in der Vergangenheit, sie hat sich erholt (E. sieht nicht schlecht aus). Doch ihre Sehnsucht nach Erfüllung in der Partnerschaft versetzt sie in zunehmende

Disharmonie (40–50 Jahre alt), sodass sie sich nun in einen Prozess der Prüfung begeben muss (41–49), um zu klären, wie sie von der bloßen Vorstellung einer erfüllten Partnerschaft (40) auch in die Umsetzung gehen kann. Doch je bewusster (höher) sie darüber nachdenkt (rechts), dieses Thema anzusprechen, umso tiefer ergreifen sie Ängste (im Dunkeln), Jo zu überfordern, ihn sogar zu verlieren, sodass sie ihr Vorhaben wieder aufgibt.

Auch wenn Hildegard sich selbst als Außenstehende sieht, weil sie nicht weiß, was Jo fühlt und denkt und ob er sie als Frau mag, so geht es aber auch darum, Jo als Außenstehenden zu Hildegard zu betrachten, denn er kann nicht richtig ermessen, was ihre tiefsten Sehnsüchte sind, weil er es so nicht selbst erlebt hat – er hatte seit 20 Jahren keine Frau. Solange Hildegard hier für sich keine Klarheit geschaffen hat, wird sie auch eine Außenstehende zu sich selbst bleiben.

Hildegard ist sich dieser mangelnden Transparenz zwischen Jo und ihrer Person bewusst (»Da hast du Recht …«). Dennoch zieht sie es vor, nichts zu sagen, »die Füße still zu halten« und zu resignieren (»… zu spät!«) aus Angst, ihn zu verlieren und wieder allein zu sein und dies unter Umständen zu bleiben. Doch so verharrt sie in ihrer Sehnsucht nach einer erfüllten Partnerschaft, was sie traurig stimmt (weinen). Mit Recht will der Traum Hildegard wachrütteln (»Ich bin erschrocken und wache auf«), um ihre Aufmerksamkeit darauf zu lenken, was diese Resignation mit ihr macht.

Traumbotschaft

Wenn Hildegard ihre Zurückhaltung vor einem klärenden Gespräch nicht überwindet, wird sie in ihrer Sehnsucht nach Erfüllung und in ihrer Unsicherheit über Jos Gefühle und Gedanken hängenbleiben. Der Traum will sie ermuntern zu erkennen, was sie sich damit antut.

Der Traum meines Lebens – Ein Titel im Magazin »Freundin« 12/2009

»Plötzlich hat man Engelsflügel, reitet mit Wildpferden, spricht mehrere Sprachen fließend. Im Schlaf sind der Fantasie keine Grenzen gesetzt. Schade nur, dass sich unsere Träume, diese flüchtigen nächtlichen Besucher, beim Erwachen so schnell aus dem Staub machen und dass sie so oft das Gefühl von Verwirrung hinterlassen. Was sollte das jetzt wieder?«
(Ein Auszug aus dem Artikel über Träume in der »Freundin« 12/2009)

In diesem Heft entschlüsselte Ortrud die Träume von drei Frauen, mit denen sie ausführlich über die Hintergründe gesprochen hat (Die Genehmigung der Redaktion liegt vor, eine der Träumerinnen, Inga Brodersen, konnte ich ausfindig machen, zwei Namen habe ich anonymisiert, da ich sie nicht finden konnte und die »Freundin« nach 15 Jahren keine Daten mehr hat).

Eine 35-jährige Frau stellte einen Angsttraum vor:

»Ich falle mit geschlossenen Augen in einen Abgrund«

»Seit meiner Kindheit habe ich einen immer wiederkehrenden Traum. Ich bin auf der Flucht. Ein Mann, der mir nichts Gutes will, verfolgt mich. Meine Augen sind geschlossen. Ich kann sie nicht mehr öffnen, obwohl ich es mit den Fingern versuche. Dann verliere ich den Boden unter den Füßen. Ich falle ohne Aufprall, während des Fallens wache ich auf. Erst vor ein paar Wochen kam die Wendung in diesen Traum: Ich rannte und meine Augen waren zum ersten Mal geöffnet. Ein Mann rief mir zu: »Spring doch, dir passiert nichts!« Da breitete ich meine Arme aus wie ein Vogel seine Flügel und sprang. Ich fiel zwar, aber ich konnte die Richtung steuern. Ich hatte das Fallen unter Kontrolle.«

O.G.: »Für das Verstehen ist es wichtig, wann die Träumerin das erste Mal vom Fallen geträumt hat. Sie hat von ihrem 11. bis 15. Lebensjahr mit ihrer Familie auf einem Schiff gelebt. Jahre, die sie selbst als die schönste Zeit ihrer Kindheit nennt. Der Traum vom Fallen tauchte zum ersten Mal auf, als die Träumerin wieder an Land kam, in ihre alte Klasse zurückging und dort gemobbt wurde. Er beschreibt ihre damals entstandenen Ängste: Sie wollte die Welt neu sehen lernen, doch sie konnte sich der veränderten Realität nicht stellen, obwohl sie es versuchte. Immer wenn in späteren Jahren Veränderungen angezeigt waren, bekam sie wieder Ängste, den Boden unter den Füßen zu verlieren. Als die Träumerin vor einigen Wochen arbeitslos wurde, fühlte sie sich zunächst erneut um ihre Sicherheit gebracht. Sie setzte sich aber bewusst mit der Situation auseinander, suchte nach einer Lösung und fand eine Anstellung. Der zweite Traum spiegelt dieses neue Selbstbewusstsein wider.«

»Ein Drache führt mich aus dem Labyrinth«

Eine 44-jährige Frau:

»Ich träume öfter von einem Drachen. Einmal stand er neben meinem Bett, aber er machte mir keine Angst – ich merkte sofort, dass er harmlos ist. Ich ging aus dem Zimmer und fand mich plötzlich in meinem Haus nicht mehr zurecht. Es war düster und wie ein Labyrinth aufgebaut. Nun war der Drache wieder da und führte mich nach draußen. Ein anderes Mal irrte ich im Wald umher, ich wusste, dass irgendjemand hinter mir her ist, und auch vor mir lauerte Gefahr. Ich drehte mich um, da war er wieder, der Drache. Diesmal hielt er mir den Rücken frei. Jetzt musste ich mich nur noch um die Bedrohung von vorn kümmern.«

O.G.: »In China ist der Drache ein Glückstier, das die Selbstbefreiung von Ängsten symbolisiert. Die Träumerin erlebt ihn als Helfer, mit dem sie schwere Erfahrungen aus der Kindheit bewältigen konnte. Von ihren Eltern fühlte sie sich ungeliebt und überfordert. Sie musste ihren

Platz im Leben ohne ihren Beistand finden. Sie entwickelte eine große Energie, die Nichtbeachtung durch die Eltern in Achtung für sich selbst zu verwandeln. Ihre Drachenträume beschreiben, wie sie mit Bedrohungen ihrer Souveränität fertig wurde, ohne sich ihre Selbstbestimmung nehmen zu lassen. Einen Drachentraum hatte sie z. B. auch, als ihre Tochter zum Studium ins Ausland ging und dadurch ein Gefühl der Verlassenheit aufkam. Der Traum zeigte ihr, dass sie den Belastungen standhalten konnte.«

»Ich versuche, Buchstaben und Zeichen zu entziffern.«

Inga Brodersen, eine 38-jährige Fotografin aus Bremen:

»In meinen Träumen tauchen häufig Buchstaben, Zeichen und Symbole auf: Einmal war es eine alte Frau in einer Kittelschürze mit blauen Tätowierungen, die sich wie Blumenranken über Handrücken und Arme zogen. Ich hatte im Traum das Gefühl, dass ihre Tätowierungen für mich wichtig wären. Manchmal sehe ich Buchstaben und Zeichen, die in einem Holzrahmen oder einer Bodenschwelle eingeritzt sind. Ein anderes Mal ist es eine komplizierte Zahlenkombination, die ich entschlüsseln muss, um eine Tür zu öffnen. Meistens werde ich bei dem Versuch, die Symbole zu entziffern, durch Unvorhergesehenes gestört. Neulich durch die Nachrichtensprecherin Anne Will, die plötzlich ins Zimmer kam und mich nach ihrem Playmobil-Koffer fragte.«

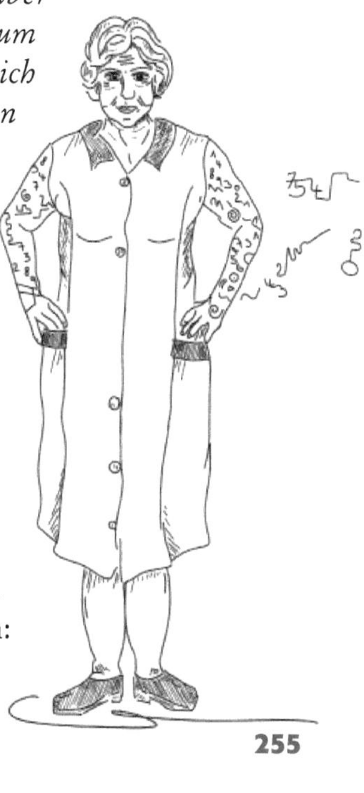

Der biografische Hintergrund nach einem Gespräch von Ortrud Grön mit der Träumerin:

O.G.: Als Kind hat sich Inga sehr gern Geschichten ausgedacht. Die Buchstaben, Muster und Symbole beschreiben ihre kindliche Lust an Erzählungen. Die alte Frau ist ebenfalls eine Kindheitserinnerung. Die blauen Blumen-Tätowierungen auf ihren Armen sollen Inga an die Zeit erinnern, als sie ihre Wünsche zum Leben (Blumen) völlig frei (Farbe Blau) in fantasievollen Geschichten erzählte. Der Holzrahmen mit den Buchstaben und Zeichen mahnt sie, den richtigen Rahmen für ihre Ideen zu finden – sie muss dazu lediglich eine kleine Schwelle überwinden (Schwelle mit Zeichen). Die Ziffern, die sie sah, sind die Zahlen eins bis neun. Sie stehen in alten Kulturen für die Selbsterlösungsschritte von eins bis neun, mit denen man lernt, die Blockaden aus Kindheitsängsten aufzulösen. Inga hat als Kind lange Zeit unter einem Deutschlehrer gelitten, der ihr den Spaß am Schreiben nahm. Der Traum fordert sie auf, sich ihrer Verunsicherung zu stellen und ihre Kreativität auszuleben. Er verspricht ihr dazu eine Fähigkeit der TV-Moderation: Wissen aus vielen Bereichen aufzunehmen und leicht darzustellen. Deshalb fragt Anne Will nach dem Playmobil-Koffer. Sie will Inga an die Leichtigkeit und Sicherheit erinnern, die sie damals spielerisch in Geschichten umsetzte. (Ende)

Bald nach diesem Traum organisierte ich in der Bremer Buchhandlung Thalia eine Lesung aus Ortruds Buch mit Filmausschnitten aus unserer Doppel-DVD »Dem Traum des Lebens auf der Spur«. Nachdem ich Kontakt zu Inga Brodersen aufgenommen hatte, schrieb sie mir eine Mail, die ich Ihnen auszugsweise, mit ihrem Einverständnis, gerne weitergebe:

»Einige Zeit nach dem Interview in der ›Freundin‹ hatte ich das Glück, Ortrud Grön in der Buchhandlung Thalia persönlich kennenzulernen. Sie hat sich nach der Lesung viel Zeit genommen und wir haben uns ausführlich unterhalten. So im Rückblick würde ich sagen, dass Ortrud Grön einer der Menschen in meinem Leben ist, der mir wichtige Impulse gab und immer noch gibt. Ihr Buch ›Ich habe einen

Traum‹ hat alle Umzüge überstanden und steht noch immer in meinem Bücherregal. Wenn ich einen ›besonderen‹ Traum habe, schaue ich noch heute hinein – und lasse mich von ihren Gedanken inspirieren.
Schön, liebe Frau Nullmeyer, dass Ortrud Grön durch Ihr Buchprojekt weiter in Erinnerung bleiben wird.«
Inzwischen ist Inga Brodersen eine bekannte Krimi-Autorin.

Ich glaube, der Mensch träumt nur,
damit er nicht aufhöre zu sehen.
(Johann Wolfgang von Goethe)

Spirituelle Träume

Die jetzt folgenden Träume und Traumsätze ordne ich unter dem Begriff »spirituell« ein.
Das Wort kann sowohl religiös als auch areligiös empfunden werden. Es symbolisiert eine Haltung dem Leben gegenüber, in dem auch Erfahrungen mit anderen Menschen, mit der Natur oder einer höheren Geistigkeit verbunden werden.
Laut Wikipedia kommt der Begriff aus dem Lateinischen und bedeutet Geist, Hauch oder steht in Verbindung mit dem Wort Atem. Damit ist die Suche, die Hinwendung oder das subjektive Erleben einer sinnlich nicht fassbaren und rational nicht erklärbaren transzendenten Wirklichkeit gemeint, die der materiellen Welt zugrunde liegt.
Ich teile diese Auffassung, zumal ich selbst Erlebnisse hatte, die ich nicht einordnen konnte und die mich zunächst ratlos zurückließen, mich aber dennoch nachhaltig beeinflussten. Ich verbinde damit das Gefühl einer Verbundenheit mit allem Sein und einer Kraft, die mich trägt.

Auf dem Weg in die Heilung

Bei der Vorstellung ihres Traumes erzählte Sabine, dass sie beglückt von einer Reise aus Zypern zurückgekommen ist. Die mediterrane Vegetation mit ihren wundervollen Blüten und Düften, mit der griechischen Sprache, die einen besonderen Platz in ihrem Herzen hat (als junge Frau war sie mit einem Griechen liiert, den sie sehr geliebt hat), spürte sie eine Geborgenheit und Wärme, nach der sie viele Jahre gesucht hatte. »In mir ist Heilung geschehen«, sagte sie, »es ist wie eine Ankunft und ein Neuanfang zugleich«.

Im weiteren Verlauf des Traum-Gesprächs berichtete Sabine von einem Zeitungsfoto, das eine Schimpansen-Mutter mit ihrem Baby zeigt. Sie hatte es ausgeschnitten und auf ihren Schreibtisch gestellt als Symbol für das größte Maß an inniger Liebe und als tiefste Quelle des Vertrauens. Etwas, das sie in ihrer Familie nicht erlebt hatte.

1. *Ich bin in einer Art Urwald, nur lichter mit hohen Bäumen und grünen Blätterdächern. Die Sonne scheint durch die Blätter und wärmt auch den Boden.*
2. *Ich beobachte eine Affenhorde, die in den Bäumen klettert und spielt und sehe ihnen eine Weile zu. Ich weiß, dass ich eine Zeit bei den Affen leben werde. Ich werde mit ihnen sein.*
3. *Ich liege auf einem sonnenbeschienenen Felsvorsprung in den Armen einer Schimpansen-Mutter, eng an sie gekuschelt und bin glücklich, fühle mich gewärmt und beschützt und liebevoll geborgen.*

Der undurchdringliche Urwald, in dem sich Sabine lange Jahre sinnbildlich aufgehalten hat, ist durchsichtig geworden, sogar der Boden (die schöpferische Kraft) wird von der Sonne erwärmt.

Affen stehen im Traum für »die Schwelle zur Bewusstwerdung«, so wie sich Sabine ihrer jahrlangen Suche nach Geborgenheit bewusst geworden ist (Ich weiß, ich werde mit ihnen sein, den Affen).

Das Bild der Schimpansen-Mutter bestätigt Sabine in ihrem Gefühl, nach dem sie sich jahrelang gesehnt hat: gewärmt und beschützt zu werden, geborgen zu sein. Etwas Neues in ihr ist entstanden, was sie nähren wird. Es ist etwas Ursprüngliches, das Urvertrauen, sich selbst gegenüber und die Gewissheit einer Kraft, die über sie hinausweist. Beides hat nun tief in der Träumerin einen Platz gefunden. Sie empfindet diesen Traum wie ein Hinweis aus einer anderen Welt.

Ein beglückender Traumsatz

Annelie, eine Frau aus einer meiner Hellweger Traumgruppen, war fest davon überzeugt, eine Partnerin fürs Leben gefunden zu haben. Überraschend war sie von ihr verlassen worden. Eine tiefe Traurigkeit hatte sich in ihr ausgebreitet und erinnerte sie an ein Kindheitserlebnis, das sie bis heute nicht vergessen kann. Nach dem Tod des Großvaters war sie mit sieben Jahren monatelang – weit entfernt vom Elternhaus – in die Obhut einer alten Tante und eines Onkels abgeschoben worden. Die plattdeutsche Sprache, mit der sie aufgewachsen war, hatte man ihr ausgetrieben. Diese alte in der Kindheit durchlebte Verlassenheits-Angst hatte derart Besitz von ihr ergriffen, dass sie in diesem Zustand an ihrem Geburtstag nicht allein bleiben wollte und sich zu einem Wanderurlaub mit einer Bekannten im Kleinwalsertal verabredete.

In der Nacht zu ihrem Geburtstag träumte sie nur ein Bild:

Meine beiden Neffen Ludwig und Felix (im Traum 5 und 7 Jahre alt – evtl. auch 8 und 10 Jahre) schauen mich ganz wissend mit ihren ehrlichen Kinderaugen an und sagen: »Alli: wenn ein Himmel über uns ist, sind wir nicht so weit weg von zu Hause wie wir glauben.«

Annelie wachte beglückt auf und hatte das Gefühl, von diesem Traumsatz reich beschenkt worden zu sein.

Die Sehnsucht aufgehoben zu sein in einem größeren Ganzen, drückt der Traum durch die beiden Neffen aus, deren Kindheit Annelie als

»behütet und unbeschwert« in der liebevollen Geborgenheit und Gemeinschaft in deren Familie beschreibt. Der Satz, den die Neffen sagen, ist für Annelie eine »spirituelle Botschaft«.
Am Geburtstag war sie mit der Freundin zum Gipfelkreuz gewandert, gedanklich noch mit ihrem Traum verbunden. Oben angekommen, knipste die Freundin ein Foto von ihr, um diesen besonderen Moment festzuhalten. Nach ihrer Rückkehr nach Hause hat Annelie dieses Foto gemalt. Sie ist inzwischen mit der Frau verheiratet, von der sie damals verlassen worden war. Heute schmückt dieses Bild das Schlafzimmer der beiden als Symbol für Trost, Hoffnung, Freude und Glück.

Verzweiflung nach Liebesverlust

»Jesus lässt viele Statuen bei Wind aufbauen«

Das ist der Traumsatz einer Frau, die einen Tag vor diesem Traum erfahren hatte, dass ihr Freund, der sich ein Jahr zuvor von ihr getrennt hatte, geheiratet hat. Diese Nachricht hatte sie tief getroffen. Sie war sehr traurig, fühlte sich wie betäubt und leer.

Zu diesem Traumsatz schrieb sie mir folgenden Brief:
»Als ich S. kennenlernte, spürte ich sehr bald, dass er meine große Liebe ist. Wir verbrachten fünf Monate voller Zärtlichkeit; wir liebten beide den Tanz, die Musik. Die Sexualität war für mich so erfüllend wie nie zuvor. S. hielt mich beim Tanzen und im Leben. Ich fühlte mich sehr stark, ich war überglücklich und zufrieden. Ich hätte ihn wahrscheinlich auch geheiratet, aber er verließ mich, obwohl er mich liebte und mich fragte, ob ich ihn heirate …
Dieses Verlassenwerden traumatisierte mich. Dies hatte ich sehr oft in meiner Kindheit erlebt.
Doch der Satz *»Jesus lässt viele Statuen bei Wind aufbauen«* ist eine Botschaft, etwas Tröstliches für mich. Der Hintergrund besteht aus einer kargen Landschaft, einsam, verlassen, niemand weit und breit – es ist die Landschaft

meiner Kindheit, so wie ich sie erlebt habe. Karge Landschaft und Trost als Botschaft. Statuen sind Standbilder, die einen festen Standplatz brauchen, es sind Abbilder der Liebe. Später entdecke ich, dass es Marienstatuen sind, die ich im Kleinformat zur Heiligen Kommunion geschenkt bekam.
Die Statuen stehen hoch aufgerichtet in der weiten kargen Landschaft, mehrere Meter hoch. Ich stehe hinter ihnen, ich sehe nur den Mantel der Madonna. Sie symbolisiert Wärme, Geborgenheit, Zuflucht, Trost, Angenommensein. Es ist Jesus Auftrag, in mir standfest zu sein, in mir Zuflucht zu finden, zu vertrauen, dass ich von Liebe getragen werde. Nur ich selbst kann mich um mich selbst kümmern.
Die Statuen stehen dicht aneinander in einer Reihe, wie eine Verdichtung. Das Märchen von Hänsel und Gretel fällt mir ein. Hänsel, der Kieselsteine auf dem Weg hinterließ, um wieder nach Hause zu finden. Diese Statuen lässt Jesus für mich aufbauen, damit ich nach Hause, zu mir, finde. Jesus in mir: ich befasse mich meistens am Karfreitag mit dem Leben Jesu, Leid, Kreuzigung und Liebe. Ich fühle mich manchmal wie eine schmerzensreiche Mutter Jesu. Ich bin offen und lasse alles geschehen, ich bin ein Gefäß, durch das Jesus Wille wirksam wird. In mir ist eine große Kraft. Der Wind kann mir nichts anhaben. Ein neues Kapitel beginnt, ich bin unbeschadet aus der Liebesgeschichte mit S. herausgekommen. Diese Liebe hat mich bereichert, erfüllt, stark gemacht, obwohl alles sehr schmerzhaft war.«

Ergänzend schickte mir die Träumerin folgendes Traumbild, das sie kurz danach während des Mittagsschlafes bekam:

Jemand hält Weintrauben in der linken Hand in die Höhe und sagt: »Wir haben einen Befund.«

Pflanzen allgemein stehen für unsere Erkenntnisprozesse. Die Weintrauben zeigen, dass die

Träumerin die Fülle ihrer Erkenntnisse zur Reife gebracht hat. Die linke Hand bestätigt ihr, wie gut sie dabei, auch gefühlsmäßig, gehandelt hat. Ein wahrhaft wunderbarer Befund!

Eine Kerze als Lebenslicht

Ein weiterer Traum der 45-jährigen Frau, den ich mit ihr während der Fortbildung in einer Kleingruppe erarbeitet habe. Die Träumerin hatte einen 12-jährigen Sohn, den sie ohne seinen Vater großgezogen hat. Zum Zeitpunkt des Traumes war sie seit Jahren zum ersten Mal wieder verliebt. Sie träumte ihn nach der ersten Liebesnacht.

1. *Vor mir sehe ich auf eine lange weiße, fast durchscheinende Kerze. Das erste Viertel ist mindestens abgebrannt und gelöscht.*
2. *Dann fällt mir auf, dass kein Docht zu sehen ist und ich wundere mich, wie konnte die Kerze abbrennen?*
3. *Dann sehe ich, dass die Kerze neu, in voller Größe und mit Docht vor mir steht und ich wundere mich sehr.*

Später schrieb sie mir dazu ihre Gedanken:

»Ich sehe auf eine weiße, fast durchscheinende Kerze, die fast bis zur Hälfte heruntergebrannt ist. Auch ich habe mich in den 12 Jahren, in denen ich meinen Sohn allein großgezogen habe, verzehrt. Immer wieder hatte ich die Befürchtung, die besten Jahre meines Lebens aufzubrauchen, ohne Partner. Die Kerze stellt mein Lebenslicht dar, mein Leben wird endlich, ich werde in diesem Jahr 50 Jahre alt. Das durchscheinend weiße: Ich wurde mit der Zeit immer dünnhäutiger. Die Zeit allein mit meinem Sohn S. war eine der härtesten Herausforderungen für mich. Der Vater meines Sohnes verließ mich am Anfang der Schwangerschaft. S. kam mit einem Notkaiserschnitt zur Welt. Die ersten zwei Jahre mit ihm als Kleinkind waren sehr einsam. Ich hoffte insgeheim darauf, dass sich der Vater doch noch um seinen Sohn kümmern würde, doch die Enttäuschung blieb bis zum heutigen Tag. Vater und Sohn haben sich nicht kennengelernt. Ein tiefer Schmerz bleibt.

Wie hat die Kerze ohne Docht brennen können? Der Docht in der Mitte der Kerze besteht aus Baumwolle, was ein Symbol für geistige Erkenntnis ist. Die Funktion einer Kerze ist es, Licht ins Dunkel zu bringen, aus der Dunkelheit in die Helligkeit zu kommen. Wie konnte ich mein Leben ohne Flamme, die eine Lebensflamme ist, als Verzehr erleben? Und in diesen 12 Jahren passierte viel Verzehr, Ungelebtes, Unerfülltes. Ich wundere mich, dass ich unbeschadet aus dieser Zeit herausgekommen bin. Ich habe Lebenskraft gewonnen. Der Docht war immer da, ich habe ihn nur nicht gesehen.

Ich schaue dreimal auf die Kerze. Jetzt erst kann ich den Docht sehen und die Kerze steht neu und weiß vor mir. Das ist wie eine Vergewisserung – dieselbe Kerze – Lebenslicht und Totenlicht. Als Kind habe ich viel Trauer in meiner Familie stellvertretend übernommen. Auch ich war ein unerwünschtes Kind, glaubte, keine Daseinsberechtigung zu haben. Ein Wunder, dass ich hier bin.
Ich erwache aus diesem Traum staunend wie ein Kind, das sich ungläubig die Augen reibt, wenn es zum ersten Mal vor einem Christbaum steht, auf dem viele Kerzen brennen.«

Lebenskonzepte stürzen ein

Eine Frau, die während der Traumerzählung von ihren Verlassenheitsängsten, ihrer Betonung auf Leidens- und Opferaspekte berichtete, hatte sich Tage zuvor intensiv mit religiösen Fragen beschäftigt und dazu ein Buch gelesen.

1. *Ich bin an einer großen Kirche/Kathedrale, die ich jedoch mehr innerlich fühle als äußerlich wahrnehme.*
2. *Plötzlich poltern große Gesteinsbrocken herunter. Etwas stürzt in sich zusammen.*
3. *Eine Stimme sagt: »Du musst den mittleren Turm neu bauen!«*

Nach diesem Traum fühlte sie sehr tief ihre innere Spiritualität und ihre alten in Stein gehauenen Lebenskonzepte stürzten in sich zusammen. Aufgeregt und mit Freude auf ihre neue Aufgabe »den mittleren Turm neu zu bauen«, (sich eine Stabilität zu erarbeiten, weg von der Opferhaltung), wachte sie auf.

»Die Welt ist das Bilderbuch, in dem wir Gottes Geist suchen können. Es gibt keine Welt des Stofflichen, die nicht ihre Entsprechung auf der spirituellen Ebene hat.
(Traumtext von Ortrud Grön)

»Die Evolution der Natur in der Seele nachzuvollziehen«, wie Ortrud das aus ihren jahrelangen Traumforschungen herausgearbeitet hat, erscheint mir wie ein Hinweis: Schaut hin, da ist noch mehr. Ihre Forschungen haben eine neue Dimension in die bereits bestehenden Traum-Interpretationen anderer Schule gebracht: die Spiritualität – und auch meinen Blick dafür geschärft.

Es gab in unseren Seminaren Träume, in denen Worte oder Begriffe vorkamen, die niemand von uns kannte und die erst nach Recherchen im Internet die Auflösung ermöglichten. Wer oder was spricht da in uns?

Zu dieser Frage möchte ich Ihnen den Traum einer Frau vorstellen, auf den ich zufällig beim »Zappen« im Fernsehen gestoßen bin. Auf der Suche nach einem Film ließ mich die Aussage eines Mannes aufhorchen, der den griechischen Philosophen Sokrates erwähnte, so dass ich eine Weile weiter zuhörte. Ich war im Fernsehsender »München tv« gelandet. Der Mann, der da sprach, war der Philosophie-Professor Dr. Godehard Brüntrup SJ (Seit 2003 Professor für Philosophie an der Ludwig-Maximilians-Universität München. Von 2014 bis 2020 war er Vizepräsident der Hochschule). In dieser Sendung ging es um die Frage: Gibt es ein Leben nach dem Tod? Ich war neugierig geworden und blieb weiter auf diesem Kanal. Das war am

28. Okt. 2023. Der Philosoph berichtete dem Moderator Prof. Dr. phil. hc mult. Erich Lejeune vom Traum einer Frau, die zum Zeitpunkt ihres Traumes in Urlaub gewesen sei. Im Traum war ihr ein Mann erschienen, den sie nicht kannte und der sie im Traum bat, seiner Frau zu sagen, alles sei in Ordnung, sie müsse sich keine Sorgen machen, es ginge ihm gut. Und wenn sie seine Frau träfe, solle sie ihr eine Melodie vortragen, quasi als Erkennung, dass sie die Wahrheit sage. Die Frau konnte nichts mit diesen Bildern anfangen und hatte sie fast schon wieder vergessen, bis sie wenige Tage später mit einer Frau ins Gespräch kam, die ihr ein Foto ihres verstorbenen Mannes zeigte. Die Träumerin konnte nicht glauben, was sie sah. Das Foto zeigte den Mann, der ihr im Traum erschienen war. Nun fühlte sie sich aufgefordert, ihrer Gesprächspartnerin von ihrem Traum zu erzählen. Daraufhin weinte die Frau und war glücklich über die »Botschaft aus einer anderen Welt.«

Ich gebe zu, dass ich dazu neige, solche Erzählungen zu glauben, auch wenn sie erst einmal wie Hokuspokus klingen. Das hängt mit meinen eigenen unerklärlichen Erlebnissen zusammen, die mich im Laufe meines Lebens heimgesucht haben, die mich erst einmal ratlos zurückließen und dennoch faszinierten.
In unseren Seminaren wurden wir hin und wieder auf prophetische Träume angesprochen. Meistens hatten diese Träume nach der ausführlichen Besprechung, einen ganz normalen Hintergrund. Dennoch ist unbestritten, dass es prophetische Träume gibt.

Ein sehr bekannter prophetischer Traum ist von Abraham Lincoln (1809–1865), dem 16. Präsidenten der USA überliefert. Er hatte sich als wichtigstes politisches Ziel die Abschaffung der Sklaverei vorgenommen. Das hatte zur Folge, dass sich die Sklavenstaaten des Südens vom Norden trennten. Kurz bevor Lincoln den Krieg im Süden zu seinen Gunsten beenden konnte, träumte er, er sei gestorben und sah im Traum seiner eigenen Beerdigung zu. Im Traum fragte er einen Wachsoldaten, wer denn gestorben sei und erhielt die Antwort: »Der Präsident, getötet durch einen Attentäter.« Drei Tage später wurde Lincoln von einem fanatischen Südstaatler angeschossen und starb am nächsten Morgen an seiner schweren Kopfverletzung.

Traumtexte

In einem meiner Seminare in einem kleinen Dorf in Österreich stellte ein Mann Traumtexte vor, die ihn tief bewegten und die er mit uns teilen wollte. Er hat mir erlaubt, diese in meinem Buch zu veröffentlichen. Seinen Vornamen habe ich aus Gründen der Anonymität geändert.

Der Träumer war Landwirt von Beruf, hat Theologie studiert und wollte Priester werden. Nach einem Jahr im Priester-Seminar stieg er aus und hatte es seitdem schwer, in der katholischen Kirche Fuß zu fassen. Heute arbeitet er als Seelsorger in der Altenpflege.

»Elias, Gott der Herr hat einen Spiegel. Dieser Spiegel bist du!«

»Elias, dein Leben ist ein Sterben, ein Hineinsterben in den lebendigen Gott.«

Elias hatte den Sprecher dieser Worte im Traum gefragt: Was ist der lebendige Gott? Die Antwort, so sagte er, sei nach einem halben Jahr gekommen mit dem folgenden Satz:

»Elias, der lebendige Gott ist jene Kraft, die im Hier und Heute ewiges Leben schafft!«

Später erreichten den Träumer weitere Traumsätze.

»Elias, dein Glaube ist wie ein Staubkorn im Wind. Einmal da, einmal dort, immer in Bewegung. Dein Glaube ist tot. Ich bin die Wandlung: vom Tod zum Leben, vom toten Staubkorn zum lebendigen Staubkorn.

Dein Glaube soll sein wie ein Staubkorn, das in fruchtbare Erde fällt und stirbt. Wenn es stirbt, bringt es reiche Frucht.«

»Elias, erst wenn du vor mir nichts mehr vorzuweisen hast: keine materiellen Güter, keine geistlichen Gaben, keine Tugenden, wenn du ganz arm bist vor mir und alles von mir erwartest, kannst du nur mehr eines tun: mich lieben.«

Zum ersten Text fiel mir der Bibelspruch ein, »Gott schuf den Menschen ihm zum Bilde, zum Bilde Gottes schuf er ihn«. Spiegel Gottes zu sein, verlangt meiner Meinung nach lebendiges, sinnstiftendes Leben für sich und andere.

Bei Rocco A. Errico fand ich in seinem Buch »Mysterien der Schöpfung« folgende Erklärung zur Frage des Ebenbildes Gottes: »Die menschliche Natur ist ein Geheimnis. In unserer Existenz sind wir Geist und in unserem Ausdruck Mensch. Anders formuliert: Wir sind göttlich Mensch und menschlich Gott.«

Leben ist eine Kuh, die dauernd ihr Euter füllt – Weisheiten aus Träumen – (EHP-Verlag)

In diesem Büchlein versammelt Ortrud Grön, Texte und Zeichnungen, die sie uns während unserer Dreharbeiten 2006 für unsere DVD »Dem Traum des Lebens auf der Spur« in der Reha-Klinik »Lauterbacher Mühle«, dem Wohnort von Ortrud, vorgestellt hat. 2008 wurden sie in o.a. Buch veröffentlicht. Ortrud nannte ihre Traumtexte »aphoristisch geformte Gedanken zum Leben«. Sie erscheinen mir wie Antworten auf die Traumtexte von Elias.

»... Ja, es ist der direkte Dialog mit dem Gott, der in jedem Menschen eine Wohnung für sich erschafft. ER muss es leisten. Aber der Mensch muss es auch leisten.«

»Gott kann nicht nur gefühlt, sondern muss auch gedacht werden dürfen.«

»Die Welt ist das Bilderbuch, in dem die Menschen lesen lernen können, den Geist Gottes zu suchen.«

»Die Liebe ist der Weg in das Spirituelle«

»Das Leben gibt uns den Durst nach einem klaren Wasser der Gefühle. Den Wunsch nach Freiheit, den Drang nach Kreativität. Das ist die Liebe zum Leben. Die Liebe bringt Licht und Wärme. Aus dem Geist des lebendigen Lebens kommen Bedürfnisse, widersprüchliche Gefühle und Zweifel auf uns zu. Durch diese werden wir herausgefordert, selbst die richtige Entscheidung zu treffen. Dabei helfen uns die Träume. Wenn wir die richtige Entscheidung getroffen haben, kommen alle Widersprüche zur Ruhe. Dann fühlen wir uns wohl und sind befriedigt.«

»Es sind die disharmonischen Gefühle, die den Weg öffnen. Sie sind nur dazu da, auf der Suche den göttlichen Kern des Menschen freizulegen.«

»Wie finde ich das Leben in mir?
Ich muss mich auf den Weg machen, zu suchen, wo das Leben sich in mir verbirgt.
Wie erkenne ich den Weg?
Ich muss alles, was in mir unangenehme Gefühle und Gedanken erzeugt, ausspucken wollen, denn sie sind die Ursache dafür, dass ich nicht wirklich lebe.«

»Das Gefühl der Liebe quillt aus dem innigen Wunsch, mich in der Liebe Gottes als einmaliges Geschöpf erkennen und mich in den vielen Gestalten erschaffen zu wollen«.

Diese Texte entstanden, wie sie damals erzählte und später im Buch so notierte, nachts zwischen 2.00 und 4.00 Uhr morgens. Sie beschrieb sie als eine Art »inneres Hören« und notierte sie noch im Halbschlaf. Die längeren Texte, so sagte sie, entstünden in einem Prozess des Suchens nach einer Antwort auf Fragen. Um den Text, der dann in ihr hörbar würde, brauche sie, um ihn aufnehmen und begreifen zu können, ein zustimmendes Gefühl. Mal schriebe sie nur, ohne zu denken. Dann müsse sie, wie sie das nannte, »ziehen«, bis der Fluss käme und sie wie ein Boot trage, in dem Gedanken und Gefühle eins sind. Dazu brauche sie Konzentration, um mit dem Fluss aus der spirituellen Ebene verbunden zu bleiben. Ihre ganze Willenskraft und Liebe sei gefordert, wenn sie müde würde. Körperliche Reaktionen zeigten ihr, ob es weitergeht oder aufhört. Manchmal setzen sich die Sätze auch in den Nächten darauf fort. Ähnlich erginge es ihr auch bei den Zeichnungen. Sie folge dabei nur den feinsten Impulsen ihrer Hand, ohne zu wissen, wohin sie führen würden. Dabei zeigte sie u.a. ein Bild, in dem ein Krokodil ein Herz küsst, das mit einer Blume verbunden ist. Dazu Traumsätze, die ihr nahelegten, wie die Kommunikation mit anderen zu einem positiven Dialog werden kann.

Du kannst deine aggressiven Kräfte nur dadurch in Liebe verwandeln, dass
du dem anderen die Wahrheit so sagst, dass er sie annehmen kann.
Das ist Liebe.
Du kannst es nur tun, wenn du Liebe schenken willst. Das ist Liebe.

Auch den Buchtitel »Leben ist eine Kuh, die dauernd ihr Euter füllt« hat Ortrud geträumt. Noch bevor sie wusste, was dieser Text wohl bedeuten kann, hatte er ihr ein Schmunzeln entlockt.

Sie übersetzte diesen Satz auch wieder als Gleichnis. Kühe verdauen ihre Nahrung durch vier Mägen sehr gründlich. In der Regel fressen sie Gras. Ausgehend von ihrem Verständnis, »Träume im Spiegel von Naturgesetzen« zu verstehen, seien die vielen kleinen Bewusstwerdungsprozesse gemeint, die wir in unserem Alltag durchlaufen und wiederkäuen müssten, um Nahrung für neues lebendiges Leben in uns aufzunehmen.

»Traumarbeit im Dialog« – Tagung in der Evangelischen Akademie Tutzing 2016

Die »Bayerische Akademie für Gesundheit« und ihre Initiatorin Ortrud Grön hatte zu einem Austausch verschiedener psychotherapeutischer Schulen über Träume eingeladen. Es gab Vorträge und Workshops. Ich hatte die Moderation auf dem Podium übernommen und als Grundlage für die Diskussion einen eigenen Traum eingebracht.

Prof. Dr. Uwe Tewes, em. Psychologie Professor an der Medizinischen Hochschule Hannover, hat bei dieser Tagung in einem Referat über »Die Tiefenstruktur des Traumes« u.a. folgende Gedanken zum Thema »Spiritualität in der Arbeit mit Träumen« vorgetragen:

»Ortrud Grön hat sich in ihren Vorträgen und Publikationen sehr ausführlich mit Fragen der objektiven Sinnhaftigkeit auf einer tiefsten Ebene der Natur befasst. Ich möchte mir abschließend einen kleinen Kommentar dazu erlauben, weil ich es nicht so recht nachvollziehen kann, dass es ihr manchmal schwerfällt, sich unbefangen zu diesem Transzendenzbezug zu äußern. Gelegentlich lässt sie anklingen, dass sie die Befürchtung hat, sich damit ins Abseits des wissenschaftlichen Diskurses zu begeben. Dem möchte ich entgegenhalten, dass diese Befürchtungen unbegründet sind. Zu diesem Transzendenzbezug ihrer Arbeit haben sich schon viele renommierte Naturwissenschaftler bis hin zu Albert Einstein bekannt. Außerdem hat die Spiritualität in den vergangenen Jahren in der Psychotherapie enorm an Bedeutung gewonnen, weil sie alle wichtigen Grundthemen des Lebens berührt. Dabei interessierten Religiosität und Spiritualität nicht nur als Wirkfaktoren für eine Verbesserung der Resilienz des Patienten, sondern auch als Orientierungshilfen für Therapeuten, die darin einen Gewinn für ihre Arbeit und ihr eigenes Leben sehen. Einer Umfrage zufolge bekennen sich etwa zwei Drittel aller Psychotherapeuten dazu, dass Religion oder Spiritualität auch von Bedeutung für ihr eigenes Leben sind. Henning Freund und Werner Gross haben erst kürzlich eine Umfrage bei 46 Ausbildungsinstituten für Psychotherapeutinnen und Psychotherapeuten in Deutschland gemacht, die 2016 im Psychotherapeutenjournal veröffentlicht wurde. Dabei wurde festgestellt, dass die Mehrzahl der Institute der Integration von religiösen, spirituellen und existenziellen Fragen Bedeutung beimisst und diese Themen auch in den Lehrplan aufgenommen hat. Dabei wird nicht nur auf die salutogenetische Relevanz dieser Themen eingegangen, sondern auch berücksichtigt, dass für die psychotherapeutische Arbeit auch die Auseinandersetzung mit existenziellen Fragen unter Berücksichtigung des religiös-weltanschaulichen Hintergrunds sowohl des Patienten als auch des Therapeuten wichtig ist. Liebe Ortrud, du musst dich nicht verstecken. Du bist nicht allein.«

Suche nach emotionaler Versöhnung einer Lebensreise

Mit einem Traum meiner Freundin, Prof. Dr. Annelie Keil, der ich vor mehr als 30 Jahren die Begegnung mit Ortrud Grön verdanke (ich habe am Anfang meines Buches davon berichtet), möchte ich das Kapitel über »Spirituelle Träume« abschließen.

Um den Traum in seiner Tiefe verstehen zu können, muss ich etwas ausholen. Nicht nur die aktuellen politischen Ereignisse, sondern Annelies eigene Flucht- und Kriegserfahrungen lasten wie ein andauernder Schatten auf ihrer Seele, der sie immer wieder daran hindert, ihr sehr gelungenes Leben gerade im hohen Alter so heiter zu genießen und bedingungslos anzuerkennen, dass sie in wirklichem Frieden und Dankbarkeit ihrem Ende entgegensehen kann. Dieses Gefühl war auch Annelies Grund, mit 85 Jahren noch eine Traumatherapie zu beginnen und eine emotionale Versöhnung mit sich selbst und ihrem gesamten Leben zu erleben.

Den folgenden Traum hatte Annelie im August 2023 auf einer Reise nach Südtirol, bei der sie sich intensiv mit ihrem Leben und einer für Nov. 2023 geplanten Reise nach Polen auseinandersetzte. Diese kurze Urlaubsreise war für Annelie nach der Pandemie die erste Unternehmung seit langem.

Auf dem Weg dorthin beschäftigte sie sich intensiv mit dem Buch des Psychologen und Gerontologen Andreas Kruse »Leben in wachsenden Ringen« und sah sich bestätigt mit Fragen, die auch ihr Herz stellte: »Was bedeutet für mich ein sinnerfülltes Alter?« Im Vorfeld ihres Besuches in Südtirol war ihr größter Wunsch, auf einem Gipfel zu stehen, möglichst an einem wolkenfreien Tag, und in aller Stille ins Tal zu schauen und auf diese Weise die Schönheit des Augenblicks für ihr eigenes Leben zu fühlen und zu nutzen. Ähnlich war ihr lebenslang ein Blick auf das endlose Meer wichtig, das in jedem Augenblick seine Wellen an Land spült. Beides hatte sich noch vor ihrem Traum verwirklicht.

In Südtirol holte sie noch ein anderes Gefühl ein, das sie nach dem Gespräch mit der Mutter ihrer Freundin, bei der sie zu Besuch war, über deren schwierigen Lebens- und Kriegserfahrungen geführt hatte. Als Annelie neben dieser bescheidenen Frau saß, umsorgt von deren Töchtern nach dem Tod des Mannes, kam Annelie ihre Mutter Friedel in den Sinn. Ein so friedliches Gefühl, so dachte sie, hat meine Mutter mit mir nicht erlebt. Und ich auch nicht mit ihr. Gleichzeitig stand Annelie dabei nicht ihr Einzelschicksal im Vordergrund, sondern das kollektive Erleben, das vielleicht viele Frauen der Kriegsgeneration teilen.

Annelie war direkt nach der Geburt 1939 von ihrer Mutter, die bereits einen 15-jährigen unehelichen Sohn hatte, in ein Kinderheim und Waisenhaus der nationalsozialistischen Frauenhilfe in Berlin-Wilmersdorf gesteckt worden, das sich speziell um uneheliche Kinder kümmerte. Im Rahmen des Polenfeldzugs wurde dieses Heim samt Personal 1940 nach Ciechochinek deportiert. Die ersten sechs Lebensjahre verbrachte Annelie in »öffentlicher Heimerziehung.« Ihre Mutter hat Annelie nur sporadisch gesehen, obwohl sie in Polen nur wenige Meter von ihr gelebt und gearbeitet hat.

1. *Ich will aufstehen und werde schwindelig, robbe zur Tür, öffne sie und rufe nach meiner Mutter Friedel, die irgendwo im Haus ist, um Hilfe. »Friedel, wo bist du? Mutter hilf mir. Komm doch bitte schnell!«*

2. *Keiner kommt. Ich falle langsam in Ohnmacht, es fühlt sich wie Sterben an. Ich versinke wie in einer stillen Wolke.*
3. *Ich bin in einer großen Konzerthalle, suche nach einem Platz, möglichst in der Nähe einer Bühne. Ein Country-Sänger mit schwarzem Hut, tief ins Gesicht gezogen, tritt auf. In der einen Hand hält er die Gitarre, in der anderen ein bemaltes Porzellangefäß mit Deckel, leuchtend bunt, fast wie eine Figur, die der Sänger zärtlich anschaut und küsst. Ich bin glücklich, denn ich habe dem Sänger dieses Gefäß anonym zukommen lassen und freue mich, dass es angekommen ist. Als er zu singen beginnt, ahne ich, dass es Leonard Cohen ist, der sein »Hallelujah«-Lied anstimmt.*
4. *Ich gehe aus der Halle und stehe plötzlich auf einem großen leeren Platz. Gegenüber ist ein lang gestrecktes Haus, das ganze ähnelt einem Klosterhof. Plötzlich geht dort eine Tür auf und der Sänger aus dem Konzert tritt auf den Hof. Er trägt eine wunderbare blaue Kutte, eine Art Mönchsmantel, in der Taille von einem Band zusammengehalten. Er sieht majestätisch aus, schaut ernst und für einen Augenblick erinnert er mich an Jesus.*
5. *Fast zeremoniell gehen wir langsam aufeinander zu. Irgendwie habe ich das Gefühl, unerlaubt einen heiligen Raum betreten zu haben. Der Mann bleibt stehen, schaut mich fragend an. Ich sage: »Ich weiß nicht, wer Sie sind, habe nie eine Platte von Ihnen gehört, aber ich bin die Überbringerin des Gefäßes, das für Sie bestimmt war. Ich weiß nicht warum, habe kein Ziel, die Ungewissheit ist die Botin. Leben erscheint immer als Licht am Ende des Tunnels.« Der Mann verneigt sich, dreht sich um und geht langsam in das Haus zurück.*

Im Rückblick auf ihre ersten Kindheitsjahre wird Annelie schwindelig. Es fällt ihr schwer, diese Tür zu öffnen (robbt zur Tür), weil hier die Erinnerung an ihre Mutter auftaucht, die nicht kommt.

Die Erlebnisse, die Annelie in der Kindheit durchlebt hat, glichen einem kindlich seelischen Tod (fühlt sich wie Sterben an). Diese Gefühle und Gedanken umhüllen Annelie wie eine Wolke, in der sie ganz allein sitzt (stille Wolke).

Während einer therapeutischen Hypnose- und Rückführungserfahrung in Amerika durchlebt Annelie ihr frühes Kindheitstrauma noch einmal: Vor dem Kreissaal in Berlin (Annelies Geburtsort) hält ein Arzt vor einem dort versammelten Publikum das neugeborene Kind wie ein »Bündel«, wie Annelie es nannte, in die Höhe und fragt in die Runde: »Wer will dieses Kind haben?«

Kein Arm geht hoch. Auf die Frage des Therapeuten, was willst du diesem Kind sagen, gibt Annelie unter Tränen an sich selbst das Versprechen: »Annelie, ich werde dich nie verlassen!«

Am 17. Januar 1945, kurz vor Ende des Zweiten Weltkrieges, wurden die Deutschen aufgefordert, Polen zu verlassen. Annelie wurde in diesem Moment, an ihrem sechsten Geburtstag, von ihrer Mutter mit der Begründung aus dem Heim geholt: »Mit einem Kind flieht es sich leichter«, während das Heim noch auf seine Evakuierung wartete. Da hätte ihre Mutter allerdings nicht mitreisen können. Nachdem sie mit dem Zug nicht mehr rauskommen, treten Mutter und Tochter mit vielen anderen die Flucht zu Fuß an und landen kurze Zeit darauf – noch in Polen – in Kriegsgefangenschaft. Von diesem Tag an übernimmt Annelie die Fürsorge für ihre Mutter, die lebenslang anhalten wird. Später landen Mutter und Tochter im Auffanglager Friedland, wo ihnen von dort ein völlig leeres Zimmer in Bad Oeynhausen zugewiesen wurde. Direkt nach der Ankunft wird Annelie, inzwischen acht Jahre alt, von ihrer Mutter zum Betteln geschickt und schafft es bis zum Abend, Essen und Möbel für beide zu organisieren.

Trotz der schwierigen Beziehung zwischen Mutter und Tochter mit Strenge und Gewalterfahrung, der Diskriminierung, ein uneheliches Kind zu sein, und der Armutslage, stark geprägt von den Lebens- und Kriegsereignissen, sucht Annelie schrittweise die Nähe zu einer Art eigener Lebensbühne, auf der sie ihr weiteres Leben gestalten wird. Erste Erfolge hatte sie als Teenager beim Fechten im Sport, der aktiven Schülerbewegung der 1950er Jahre, nach dem Studium in Politikwissenschaft und Soziologie in Hamburg, war sie die jüngste Professorin an der Universität in Bremen, später Dekanin. Für ihre vielen ehrenamtlichen Tätigkeiten wurde sie u.a. mit dem Bundesverdienstkreuz ausgezeichnet, später mit der Bremer Senatsmedaille für Kunst und Wissenschaft. Annelie hat immer versucht, das Leben für sich und andere selbstbestimmt zu gestalten, Chancen zu nutzen, kämpferisch, pragmatisch und harmonisch zu sein und wurde dennoch in ihrer Handlungskraft zuweilen unbewusst gedeckelt (Country-Sänger mit schwarzem Hut) – oft holt sie, trotz aller Farbigkeit, eine Traurigkeit ein, die depressive Phasen miteinschließt. Als wir detailliert über die Traumbilder sprechen, beschreibt Annelie das leuchtend bunt bemalte Gefäß als eine Art Urne, in der ihre »falschen Gewissheiten«, wie sie es nannte, verbrannt werden sollen. Damit meinte sie, dass sie sich, schon während ihrer ersten Ehe, immer eine Familie mit Kindern gewünscht hat. Eine tiefe Sehnsucht nach Geborgenheit, weil sie selbst keine Familie hatte. Das Leben hatte anderes mit ihr vor. Annelie hatte drei Fehlgeburten, beide Ehen konnten dieses Bedürfnis nicht stillen, wobei das Ende der zweiten Ehe besonders dramatisch verlaufen ist. Ihr Mann hatte Annelie zwei Wochen nach der Hochzeit, die groß gefeiert worden war, nach 15 Jahren intensiver Gemeinsamkeit verlassen, um mit ihrer Trauzeugin ein neues Leben zu beginnen. Fast unglaublich, dass sie an diesen und anderen traumatischen Erfahrungen, Krankheiten kamen dazu, nicht zerbrochen ist (Porzellan zerbricht leicht, ist im Traum aber in einwandfreiem Zustand). Das Wort »Gefäß« entstammt dem Wortstamm »fassen«, was heißt, dass dieses Gefäß Annelies komplettes Leben erfasst. Dieses Porzellangefäß versinnbildlicht Annelie als Menschen in allen Facetten ihres Seins. Da war es wohl eine übergreifende Fügung, dass dieses Gefäß Annelie bei ihrem Polen-Besuch dann real in die Hände fiel, und zwar genau an dem Ort, an dem die Flucht 1945 in Ciechochinek begann. Annelie staunt noch immer, wie das möglich war. Dieses Kleinod schmückt jetzt ihr Zuhause und wartet auf die nächsten anstehenden Enttäuschungen und Missverständnisse, die aufgearbeitet in diesem Gefäß, eine Art Urne, zu Asche werden.

Offenbar hat Annelie dieses Gefäß schon lange in ihren Händen (Der Sänger schaut es zärtlich an und küsst es), ohne den wirklichen Absender zu kennen, ohne zu wissen, warum sich ihr Leben so farbenfroh und künstlerisch bunt entwickelt hat (anonym). Der Absender ist wohl ihre frühkindliche traumatische Erfahrung, aus der Annelie die Chance für ihre bunte Entwicklung geboren hat. Es ist Annelies Handlungs- und Selbstheilungskraft, des ihr innewohnenden Leonard Cohen, mit dem sie, ähnlich wie der Sänger, um existentielle Fragen von Liebe, Freundschaft, Lebenssinn, menschlichem Leid, Tod und Spiritualität ringt. Das Lied »Hallelujah« (lobet den Herrn) im Traum ist das Lobeslied an die göttliche Fügung und Herausforderung, aus der sich Annelies Leben gestaltet hat. Der leere Platz zeigt Annelie noch eine innere, aber für die Entwicklung wichtige offene Leere, die bis zum Lebensende bleiben wird und Raum zur Verfügung stellt. Doch in ihrem göttlichen und spirituellen Glauben an den eigenen Weg (Klosterhof) öffnet sich die Tür zu ihrer Handlungskraft, den Polen-Besuch als Rückweg in die Kindheit der ersten Jahre zu realisieren. Die blaue Kutte verrät Annelie schon, dass sie durch den Besuch zu gedanklich befreienden Einsichten kommen wird. Ihr innerer spiritueller Lebenshelfer (Sänger im Mönchsmantel) verrät ihr, dass durch diese Reise in Annelie der Zusammenhalt zwischen Freiheit und Schöpfungsdrang majestätisch gestärkt (in der Taille zusammengehalten) wird und dies soll sie ernst nehmen (Sänger schaut ernst). Dass der Sänger sie an Jesus erinnert, zeigt Annelie, durch welche Kreuzigung sie in ihrem Leben gegangen ist, zumal sie auch einige existentielle Erkrankungen durchstehen musste, sie aber daraus immer die Nähe zu ihrem Glauben an den eigenen richtigen Weg behielt, denn nach der Kreuzigung kommt die Auferstehung.

So wird es auch diesmal sein. Mit der Reise nach Polen betritt Annelie erneut einen heiligen Raum in sich, sie soll es als etwas Feierliches und Würdevolles sich selbst gegenüber betrachten (zeremoniell gehen der Sänger und Annelie aufeinander zu – heiliger Raum). Noch erkennt Annelie das Ergebnis dieses Handlungsanteils nicht, mit dem sie sich auf diese Reise begeben wird. Sie steckt noch in völliger Ungewissheit (Ungewissheit ist die Botin). Diese Reise, die sie zurück zu ihren Wurzeln führen wird, wird sie aber aus der Anonymität lösen – mit der Frage, wer der Absender/die Herkunft ihrer Lebensentwicklung ist. Und diese Wurzeln sind der Ursprung für ihre so bunte Lebensentwicklung. Der Traum prophezeit ihr, dass diese Reise ihr das Licht am Ende des Tunnels bescheren wird. Mit einer würdevollen Verneigung sich selbst gegenüber zieht sich nun dieser Handlungsanteil langsam in Annelies inneres Haus zurück. Annelie soll erkennen, dass er (der Mönch) in ihr wohnt, egal wohin sie geht.

Ich bin wieder einmal überwältigt von der Präzision der Traumbilder, die die Lebensleistung meiner Freundin Annelie so detailreich dokumentieren und danke ihr aus tiefstem Herzen für ihre Geduld, den Traum mit mir in allen Einzelheiten zu erarbeiten und für ihr Einverständnis, ihn so veröffentlichen zu dürfen. Für mich ist dieser Traum ein wunderbares Geschenk für dieses Buch.

Gedanken am Ende meiner Traumreisen

Es ist mir ein Anliegen, Ihnen am Ende der vielen Traumerzählungen, Gedanken aus den verschiedenen Epochen und von sehr unterschiedlichen Persönlichkeiten vorzustellen. Sie haben mir noch einmal klar vor Augen geführt, dass es Dinge zwischen Himmel und Erde gibt, die nicht mit dem Verstand allein zu fassen sind. Wasser, Luft, Erde, Sonne, Pflanzen und Tiere haben uns durch die vielen vorgestellten Träume das Leben in seiner Schöpfungsordnung erkennen lassen und uns durch Gleichnisse auf der Suche nach der jeweiligen Persönlichkeit begleitet.

Aus den Bildern der Natur wurde deutlich, dass wir in dieser Ordnung mit unserem Denken, Fühlen und Handeln eingebunden sind.

Bei meiner Suche nach Bestätigung dieser Erkenntnisse bin ich u.a. auf Albert Einstein gestoßen, den schweizerisch-US-amerikanischen theoretischen Physiker deutscher Herkunft, geboren in Ulm. 1905 veröffentlichte er die Relativitätstheorie, die den Einfluss von Materie auf die Raumzeit beschreibt. Dadurch wurde er zu den weltweit bekanntesten Naturwissenschaftlern. 1921 erhielt er den Nobelpreis. Seine Werke gelten heute als Grundpfeiler moderner Physik. Albert Einstein war erfüllt von dem Gedanken, dass die Existenz Gottes in den ewigen Gesetzen der Natur zum Ausdruck kommt.

In der WDR-Sendung »Berühmte Träume« vom 8.2.2000 wird ein Traum von Albert Einstein wiedergegeben, den er, wie er sagte, nie vergessen konnte und von dem er später behauptete, dass sein ganzes kreativ wissenschaftliches Schaffen durch diesen Traum motiviert wurde. Der Physiker träumte:

> *Ich raste eines nachts mit einem Schlitten einen Abhang herab. Als er beinahe*
> *Lichtgeschwindigkeit erreicht hatte, brachen die Sterne über mir das Licht in*
> *Farbspektren, die ich noch nie gesehen hatte.*

Philosophen, Schriftsteller, Mystiker, die verschiedenen Religionen, sie alle haben sich über Jahrtausende hinweg mit Gedanken und Worten an eine Kraft auseinandergesetzt, die über uns hinausweist. Dazu gehören auch Träume.

Im babylonischen Talmud – in der Haggada – wird Träumen nicht nur eine prophetische Kraft, sondern auch eine das politische Leben gestaltende Funktion zugeordnet.

In der Bibel gelten Träume als Mitteilungen Gottes an die Menschheit.

Gott redet zu den Menschen im Traum, im Nachtgesicht. Wenn sie auf ihrem Lager schlummern, öffnet er den Menschen das Ohr.
(Altes Testament – Hiob 33)

Im Alten Testament wird der Traum eines Pharaos beschrieben, der von Joseph, der Sohn Jacobs und Rachels, interpretiert wurde. Joseph wurde dafür eigens aus dem Gefängnis geholt. Der Pharao hatte von sieben mageren und sieben fetten Kühen und Ähren geträumt und wusste ihn nicht zu deuten. Joseph sah in diesem Traumbild den Hinweis, es würden sieben gute und sieben schlechte Ernten bevorstehen. Die Ägypter nahmen die Warnung ernst und legten in den reichen Jahren genügend Vorräte an für die kargen Jahre und überstanden so die Hungerzeit. Diesen Traum, der in der WDR- Sendung »Berühmte Träume« am 8.2.2000 vorgestellt wurde, kann man als Vorhersehung verstehen.

Demokrit, dem griechischen Philosophen (Vorsokratiker), der im 5. Jahrhundert v. Chr. lebte, waren Menschlichkeit, Sittlichkeit, Rechtschaffenheit, Gerechtigkeit und Riten oberstes Gebot für sich selbst und für andere. Für ihn waren Träume spirituelle Botschaften, was von Platon, auch einem griechischen Philosophen, geteilt wird.

Konfuzius, dem chinesischen Philosophen, der ca. 500 Jahre vor Chr. lebte, wird folgender Satz zugeordnet: *»Wer unsere Träume stiehlt, gibt uns den Tod.«*

Eine weitere chinesische Weisheit sagt: *»In Träumen, Spiegeln und Wasser trifft man den Himmel und die Erde.«*

Der bedeutendste deutsche Naturwissenschaftler des 20. Jahrhunderts, der Physiker Max Plank, Begründer der Quantenphysik, führt aus: »Nicht die sichtbare, vergängliche Materie ist das Reale, Wahre, Wirkliche, sondern der unsichtbare, unsterbliche Geist ist das Wahre.«

Dem französischen Naturwissenschaftler, Philosophen und Jesuitenpater Teilhard de Chardin, der 1955 gestorben ist, wird folgende Aussage zugeschrieben: »Es gibt in der Welt weder Geist noch Materie. Der Stoff des Universums ist Geist-Materie.« Der Theologe Hans Küng zitiert in seinem Buch »Der Anfang aller Dinge« Teilhard de Chardin: »Ich glaube, dass die Welt eine Evolution ist. Ich glaube, dass die Evolution auf den Geist hinstrebt. Ich glaube, dass sich der Geist im Personalen vollendet.«

Der Querdenker John Carew Eccles, der für seine neurologischen Forschungen 1963 den Nobelpreis erhielt, bekannte sich zu der Vorstellung, dass wir einem immanenten Gott unser Dasein verdanken, einem Gott, der uns innewohnt.

Für mich ist diese Kraft Gewissheit. Sie lebt in uns. Ich finde sie in der Schönheit einer Blüte, beim Sterben und Werden in der Natur, in der Stille einer Meditation, im Wellenschlag des Meeres, im vertrauensvollen Austausch mit einer Freundin, einem Freund, in der Liebe und in unseren Träumen.

Du musst dich ganz deinen Träumen vertrauen und ihr heimlichstes Wesen erlernen.
Wie sie sich hoch in den flutenden blauen Fernen verlieren, gleich wehenden Sternen.
Und wenn sie in deinen Nächten glänzen und Wunsch und Wille, Geschenk und Gefahr
lächelnd verknüpfen zu flüchtigen Kränzen, so nimm sie wie wilde Blüten ins Haar.
Und schenke dich ganz ihrem leuchtenden Spiel: In ihnen ist Wahrheit des ewigen Scheins.
Schöne Schatten all deiner Ziele, rinnen sie einst mit den Taten in Eins.
(Stefan Zweig – Aus der Sammlung: Lieder des Abends)

Nachwort

»Biografie und Krankheit« hieß der Titel eines Vortrages über Traumarbeit mit kardiologischen Patienten in einer Herz-Kreislauf-Reha-Klinik, der im Rahmen eines Kongresses in der Evangelischen Akademie in Tutzing 2002 angekündigt war. Dieser Vortrag löste ein so starkes Interesse in mir aus, dass ich den weiten Weg von Graz nach Tutzing auf mich nahm, um daran teilzunehmen. Ortrud Grön berichtete von ihrer beeindruckenden Arbeit und beschrieb Patiententräume und ihren Umgang damit. Im Workshop konnte man noch einen vertieften Einblick in diese Arbeit bekommen. Das war für mich so überzeugend, dass ich mehr über diese Art der Traumarbeit erfahren und von dieser Frau lernen wollte. Ich meldete mich für eine Fortbildung in der Traumarbeit mit Ortrud Grön an, die zu diesem Zeitpunkt in Planung war und im Oktober 2003 starten sollte. Seminarort: »Lauterbacher Mühle«, die Herz-Kreislauf-Klinik, die Ortrud Grön gegründet und bis kurz davor geleitet hatte. Sie wollte nun ihre nächste Lebensphase der Traumarbeit und der Weitergabe ihrer Erkenntnisse an Ärzte und Psychotherapeuten widmen. Diese erste Ausbildung in ihrer Traumarbeit war eine besondere Chance. Es war noch ein Suchprozess, wie eine solche Ausbildung sich gestalten kann. Es war noch vieles offen und in Bewegung, wir als Teilnehmerinnen gestalteten durch unsere Fragen und Ideen mit. Wenn man mit Träumen arbeitet, kommt man ganz rasch an die Fragen, Probleme und Themen, die bei jeder und jedem gerade aktuell sind. Es ist nicht möglich sich zu verstecken oder vom Wesentlichen abzulenken.

Heide Nullmeyer hat es in diesem Buch anhand der vielen Beispiele und Entwicklungen bei den Menschen, die bereit waren sich in ihren Träumen zu zeigen, herausgearbeitet und anschaulich dargestellt.

So habe ich es auch erlebt, als ich in diese Ausbildung gegangen bin. Wir waren erfahrene Psychotherapeuten und Ärzte, dennoch war die eigene Entwicklung und Selbsterfahrung durch die Arbeit mit den eigenen Träumen umwerfend und ermöglichte große persönliche Entwicklungsschritte, wie auch wichtige neue Impulse und ein hilfreiches

Instrument für die Arbeit mit den Patienten und Klienten. Ich bin mit dem Virus Traumarbeit infiziert worden und leitete, wie auch Heide Nullmeyer, in weiterer Folge viele Ausbildungsgruppen im Rahmen der »Bayerischen Akademie für Gesundheit«, die Ortrud Grön gegründet hatte und wo sie bis zur letzten Ausbildung immer noch Einheiten selbst leitete und die Teilnehmenden sie live in der Traumarbeit erleben konnten. Das vorliegende Buch bildet die Geschichte der Entwicklung dieser Arbeit sehr gut nach und lässt den roten Faden, den Ortrud Grön durch die Traumlandschaft gezogen hat, aufleuchten.

Ein weiterer Aspekt in diesem Buch ist das Zeugnis einer kreativen Freundschaft zweier Frauen, eine Frauengeschichte. In ihrem 2020 erschienenen Buch »So wird es kommen« hat Heide Nullmeyer ihre persönliche Frauengeschichte, die für viele Frauen dieser Generation steht, beschrieben und die Verbindung zu ihrer Arbeit in Film und Fernsehen über Geschichten von Frauen dargestellt. Welch ein Glücksfall, dass sie Ortrud Grön getroffen hat und sie aus ihrer Arbeit in der Klinik zu Seminaren nach Griechenland verlocken konnte, wo die Traumarbeit in einer anderen Umgebung und mit einer anderen Klientel als bisher stattfinden konnte. Diese Seminare müssen für alle Teilnehmenden besondere Eindrücke hinterlassen haben und fanden über viele Jahre lang statt. So wuchs die Bekanntheit von Ortrud Grön und ihrer Traumarbeit stetig. Der Weg in die Medien war auf Grund der Freundschaft und der Sicherheit, die Heide Nullmeyer durch ihre Tätigkeit als Fernsehjournalistin geben konnte, die Möglichkeit für den nächsten Schritt in der Karriere einer damals fast achtzigjährigen Frau. Der Weg in die Öffentlichkeit war für Ortrud Grön eine neue und schöne Herausforderung. Heide Nullmeyer war dafür ihre Managerin und Begleiterin.

Frau Grön war ein besonderer Mensch, eine Frau des letzten Jahrhunderts, mit den Brüchen und Widrigkeiten dieser Zeit, aber mit einer Zähigkeit, die aus dem Überleben kommt. Überlebt hat sie die schwierige Kindheit und Jugend, ein Studienabschluss war in der Nachkriegszeit nicht möglich, da ihr Vater hingerichtet wurde und die Mutter gleich darauf starb, und sie für sich und Geschwister sorgen musste. Kreativ wie sie war, schlug sie sich durch. Durch die Heirat gelangte sie an den Ort, der ihr Schicksal werden sollte. Ein Ort der Heilung. Zuerst Landwirtschaft und kleine Kuranstalt und danach eine Reha-Klinik für kardiologische Patienten. Sie als eine Frau, die sich mit Psychologie und Psychotherapie beschäftigte, wird Leiterin einer solchen Klinik. In der damaligen Zeit kaum denkbar. Noch dazu führte sie damals schon zur medizinischen Behandlung zusätzlich zahlreiche therapeutische Methoden, inklusive der Traumtherapie, ein. Sie war eine Pionierin, eine Visionärin, eine Menschenfängerin. Sie war das Herz dieser Herzklinik und ihr Herz schlug für die Menschen und ihre Nöte. So kam es, dass sie viele Menschen um sich sammelte, Menschen, die sich um die Welt und die Menschen sorgten, die es als Dichter, Denker, Filmer, Philosophen, Theologen, Therapeuten taten. Und alle forderte sie zum Träumen heraus. »Haben Sie heute geträumt?«, war immer ihre wichtigste Frage. Durch die vielen Träume, die sie über die Jahrzehnte erzählt bekommen hat, bekam sie ein Traumwissen, das immer tiefer wurde und die Botschaft mit den Träumenden rasch erarbeitet werden konnte. Es war immer ein »Mit den«, und nicht ein »Für die« Träumenden. Nur durch Fragen am Traum entlang geht es zum Wesentlichen. Ich konnte für meine psychotherapeutische Praxis viel von Ortrud Grön lernen, besonders aber das Fragen.

Sie hat bis in die letzten Wochen ihres Lebens gearbeitet. Es lag ein langes und reiches Leben hinter ihr, als sie kurz nach ihrem 95. Geburtstag verstarb. Ihr Werk lebt weiter in den Köpfen und Herzen der Menschen, die von ihr berührt, geführt, gelehrt, herausgefordert oder angeregt wurden.

Dieses Buch ist ein wichtiger Baustein für das Fortbestehen der Traumarbeit von Ortrud Grön.

Mag. Dr. Elisabeth Gierlinger-Czerny
Theologin und Psychotherapeutin

Danksagungen

Mein erster Dank gilt den Träumerinnen und Träumer, die mir und Ortrud Grön im Laufe unserer 30-jährigen Zusammenarbeit und darüber hinaus, das Vertrauen geschenkt haben, ihre Träume mit uns oder auch nur mit mir, zu erarbeiten und Lösungen für anstehende Fragen zu finden. Immer wieder waren wir überwältigt, wie präzise die Traumbilder auf aktuelle oder auch lange zurückliegende Probleme antworten. Ich bedanke mich auch für die vielen positiven Rückmeldungen, die unsere Arbeit bei den Träumenden in Gang gesetzt haben. Vielleicht ermutigen sie auch Zweifler, Träume als wertvolle Unterstützung bei der Bewältigung des Alltags aufmerksamer wahrzunehmen.

Ermutigender Begleiter war Frankie, mein Mann Günther Wedekind. Er hat liebevoll und geduldig während meines Schreibprozesses in Kauf genommen, dass ich oft nur mein Traumbuch im Kopf hatte.
Du warst mein erster Leser, lieber Frankie, und ein wichtiger Impulsgeber, dem Aspekt des »emotionalen Erzählens« in meinem Buch einen Stellenwert einzuräumen. Für all das danke ich dir von ganzem Herzen.

Sehr dankbar bin ich Elke Prieser, die lange in einem meiner Traumseminare in Hellwege meine Assistentin war und die später von Ortrud Grön ausgebildet und zertifiziert wurde. Sie hat mir nicht nur wertvolle Hinweise bei präzisen Formulierungen der Traumbilder gegeben, sondern mich auch auf Flüchtigkeitsfehler im Text aufmerksam gemacht. Du warst mir eine unverzichtbare Unterstützung, liebe Elke, wofür ich dir großen Dank schulde.

Prof. Dr. Uwe Tewes, war auch bei diesem Buch wieder hilfreich an meiner Seite. Er hat sich viel Zeit genommen, fortwährend die einzelnen Kapitel durchzulesen und mit mir darüber zu diskutieren. Du hast mich durch manche Unsicherheit getragen, lieber Uwe. Für deine liebevolle Unterstützung in den Monaten meines Schreibens bin ich dir von Herzen dankbar.

Antje Freytag, eine Teilnehmerin aus einer meiner Hellweger Traumgruppen, verdanke ich nicht nur das Titelbild »Ein Bernhardiner als Bräutigam«, sondern auch die Skizzen in diesem Buch. Sie hat immer neue Ideen kreiert, bis sie mit den verschiedenen Entwürfen zufrieden war. Diese Hingabe, das Beste zu geben und sich immer wieder neu inspirieren zu lassen, bewundere ich sehr und danke dir, liebe Antje, von Herzen dafür. Ich wünsche dir, dass deine künstlerische Begabung weiter Früchte trägt.

Bücher und Medien

Berger, Brigitte: **Die Weisheit der Träume.** *Träume als kreative Wegfinder und Mutmacher.* Stuttgart, 2024 (ISBN 978-3-17-044361-7)

Faradays, Ann: **Deine Träume – Schlüssel zur Selbsterkenntnis.** *Ein psychologischer Ratgeber.* Frankfurt am Main, 1980 (ISBN 3-596-23306-2)

Freud, Sigmund: **Vorlesungen zur Einführung in die Psychoanalyse.** Frankfurt am Main, 1984 (ISBN 3-596-26348-4)

Fromm, Erich: **Märchen, Mythen, Träume.** *Eine Einführung in das Verständnis einer vergessenen Sprache,* Reinbek, 1981 (ISBN 978-3-499-17448-3)

Grön, Ortrud: **Das offene Geheimnis der Träume.** *Ein Leitfaden.* Freiburg i.Br., 1998 (ISBN 3-933056-17-9)

Dies.: **Pflück dir den Traum vom Baum der Erkenntnis.** *Träume im Spiegel von Naturgesetzen* – Lehr- und Arbeitsbuch. Köln, 2007 (ISBN 978-3-89797-045-8)

Dies.: **Leben ist eine Kuh, die dauernd ihr Euter füllt.** *Weisheit aus Träumen.* Köln, 2008 (ISBN 978-3-89797-048-9).

Dies. mit Christoph Amend und Tillmann Prüfer: **Ich habe einen Traum – was hat er zu bedeuten?,** München, 2009 (ISBN 978-3-453-28004-5)

Dies.: **Der Sündenfall** – *Eine andere Sichtweise auf Naturgleichnisse der Bibel.* Ein Weg zur Selbstbefreiung. München, 2014 (ISBN 978-3-8312-0408-3)

Dies.: **Traum und Evolution** – *Naturprozesse als Wegweiser zur geistigen Entwicklung des Menschen.* Köln, 2017 (ISBN 978-3-89797-088-5)

Gruwel, Roos / Barbara Giannakou-Teunissen: **Thassos Naturally** – *Life on a Greek Island,* Xirafi publications – Kavala, Greece 2014 (ISBN 978-618-5246-04-4)

ISBN 978-618-5246-04-4 Jung, C.G.: **Grundwerk C.G. Jung (Band 1-9).** *Kern der Jungchen Psychologie.* Freiburg im Breisgau 1991 (ISBN 3-530-40781-X (Bd. 1))

Keil, Annelie: **Auf brüchigem Boden Land gewinnen**, Kösel 2004 (ISBN 978-3-466-30907-8)

Dies.: **Wenn Organe ihr Schweigen brechen und die Seele streikt.** *Krankheit und Gesundheit neu denken*, München 2014 (ISBN 978-3-442-22177-6)

Dies.: **Wenn das Leben um Hilfe ruft.** *Angehörige zwischen Hingabe, Pflichtgefühl und Verzweiflung*, München 2017 (ISBN 978-3-95803-128-9)

Nullmeyer, Heide: **Ich heiße Erika und bin Alkoholikerin.** *Betroffene und Angehörige erzählen. Beispiele für die Überwindung einer Krankheit.* Frankfurt am Main, 1980 (ISBN 3-596-23808-0)

Dies./Wedekind, Günther: **Dem Traum des Lebens auf der Spur** – *Träume im Gleichnis von Naturgesetzen verstehen.* **Doppel-DVD**, Hellwege, 2007. www.heide-nullmeyer.de

Dies.: **So wird es kommen.** *Höchstpersönliches aus einem Frauenleben und der Welt des Fernsehens.* Hamburg, 2020 (ISBN Paperback 978-3-347-00662-1, e-book 978-3-347-00663-8)

Voinier, Isabelle: **Das Wesen der Farben im Spiegel der Träume.** München, 2016 (ISBN 978-3-9817-6385-5)

Dies.: **Das Element Wasser im Spiegel der Träume.** München, 2016 (ISBN 978-3-9817- 6382-9)

Dies.: Lehrheft über Zahlen – für Trauminteressierte (nur erhältlich über traumisa@online.de)

Wolf, Jürgen: **Träume – von Abschied und Neubeginn**
Von der tröstenden Kraft des Unbewussten. Amerang, 2014 (ISBN 978-3-86191-050-3)

Bom 13
Interview Martin Märtens mit Heide Nullmeyer, 2014

Logovision
Gemeinnütziger Verein zur Pflege der Sinnlehre von Viktor E. Frankl
info@logovision-sinnlehre.at

Magazin »Freundin«
Der Traum meines Lebens, 12/2009

Podcast »humansarehappy«
Leonard Gabriel Heygster zum Thema Träume mit Heide Nullmeyer, 2021

Psychologie HEUTE
Interview Ortrud Grön mit Birgit Schönberger, 2014

ZEIT-Magazin
Febr.-Heft Nr. 9 / 2008

Vita Heide Nullmeyer

1940 in Frankfurt am Main geboren, Ausbildung zur Großhandelskauffrau, Sprachstudien in England, Griechenland, Spanien, der frz. Schweiz, Abitur auf dem 2. Bildungsweg, 36 Jahre Realisatorin und Autorin für die ARD beim Fernsehen von Radio Bremen, Schwerpunkt soziale Themen und Porträts von Frauen und Männern in den Reihen »Frauengeschichten« und »höchstpersönlich«, Studium der Psychologie an der Universität Bremen mit Diplom-Abschluss, Ausbildung in Gestalttherapie beim Institut für Humanistische Psychologie (IHP) in Eschweiler, eigene Seminartätigkeit in Griechenland mit den Themen: Lebensfreude neu entdecken, Miteinander sprechen lernen, Abenteuer Partnerschaft, Ausbildung bei Ortrud Grön in Traumarbeit, Buch-Veröffentlichungen: »Ich heiße Erika und bin Alkoholikerin« (1980), »So wird es kommen – Höchstpersönliches aus einem Frauenleben und der Welt des Fernsehens« (2020), Wohnhaft auf dem Land – in der Nähe von Bremen – zusammen mit ihrem Mann, dem Kameramann Günther Wedekind (siehe Wikipedia).

Titelabbildung & Illustrationen: Antje Freytag

1. Auflage 2024

ISBN 978-3-95494-332-6
www.edition-falkenberg.de